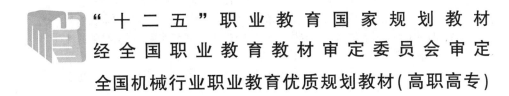

"十二五"职业教育国家规划教材

经全国职业教育教材审定委员会审定

全国机械行业职业教育优质规划教材（高职高专）

汽车保险与理赔实务

第 2 版

全国机械职业教育汽车类专业教学指导委员会（高职）组编

主　编　周　燕
副主编　黄祝华　陈　勇
参　编　占　驰

U0367015

机械工业出版社

全书内容分为 7 个模块，14 个学习任务。模块分别为汽车保险基础知识、汽车保险营销、汽车保险条款、汽车保险实务、汽车保险事故的查勘与定损、其他事故车的定损与评估和汽车保险理赔实务，具有极强的针对性和实用性。

教材内容具有弹性，方便读者选择性参考，可供不同地区、不同高职高专院校的师生结合本学校汽车服务工程、汽车贸易、汽车技术服务与营销专业课程内容设置的实际情况选择使用。

本书配有电子课件、习题答案，**凡使用本书作为教材的教师**可登录机械工业出版社教育服务网（www.cmpedu.com）注册后免费下载。咨询电话：010-88379375。

图书在版编目（CIP）数据

汽车保险与理赔实务/周燕主编．—2 版．—北京：机械工业出版社，2019.8（2024.8 重印）

"十二五"职业教育国家规划教材　全国机械行业职业教育优质规划教材．高职高专

ISBN 978-7-111-63451-5

Ⅰ.①汽…　Ⅱ.①周…　Ⅲ.①汽车保险–理赔–中国–高等职业教育–教材　Ⅳ.①F842.634

中国版本图书馆 CIP 数据核字（2019）第 171272 号

机械工业出版社（北京市百万庄大街22 号　邮政编码100037）
策划编辑：葛晓慧　　　　责任编辑：葛晓慧　谢熠萌
责任校对：朱继文　潘　蕊　封面设计：严娅萍
责任印制：刘　媛
涿州市般润文化传播有限公司印刷
2024 年 8 月第 2 版第 9 次印刷
184mm×260mm · 17.25 印张 · 427 千字
标准书号：ISBN 978-7-111-63451-5
定价：49.90 元

电话服务	网络服务
客服电话：010-88361066	机 工 官 网：www.cmpbook.com
010-88379833	机 工 官 博：weibo.com/cmp1952
010-68326294	金 书 网：www.golden-book.com
封底无防伪标均为盗版	机工教育服务网：www.cmpedu.com

丛　书　序

经过十几年的快速发展，中国已经成为世界最大的汽车生产国和主要的汽车消费国。中国汽车消费市场从最初的形成和发展走向了逐步成熟，并开始呈现市场结构优化、技术手段升级、营销模式创新和新兴服务领域快速涌现的新型态势。新的营销理念、新的营销模式、新的服务领域都在冲击着中国的汽车销售和售后服务领域，表现出了一方面是汽车销售及售后服务业对人才的大量需求，另一方面是能够适应现代汽车销售市场和服务市场的人才的匮乏。为了适应新的形势，近年来，国内的大专院校，尤其是职业技术类院校的汽车营销类专业在迅速扩充规模的同时积极探索新的人才培养模式，调整课程结构，改进教学方法，以实现培养适应新形势下现代汽车营销类人才的需要。

由全国机械职业教育教学指导委员会汽车类专业教学指导委员会组织编写、机械工业出版社编辑出版的这套汽车技术服务与营销专业教材，正是面对汽车营销及售后服务市场的新形势而推出的。教材从市场需要的实际出发，坚持以职业素养的培养为基础，以能力提升为目标，以就业为导向，把提高学生的职业素养和职业能力放在突出位置，集中体现培养学生"汽车技术运用""整车及配件营销""二手车鉴定评估""汽车保险理赔"和"汽车信贷与租赁业务"能力等，并特别面向新兴的汽车电子商务领域推出了《汽车电子商务》教材，使之满足培养具有分析和解决汽车营销和汽车后市场服务领域实际问题能力的高等复合应用型人才之需要。

因此，本系列教材按照汽车营销类岗位的职业特点和职业技能要求进行编写，并进行了探索和创新。

1. 拓宽汽车技术领域的视野，在满足必要的汽车技术知识铺垫后，强调横向知识的宽泛，突出汽车技术、构造、配置上的差异所带来的车辆性能、车辆特点和使用状况的差异性对比，并追踪汽车新技术的运用，适应学生作为汽车销售顾问的技术性要求。

2. 追踪和吸收前沿的营销理论和营销方法，运用适量的背景资料透视国内外汽车营销行业的发展变化，了解汽车市场的运行状况和走势。

3. 汇集汽车营销领域的经典案例和国内汽车企业的典型案例，选用贴近现实、贴近中国消费者汽车生活的汽车营销实例近距离了解和掌握汽车营销的相关技术和方法。

4. 注重业务过程的实务性训练，引入的汽车营销企业的现实做法、业务流程、业务规范均来自企业实际，与企业的业务实际零距离对接。

5. 强化职业技能和技法的训练，书中不仅有复习性的思考练习，还安排了用于实际操作训练的实践练习项目，训练学生的实际动手能力。

　　汽车营销业仍是一个新兴的业务领域，也是一个专业技术极强的业务领域。作为高职高专院校，其目标是培养具有一定理论基础和较强动手能力的一线应用型技术人才。本系列教材紧扣高职高专教育的目标定位，力求实现"有新意"——内容新、结构新、格式新，"有特色"——背景资料、典型案例、相关链接，"有亮点"——企业实务、实践项目。

　　本系列教材在全国机械职业教育汽车类专业教学指导委员会（高职）的组织引导下，由多所职业院校的教师共同参与完成，其间得到了机械工业出版社领导和编辑的支持和指导，是汽车营销职业教育领域集体劳动的成果和智慧结晶。在此，谨表示衷心感谢。

汽车技术服务与营销专业教材研发小组组长　贺萍

前　言

中国汽车产业发展迅速，目前年产销量已连续多年居世界第一。伴随着巨大的汽车消费市场的形成，汽车服务领域的人才培养迫在眉睫。

本书根据汽车服务后市场对人才的要求，紧跟保险行业的发展形势，注意吸收发达国家先进的职教理念和方法，按照工学结合的人才培养模式，以保险行业职业岗位的典型工作任务为驱动，确定理论与实践一体化的学习任务，按照工作过程组织学习过程。本书在内容上依托《中华人民共和国保险法》与中国银行保险监督管理委员会发布的《机动车综合商业保险示范条款》的相关规定进行了合理修订，编写出新的保险产品营销、承保理赔、单证管理、事故查勘与定损等教学内容。

本书编写注重引导式教学方法在教学中的实施，注重对学习目标和引导问题的设计，以学生为主体，强化学生的地位，给学生留下充分思考、实践合作交流的时间和空间。教材内容力求符合最新的国家及行业相关技术岗位标准以及技能鉴定的要求，为学生考取双证提供帮助。

根据目前高职教育改革的要求，通过引入高职课程建设的先进理念，将"汽车保险与理赔实务"课程教材编写成基于工作过程的形式，以期能有效培养学生汽车保险销售能力和事故车损失评估的综合职业能力，能符合本专业人才培养的要求，以及当今职业教育的发展要求。

本书是以教育部颁布的《2012年普通高等教育高职高专专业基本要求》为准绳，从培养学生社会能力、职业能力、学习能力出发，以服务专业、后续课程、应用和服务市场为宗旨，加强实践技能的训练，按理论与实践一体化的模式来进行编写的。

本书特色如下：

1) 教材内容的针对性与适用性突出。本书教学内容的选取与划分是基于财产保险公司车险业务的实际工作任务和学生的就业岗位进行的。

2) 充分体现职业性和实用性的高职教育特色。本书打破了传统的章节体例，以专项能力培养为模块，确定知识目标和能力目标，充分体现了"教、学、做"一体化教学模式，注重了具体性、实效性和可操作性，兼具高等教育和职业教育双重属性，使学生的保险教育能收到预期的效果。

3) 本书图文并茂，既有大量的保险公司的保险单证，又有大量案例教学及技能考核，同时通过"法理链接""知识拓展"和"典型案例"等，提高学生的学习兴趣，帮助学生领悟所学内容。

本书由周燕任主编，黄祝华、陈勇任副主编，占驰参编。南京交通职业技术学院的周燕编写了模块一、模块二和模块四，广西财经学院的黄祝华编写了模块三和模块七，南京交通职业技术学院的陈勇编写了模块五和模块六，中国人民保险集团股份有限公司（简称中国人保）南京分公司的占驰参加了部分内容的编写。上海交通职业技术学院左适够对本书提供了大力支持。

本书在编写过程中参考了大量资料，并得到了很多同行及保险企业、汽车4S店的支持和帮助，在此一并表示感谢。

由于编者水平有限，书中难免存在错漏之处，欢迎读者批评指正。

编　者

二维码清单

名　　称	图　形	页码	名　　称	图　形	页码
风险要素		3	商业车险条款架构		83
保险概述		16	商业车险费率		90
保险原则和利益		26	汽车保险合同的法律特征		131
保险营销		41	现场查勘摄影的方式		191
投保方案设计		47	事故车定损原则		210
交强险简介		57	水淹汽车的损坏形式		238

目　录

汽车保险基础知识

学习任务一　汽车风险与风险管理

知识目标：

1. 正确描述风险的定义。
2. 正确描述风险的特征、构成要素与风险分类。
3. 简单叙述风险管理的基本方法。
4. 简单叙述汽车与风险的关系。
5. 简单叙述汽车风险的管理方法。
6. 正确描述汽车保险的种类。

能力目标：

1. 会分析风险管理的主要环节。
2. 会做可保风险的科学选择。
3. 会分析汽车面临的各种风险。
4. 会根据汽车面临的各种风险做避免损失的计划。
5. 能解决汽车保险种类的设置问题。

✻✻✻　单元一　风险概述　✻✻✻

　　风险是保险产生和发展的基础，保险是人类社会用来应付风险和处理风险发生后所造成的经济损失的一种有效手段。正是由于风险与保险存在这样的内在联系，学习保险必须从了解风险开始。首先，需了解风险的主要特征及主要类型；其次，理解风险及风险管理的相关内容；最后，寻找出应对风险的办法，即风险管理的办法。

【案例引导】台风"菲特"让宁波市保险业赔了近35亿元

宁波市保监局公布了一个数字，2013年的宁波保险业，为"菲特"受灾理赔付出的金额达34.59亿元。这个理赔金额是宁波保险业几十年利润总和的数倍。

在保险行业有一句老话："十年利润抵不过一年大灾"。资料显示，初步估计全市11个县（市）区、148个乡镇248万人不同程度受灾，7.6万辆汽车受损，3万余家企业不同程度停产，造成直接经济损失超过330亿元。

一、风险的相关概念

风险是指社会和自然界客观存在的、可能因意外事故发生而造成社会财富损毁和影响人们生命安全的随机现象。

风险从广义上看，是指某一事件实际结果与预期结果间的变动程度；从狭义上看，是指损失的不确定性。

风险的定义综合各种观点，大致可分为两类：第一类定义强调风险的不确定性，第二类定义强调风险损失的不确定性。

只要某一事件的发生结果与预期的不同，就存在风险。风险的不确定性体现为某一事件的发生可能导致3种结果：损害、无损害或收益。

如果未来结果低于预期价值，就称为损失或伤害；如果未来结果高于预期价值，就称为收益。在未来不确定的3种结果中，损害尤其要引起注意。这是因为，如果事件发生的结果不会有损害，就没有必要谈论风险。正是因为损害发生的不确定性可能在将来引起不利结果，所以才需要对风险进行管理，作为风险管理方式之一的保险才会产生与发展。因此，保险理论中的风险，通常是指损害发生的不确定性。

综上所述，可知保险学中所说的风险具有存在的客观性、发生的偶然性、相对性、可变性以及灾害性等特点。

二、风险的特征

风险具有四个主要特征：**客观性、损失性、不确定性**和**未来性**。

1. 风险的客观性

风险不以人的意志为转移，是独立于人的意识之外的客观存在。人们只能在一定的时间和空间内改变风险存在与发生的条件，降低风险发生的频率和损失幅度，但是，从总体上说，风险是不可能彻底消除的。正是风险的客观存在，决定了保险的必要性。

2. 风险的损失性

风险的构成要素包括风险因素、风险事故和风险损失。

风险因素又称为风险条件，是风险事故发生的潜在原因。

风险事故又称为风险事件，是导致风险损失的直接原因。

风险因素诱发风险事故，风险事故产生风险损失。因此，风险必然会带来损失。

3. 风险的不确定性

风险及其所造成的损失在总体上具有必然性，是可知的；但在个体上却是偶然的，不可知的，具有不确定性，包括空间上的不确定性、时间上的不确定性和结果上的不确定性。

正是风险的这种总体上的必然性与个体上的偶然性的统一，构成了风险的不确定性，进而构成了保险的风险，从而形成了经济单位与个人对保险的需求。

4. 风险的未来性

保险学中的风险除了具有客观性、损失性和不确定性之外，还具有未来性。这是因为风险是人们对未来潜在的、可能会发生的意外事件的一种预见和疑惑。

除了上述4个方面的主要特征之外，风险还具有普遍性和可变性。

5. 风险的普遍性

自从人类出现后，就面临着各种各样的风险，随着科学技术的发展、生产力的提高和社会的进步，新的风险不断产生，且风险事故造成的损害也越来越大。风险渗入到社会、企业、个人生活的方方面面，其发生**具有普遍性**。正是由于这些普遍存在的对人类社会生产和人们生活构成威胁的风险，才有了保险存在的必要和发展的可能。

6. 风险的可变性

风险的可变性是指某种风险在一定条件下可以转化的特性。

（1）风险性质的变化　例如：作为交通工具的小型乘用车，在乘用车进入家庭的制度推行之前，只是少数人才拥有私车，绝大部分乘用车属于公车，汽车财产风险是特定风险。但是，随着经济改革的深化，个人拥有汽车已是普遍现象，家庭乘用车购买成为汽车贸易的重要内容，汽车损失风险成为汽车贸易的基本风险。对于经营汽车保险的保险经营者而言，这是可以获得盈利的投机风险。

（2）风险量的变化　随着经济和科技的发展、社会的进步，人们认识风险和抵御风险的能力不断增强。对于有些风险，人们可以在一定程度上加以抑制，降低其发生的频率及危害程度。例如：通过交通安全知识的宣传和普及，提高人们的防范意识，提高汽车运行的性能，这些都可以降低交通事故发生的频率，减少交通事故造成的损失。再如：主要交通路口、事故多发地带设置醒目的警告标志；建立交通预报系统，随时报告道路交通情况；交通警察不定时巡逻，杜绝酒驾现象；严格驾驶人考核、年检制度。这些都是风险量发生的变化。

风险的特征是风险的本质及其发生规律的外在表现。正确认识风险的特征，对于建立和完善风险应对机制，加强风险管理，减少风险损失具有重要意义。

三、风险的要素

风险是由多种要素构成的，这些要素相互作用，共同决定了风险的存在、发展和变化。一般认为，风险的构成要素包括风险因素、风险事故和风险损失。

1. 风险因素

风险因素又称为风险条件，是指引发或增加损失发生的频率和程度的任何事件，引起和促使风险事故发生以及风险事故发生时致使损失增加、扩大的条件。它是事故发生的潜在原因，是造成损害的间接的、内在的原因。例如：抽烟是导致肺癌的主要因素；酒后开车、汽车制动系统失灵是导致车祸的原因等。风险因素通常有实质风险因素、道德风险因素和心理风险因素3种类型。其中，后两者都与人的行为密不可分，因而统称为人为风险因素。

1）实质风险因素：物质方面。

2）道德风险因素：欺诈、投毒、谋杀等（故意使其发生）。

3）心理风险因素：疏忽、侥幸等（无意使其发生）。

2. 风险事故

风险事故又**称为风险事件**，是指可能引起人身伤亡或财产损失的偶发事件。它是造成损失的直接的或间接的原因，是损失的媒介物，如火灾、车祸、疾病等。

风险只有通过风险事故的发生才会导致损失。风险事故意味着风险的可能性转化成了现实性。风险事故发生的根源主要有 3 种：自然现象，社会、经济的变动，人或物本身。

3. 风险损失

在风险管理中，损失是指非故意的、非计划的和非预期的经济价值的降低。该定义中包含两个主要的要素：一个是**非故意的、非计划的和非预期的**；另一个是**经济价值，即损失必须能以货币来衡量**，两者缺一不可。

例如：折旧、馈赠、报废，虽有经济价值的降低，但不符合第一个要素，所以不能称为风险损失。

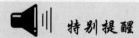

特别提醒

在保险实务中，通常将损失分为两种，即直接损失和间接损失。直接损失是指由风险事故导致的财产本身的损失和人身的伤害；间接损失则是指由直接损失引起的额外费用损失、收益损失和责任损失等。多数情况下，间接损失的金额很大，有时甚至超过直接损失。

风险是由风险因素、风险事故和风险损失三者构成的统一体。其关系可概括为风险因素引起风险事故，风险事故导致风险损失。风险因素是发生事故的隐患，是事故发生的可能性，它在一定的内、外部条件下转变为现实结果；风险事故是从风险因素到风险损失的一个中间环节，是导致风险损失的直接因素；风险损失则是风险事故的直接结果。

风险要素之间的关系如图 1-1 所示，风险、风险因素、风险事故及风险损失之间的关系如图 1-2 所示。

图 1-1 风险要素之间的关系

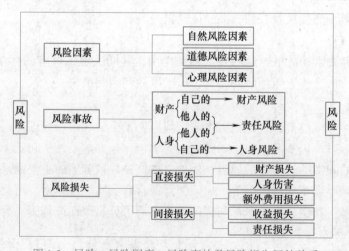

图 1-2 风险、风险因素、风险事故及风险损失间的关系

*** 单元二 风险的分类与管理、可保风险 ***

风险是多种多样的，为了对风险进行测定和管理，需要对风险进行分类。按照不同的分

类方式，可将风险分为不同的类别。

一、风险的分类

1. 按照风险的损失对象分类

按照风险的损失对象分类，可将风险分为财产风险、人身风险、责任风险和信用风险。

（1）财产风险　财产风险是指由于财产发生损毁、灭失和贬值的风险，如汽车遭受交通事故、火灾、地震破坏等所造成的损失。这种风险一旦发生，会影响个人、家庭和单位的日常生活和运作。

（2）人身风险　人身风险是指人因生、老、病、死等原因而导致损失的风险。这种风险一旦发生，往往给个人或家庭带来很大的损失，在精神上带来痛苦、在经济上造成困难。

（3）责任风险　责任风险是指由于侵权行为或过失使他人的财产遭受损失或人身伤亡，在法律上负有经济赔偿责任的风险。例如：汽车意外爆炸，导致其他车辆或其他物品的财产受损，由车主承担对这些财产损失给予经济赔偿的责任。

（4）信用风险　信用风险是指在经济交往中，权利人与义务人之间由于一方违约或犯罪而给对方造成经济损失的风险。例如：汽车信用贷款的借款人未按借款合同的约定还款给贷款银行造成经济损失。

2. 按照风险的性质分类

按照风险的性质分类，可将风险分为纯粹风险和投机风险。

（1）纯粹风险　纯粹风险是指当风险发生时只造成损失而无获利可能性的风险，如火灾、水灾、风灾和疾病等。纯粹风险导致的后果有两种可能性：一是损失，二是没有损失。

（2）投机风险　投机风险是指当风险发生时既存在损失机会又存在获利机会的风险，如金融投资、房产开发投资和博彩等。投机风险导致的后果有 3 种可能性：一是损失；二是没有损失；三是盈利。

例如：博彩、买卖股票等风险，都有可能导致赔钱、赚钱和不赔不赚 3 种结果。投机风险的变化往往是不规则的，无规律可遵循，难以通过大数法则加以测算；而且，发生投机风险的结果往往是社会财富的转移，而不一定是社会的净损害。因此，保险人通常将投机风险视为不可保风险。

除上述按照风险的性质和对象分类之外，还可以根据风险产生的原因不同，把风险分为自然风险、社会风险、政治风险、经济风险和技术风险等。

二、风险的管理

风险管理是指在对生产、生活中的风险进行识别、估测和评价的基础上，通过各种风险管理技术，对风险实施有效的控制，妥善处理风险所导致的结果，原则上以最小成本去争取最大的安全保障和经济利益的行为。风险管理的程序（步骤）如图 1-3 所示。

图 1-3　风险管理的程序（步骤）

1. 风险管理的目标

风险管理的基本目标是以最小的经济成本获得最大的安全保障效益，即风险管理就是要以最少的费用支出来最大限度地分散、转移和消除风险，以实现保障人们经济利益和社会稳定的基本目的。

风险管理目标的确定取决于不同社会、企业乃至个人的不同需要，取决于在何种程度上运用风险管理技术。选择何种风险管理目标，对整个风险管理计划的实施，尤其是进行风险管理决策具有重要的意义。

风险管理的具体目标可以分为损失前目标和损失后目标。

损失前目标是通过风险管理消除和减少风险发生的可能性，为人们提供较安全的生产、生活环境。例如：通过对各种风险管理方式的比较及财务分析，谋求最经济、合理的风险处置方式；减少经济单位对风险损失的忧虑和恐惧，提供一个相对安全、稳定的环境；尽可能消除风险损失的隐患，减少经济单位自身的损害及社会财富的损失，以履行风险管理的社会责任等。

损失后目标是通过风险管理，在损失出现后及时采取措施，组织经济补偿，使经济单位在风险损失发生后仍然能够继续维持生存，保证正常的生产、生活秩序的尽快恢复，尽快实现原有的稳定的收益，促使企业尽快实现持续增长的计划，减少风险损失对社会造成的不利影响，为经济单位自身的发展创造一个良好的环境。

2. 风险管理的主要内容

风险管理的主要内容有风险识别、风险估算、风险评价、风险处理方式等。

（1）风险识别 风险识别是风险管理工作的基础，包括感知风险与分析风险两方面的内容。感知风险是通过对风险的调查和了解，对可能存在的风险做出判断；分析风险是通过对风险的分类和归纳，找出风险产生的原因和条件，确定风险的类别与性质，为进行风险估算与评价提供帮助。

（2）风险估算 风险估算即风险的衡量，是指对某特定风险的发生概率和损失程度进行估算，用以评价风险对预定目标的不利影响及程度。其内容包括估计潜在的风险事件发生的频数和损失程度。风险频数是指一定时期内风险可能发生的次数。损失程度是指每次风险发生可能带来的经济损失的大小。风险估算使风险分析定量化，为风险管理者进行风险决策与选择最佳的风险处理方式提供了科学依据。

（3）风险评价 在风险识别与风险估算的基础上，根据风险发生的概率和损失程度以及处理风险的经济投入进行的综合分析与比较，称为风险评价。风险评价的主要目的是测算处理风险所需人力、物力与财力等各方面的投入，并与可能出现的风险损失相比较，以确定风险是否需要处理，在经济上是否合算，如何处理效果最佳。

（4）风险处理方式 风险处理方式是人们在同各种自然灾害、风险事件的抗争中，在不断地总结经验教训的基础上，创造出的预防与处理风险的办法，归纳起来对纯粹风险的处理有规避风险、预防风险、分散风险和转移风险四种方法。

1）规避风险。规避风险即在决策中直接设法避免风险事件的发生。它适用于对付那些损失发生概率高且损失程度大的风险，若因害怕出车祸就拒绝乘车，则车祸这类风险虽可由此而完全避免，但将给日常生活带来极大的不便，实际上是不可行的。例如：某路段因洪水冲毁了部分桥梁与路基，可以采用临时变道通行，但比较危险，为了安全起见，过往车辆完全可以选择其他路线绕道通行，绕道通行虽然增加了运行费用和时间，但达到了避免风险发生的目的，这就是规避风险的处理方法。通常，采用规避的方法处理风险虽然有效，但却容易给人们的生活与工作带来新的不便或困难。因此，**规避的方法是消极的，是有局限性的。**

2）预防风险。多数风险事故都有一定的成因和规律，及时地、有针对性地采取各种预防措施就会起到控制风险发生的作用。预防风险的目的就是尽可能地采取各种预防风险发生的措施，以使发生风险的频率及其损失程度降到最低。预防风险通常分为**防损和减损**两类。防损是指通过对风险因素的分析，采取预防措施，以防止损失的产生。减损则是尽量减少风险造成的损失，并防止损失的扩大。防损的目的是减少发生损失的可能性，而减损的目的是减轻损失的程度。

3）分散风险。分散风险是指联合存在同类风险的众多单位，建立风险分摊机制，当风险损失产生时，由众人共同承担，实现分摊损失的目的。

4）转移风险。转移风险是指通过某种安排，把自己面临的风险全部或部分转移给另一方。通过转移风险而得到保障，是应用范围最广、最有效的风险管理手段。**保险就是转移风险的风险管理手段之一。**

转移风险与规避风险有实质上的区别。规避风险意味着与有风险的事情保持距离，回避产生风险的行为或环境。但转移风险则不同，人们仍参与有风险的事情，只是将可能的风险损失转移给他人来承担。

3. 风险管理技术

风险管理技术分为控制型和财务型两大类，如图 1-4 所示。控制型的目的是降低损失频率和减小损失幅度，重点在于改变引起意外事故和扩大损失的各种条件。财务型的目的是以提供基金的方式，对无法控制的风险做财务上的安排。

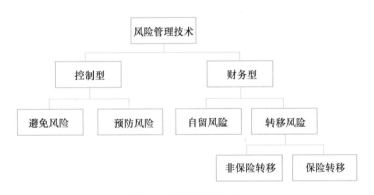

图 1-4　风险管理技术

财务型风险管理技术是以提供基金的方式，通过事先的财务计划，筹措资金，以便对风险事故所造成的经济损失进行及时而充分的补偿，降低风险成本的一种风险管理方法。其处理方法包括风险自留、财务型非保险转移和财务型保险转移 3 种。

风险自留是指对风险的自我承担，即企业或单位自行承受风险损害后果的方法。

风险自留有**主动自留**和**被动自留**之分，通常在风险所致损失频率和幅度低、损失在短期内可以预测及最不影响企业或单位财务稳定时采用风险自留的方法。但它会因风险单位数量的限制或自我承受能力的限制，而无法实现其处理风险的功效。

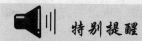

特别提醒

风险自留一般适用于发生概率小，且损失程度低的风险。它是指在风险无法避免，或者风险频率低、损失程度小的情况下，经济行为主体完全依靠自己的财力来承担风险事故所造成的损失。

转移是指通过合理措施，将风险及其财务后果从一个主体转移给另一个主体。

财务型非保险转移是指通过外部资金来支付可能发生的损失，转移财务负担。它是指风险当事人利用经济合同把自己不能承担或不愿承担的风险转移给其他单位或个人的一种风险处理方法。财务型非保险转移主要依赖合同条款的约束力，通过寻求用外来资金补偿风险损失来实现风险转移的目的。例如，公司通过发行股票或债券，将经营风险转移给众多股东或投资人来承担。

财务型保险转移是指通过购买保险将可能发生的损失转移给保险人承担，以确定的支出换取不确定的损失。它是指缴纳保险费给保险承担机构，将风险当事人可能遭受的风险损失，转嫁给保险机构承担的风险处理方法。保险是通过集合同类风险单位以分摊损失的一种经济制度。保险机构接受大量风险面临者的投保，为实际发生损失的少数风险遭受者承担损失。

现代保险业实际上就是运用了分散和转移风险的方法，组织众多的单位和个人参保，将这些单位和个人的风险转移给保险公司，保险公司收取保险费、进行损失补偿，通过分摊损失达到分散风险的目的。**实践证明，保险是风险处理方法中最有效的管理手段之一。**

三、可保风险

保险所承担的风险简称为可保风险。现实生活中，人们面临各种各样的风险，风险的类别、性质、成因、发生频率、损失的大小等千差万别，保险公司所能接受的风险是有限的，也就是说并不是所有的风险保险公司都可以承保。一般而言，可保风险必须具备下列条件。

1. 具有可能性

风险发生必须具有客观上的可能性。保险的动机在于防患于未然。若已知没有发生风险的可能，就失去了投保的实际意义。《中华人民共和国保险法》（以下简称《保险法》）第二条关于"保险定义"的规定中所使用的"可能发生的事故"即为此含义。此外，这种可能性是指客观上的，并非人们的主观忧虑。

2. 具有偶然性

偶然性是指事先无法预知其发生的时间、地点和损失程度等。事先可以预知，必然会发生的损失如自然损耗、折旧等，保险公司是不会承保的。

3. 具有意外性

风险的意外性包括以下两层含义：

1）风险的发生是不可预知的，可预知的风险带有必然性，保险人不予赔偿。

2）风险的发生及损失后果的扩展不是被保险人的故意行为所致，即对于被保险人故意行为或不采取合理预防措施所造成的损失，保险人不予赔偿。

4. 具有纯粹性

保险人承保的风险只能是纯粹风险，而不可能是投机风险。因为承保投机风险有可能会引起道德风险，使被保险人因投保而获取额外收益而违反保险的基本原则。

5. 具有同质性

可保风险应该是大量的、同质的和可测的。由于保险是以大数定律作为保险人建立稳固的保险基金的基础，只有一个或少量标的所具有的风险，是不具备这种基础的，因此，**可保风险的一个重要条件是必须有某种同质风险的大量存在**。同时，风险发生的概率和损失率是可以计算的，这是保险人计算保险费率的依据。

6. 具有重大性和分散性

风险事故造成的损失要有重大性和分散性。这是指当风险发生后可能给人们带来难以承受的经济损失或长时间的不良影响，这样的风险才能促使多数经济单位或个人有参加保险的愿望。同时，就全体投保人来说，风险损失的产生在时空上要有分散性，保险对象的大多数不能同时遭受损失。否则，多数单位和个人之间不能在经济上形成互助共济，保险也难以成立。例如，保险人不能承保战争破坏的风险即属此类。

以上可保风险条件是相互联系、相互制约的，确认可保风险时必须6个条件综合考虑，以免发生承保失误。应当指出，可保风险的范围并不是一成不变的，随着保险市场需求的不断扩大，以及保险技术的日益进步，可保风险的范围也会随之改变。很多原来不可保的风险在先进的技术条件下也可以成为可保风险。

✳✳✳　单元三　汽车风险与对策论　✳✳✳

一、汽车与风险

汽车自诞生以来，一方面大大提高了人们的出行效率，方便了人们的生活，但另一方面也使得交通事故数量急剧增加，造成社会公众的人身伤害和财产损失。"车祸猛于虎""车轮下的战争"就是人们对道路交通意外事故的形象描述。表1-1为2001～2010年我国道路交通事故数据统计表，表中表明了我国近几年道路交通事故的次数和直接经济损失，平均每年发生事故46万次，每1.1分钟发生1次事故，每次事故损失4300元。

表 1-1　2001～2010 年我国道路交通事故数据统计

年　　份	2001	2002	2003	2004	2005	2006	2007	2008	2009	2010
事故次数/次	760327	773137	667507	567753	450254	378781	327209	265204	238351	219521
直接经济损失/亿元	30.88	33.24	33.70	27.7	18.8	14.9	11.99	10.10	9.14	9.3

道路交通事故的危险无时无刻不在威胁着人们的生命财产安全，给国家带来巨大的经济损失，影响了人们工作和生产的正常运行。因此，防范道路交通事故带来的危险是十分必要的。

1. 汽车风险的识别

与汽车有关的风险有3类：

(1) 汽车本身所面临的风险　与其他处于静止状态的财产一样，汽车本身也受自然灾害和意外事故的威胁，如汽车超速行驶、疲劳驾驶等，都有可能导致车辆自身损毁的直接损失以及车辆停驶引起的间接经济损失。

(2) 汽车本身所造成的风险　例如车辆制动系统有故障等，可能导致车辆自身损毁的直接损失以及车辆停驶引起的间接经济损失。

（3）汽车面临的使用风险　例如驾驶人在货物运输过程中可能存在在以下 3 个方面产生损失的风险。

1）车辆安全。

① 意外事故，如碰撞、倾覆，火灾、爆炸、外界物体倒塌、空中运行物体坠落、保险车辆行驶中平行坠落、雷击等。

例如，汽车剐蹭、碰撞是汽车常见的损失风险，车辆损失少则两三千元，大额损失则高达上万元。

② 自然灾害，包括暴风、龙卷风、暴雨、洪水、海啸、地陷、冰陷、崖崩、雪崩、雹灾、泥石流、滑坡等自然现象对车辆造成的损害。

汽车遭遇暴风、暴雨等自然灾害，损失一旦发生，修理费用少则几百，多则几万甚至几十万。

③ 其他外来原因，如载运保险车辆的渡船遭受自然灾害等。

④ 由于驾驶人、维修维护人员或其他与车辆紧密相关的人员的不规范操作或过失、故意造成的车辆损伤。

⑤ 车辆或车上零部件、设备被盗窃、抢劫。

造成车辆损失的原因基本包含于上述内容中，但针对特定车辆，会有其他致损因素。例如，起重机上的重型机械设备可能会对车体造成损伤。一般而言，保险公司对车辆损失专门设计了机动车损失保险这一险种，可以很好地弥补车辆所受损失。

2）他人安全。车辆在驾驶过程中可能会使他人遭受意外事故，导致人身伤亡或财产损毁，致害人依法需要承担侵权赔偿责任。因此，车主应依法向第三者支付赔偿金，这是车主必须承担的责任。

3）驾驶人自身安全。驾驶人在驾驶过程中，可能会遭受人身伤亡或财产的损失，致损的可能原因包括如下几种：

① 自然灾害或意外事故。除了上述威胁车辆安全的因素对驾驶人本身可能也会造成损害以外，还包括一些伤害驾驶人人身安全和财产的因素，如遭遇抢劫。

② 由于驾驶人本人的故意行为或过失行为使其自身受损。例如，为了多赚运费违章超载货物，结果货物堆垒过高，碰撞致损，或者疏忽大意导致事故或被路政部门执法人员处罚。

4）车主自身安全。如果车主是法人或一个运输单位，则驾驶人作为车主的雇员，他的过失或故意行为造成货物毁损或他人或自身的人身伤亡，车主都需承担一定责任，因此，对于车主也存在承担赔偿责任的风险。

2. 汽车风险的控制

（1）损失控制　面对汽车风险，依据管理风险原理，可有意识地采取行动防止或减少灾害事故的发生以及所造成的经济和社会损失。损失控制包括两个方面的内容：防损措施和减损措施。

防损措施：防损可以减少风险产生的可能，但是不能完全消除风险产生的可能性。例如，经济单位之间在进行交易之前，应当审慎选择交易对象，对其主体身份、以往业务交易记录进行调查与核实，减少与信誉不良的经济单位交易而产生损失的可能性。

减损措施：它是一种事后措施。它是指在风险发生时或风险发生之后，采取的各种防止损失扩大的措施，包括尽可能减轻损失后果计划和损后救助计划。对这种方法的评价：减损可以减少和控制已发生的损失程度，但并不能消除损失产生的可能性。有一些损失管理措施既是防损措施又是减损措施。例如：对工伤者及早治疗、限制车速、"醉驾入刑"等。防损、减损措施的实施效果如图 1-5 所示。

图 1-5　防损、减损措施的实施效果

【法理链接】

京华时报讯　记者从全国公安机关 2013 年道路交通事故情况通报分析会上获悉，自"醉驾入刑""长途开车强制休息"等一系列道路交通安全法规条例开始实施，各地也相继出台配套措施，有效地遏制了道路交通违法。这是 1990 年有重特大事故统计以来历史最少的一年，并首次实现了自 1999 年实行"黄金周"以来，元旦、春节、国庆等全部节假日重特大事故"零"记录。

【来源：中国网 2014 年 01 月 06 日】

（2）风险避免　风险避免是指放弃某项活动以达到回避因从事该项活动而可能产生风险损失的行为。这种方法有以下的局限性：

1）有些风险是无法避免的，比如地震、暴风等自然灾害，人的生老病死以及世界性的经济危机等风险，对人类来说都是不可避免的。

2）风险总是伴随着收益同时存在，回避风险就意味着放弃收益。在采用改变工作性质或方式的措施来避免风险时，可能产生另一种风险。例如，当某人为避免飞机坠毁的风险，选择乘坐火车旅行，这时，虽然飞机坠毁的风险被有效地避免了，但是火车可能出轨这一风险因素却随之产生了。

（3）风险转移　风险转移是经济单位为避免承担损失而有意识地将风险损失或与风险损失有关的财务后果转嫁给其他单位或个人的一种风险管理方式。风险转移有以下 3 种方法。

1）保险。保险是风险转移最主要的方法，它是把风险转移给保险人，一旦发生意外损失，保险人就按保险合同约定补偿被保险人的一种风险管理的方法。

保险的基本职能是防灾防损和分摊损失、经济补偿，其派生职能是筹资与资产管理。

2）分割风险单位。分割风险单位是将面临损失的风险单位分割，即"化整为零"，而不是将它们全部集中在一起承担风险。例如，巨额价值的货物要分批运送等。

3）复制风险单位。复制风险单位是增加风险单位的数量，不是采用"化整为零"的措施，而是完全重复生产备用的资产或设备，只有在使用的资产或设备损失后才会把它们投入使用。

二、汽车保险的种类

汽车保险是随着汽车的出现而产生的一项保险业务。它不仅是运输工具保险中最主要的险种，也是整个财产保险中最重要的业务来源。在各国非寿险业务中，汽车保险均占有举足轻重的地位，在我国财产保险中则属于第一大险种。

　　汽车保险虽然属于财产保险的范畴，但是它所承保的车辆却不是静止在某一地点上的，而是不断处于移动状态，因此，为了有效转移汽车本身所面临的和所创造的两种风险，世界各国的汽车保险均设立了机动车损失保险（或者称为车损险）和第三者责任保险。机动车损失保险承保汽车因保单责任范围内的自然灾害和意外事故所造成的车辆本身损失；第三者责任保险承保车辆在使用过程中所创造的风险，即对于因车辆使用给他人造成的人身伤害和财产损失依法应由被保险人承担赔偿责任时，由保险人负责赔偿。其中机动车损失保险属于财产保险范畴，而第三者责任保险则属于责任保险范畴。

　　汽车保险的设计随各国国情与社会需要的不同而不同，险种的设计是根据保障范围的差异而制定的。无论细分市场是否相同，各公司汽车商业保险的险种都由基本险和附加险组成，主要有汽车损失险和汽车责任险两大类。少部分公司根据自己的经营理念、经营策略及面向的保险标的的不同等因素而设计与应用一些不同新险种。例如，根据车辆本身常见损失原因，如碰撞、倾覆、坠落、被外界物体砸中、火灾、水灾、雹灾、其他自然灾害、爆炸、自燃、盗窃、抢劫、玻璃破碎、车辆停驶利润、车身划痕、标准配置外的设备损坏、随车行李物品损坏和事故发生后的抢险救灾费用等，分别有相对应的保险险种。全车盗抢险、自燃损失险、玻璃单独破碎险、发动机涉水损失险、车身划痕损失险、新增加设备损失险、随车行李物品损失险等，这些都属于损失类保险，可归为财产损失保险范畴。

　　根据车辆在使用过程中常引发的责任：因车辆发生碰撞、倾覆、坠落、火灾等意外事故导致第三者人员或财产损害的赔偿责任，车上人员或财产损害的赔偿责任，因车载货物掉落而引起的第三者人员或财产损害的赔偿责任，与之相对应设置的险种有机动车第三者责任保险、车上人员责任保险、车上货物责任保险、车载货物掉落责任保险等，这些都属于责任类保险，可归为责任保险范畴。总之，汽车保险既属于财产损失保险范畴，又属于责任保险范畴，是综合性保险。我国机动车商业险主险种类如图1-6所示，机动车商业险附加险种类如图1-7所示。

机动车损失保险
承保的是车辆自身的损失

机动车第三者责任保险
承保的是被保险人在车辆使用过程中发生意外事故对第三者造成的人身伤害和财产的直接损毁，依法应由被保险人负担赔偿责任

机动车全车盗抢保险
机动车全车盗抢保险是为车辆发生全车被盗抢、盗窃、抢夺的事故提供保障的一个险种

机动车车上人员责任保险
机动车车上人员责任保险负责赔偿被保险机动车交通意外造成的本车人员伤亡

图1-6　我国机动车商业险主险种类

玻璃单独破碎险

玻璃单独破碎险是对保险车辆玻璃单独破碎造成的损失提供保障的一个险种

不计免赔率险

不计免赔率险是针对车辆损失险、第三者责任险、车上人员责任险、全车盗抢险、车身划痕损失险的免赔率而设计的。投保不计免赔率险后，正常免赔的部分可得到赔付

车身划痕损失险

车身划痕损失险是对无明显碰撞痕迹的车身划痕损失提供保障的一个险种

图 1-7　机动车商业险附加险种类

1. 机动车交通事故责任强制保险

2006 年 7 月 1 日起，我国开始实行《机动车交通事故责任强制保险条例》。机动车交通事故责任强制保险（简称"交强险"）是我国首个由国家法律规定实行的强制保险制度。

交强险是由保险公司对被保险机动车发生道路交通事故造成受害人（不包括本车人员和被保险人）的人身伤亡、财产损失，在责任限额内予以赔偿的强制性责任保险。

2. 机动车损失保险

机动车损失保险是保险人对于被保险人承保的机动车，因保险责任范围内的事故所致的毁损灭失予以赔偿的保险。由于涉及保险机动车的意外事故很多，各国为扩大对被保险人的保障，一般提供综合保险。针对一些损失频率很高的危险事故，有时会被列为独立险种。例如，美国和日本的机动车损失保险包括碰撞损失险和机动车综合损失险（非碰撞损失险），全车盗抢险包括在机动车综合损失保险内；我国将全车盗抢险作为机动车损失险的附加险单独列出。

3. 机动车责任保险

机动车责任保险如第三者责任保险，是指被保险人或其允许的合格驾驶人，在使用保险机动车过程中，发生意外事故，致使第三者遭受人身伤亡或财产的直接损毁，依法应当由被保险人支付的赔偿金额，保险人依法给予赔偿的一种保险。由于机动车的第三者损失对象既有人身伤亡又有财产损失，所以第三者责任保险分为第三者伤害责任保险和第三者财产损失责任保险。机动车责任保险有代替被保险人承担经济赔偿责任的特点，是为无辜的受害者提供经济保障的一种有效手段。对于以过失主义为基础的机动车保险制度，一般遵循"无过失就无责任，无损害就无赔偿"的原则，所以当被保险人负有过失责任，或者第三者有由过失直接造成的损害发生时，保险人才能依据保险合同予以赔偿。

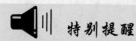 **特别提醒**

在保险实施的方式上，机动车责任保险分为强制机动车责任保险和自愿机动车责任保险。强制机动车责任保险就是将机动车责任保险列为法定保险，强制执行，目的是使机动车事故的受害人能获得合理的基本保障，是一种政策性保险。目前，世界上许多国家和地区都实行强制机动车责任保险制度。

4. 附加险

为了满足被保险人对与机动车有关的其他风险的保障要求，保险人常提供附加险供被保险人选择。

 特别提醒

附加险不能单独承保，必须在机动车损失险或机动车责任险的基础上，根据被保险人的意愿选择性地投保。

我国现行的机动车辆保险条款规定，在投保机动车损失保险的基础上，可以投保玻璃单独破碎险、自燃损失险、新增加设备损失险、车身划痕损失险等附加险；在投保第三者责任险的基础上，可以投保车上货物责任险、精神损害抚慰金责任险等附加责任险；在同时投保机动车损失保险和第三者责任保险的基础上，才可以投保附加的不计免赔率险。

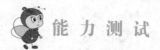 **能 力 测 试**

一、名词解释

风险、风险因素、风险事故、损失、纯粹风险、投机风险、风险管理、可保风险

二、单选题

1. 从广义上讲风险是指（　　）。

A. 损失的不确定性

B. 盈利的不确定性

C. 既包括损失的不确定性，也包括盈利的不确定性

D. 损失的可能性

2. 风险由（　　）3个要素所构成。

A. 风险因素、风险事故、风险损失　　　　　B. 风险单位、风险事故、风险损失

C. 风险因素、风险责任、风险损失　　　　　D. 风险因素、风险事故、风险责任

3. 风险因素是风险事故发生的（　　），是造成损失的（　　）。

A. 间接原因　外部原因　　　　　　　　B. 直接原因　间接原因

C. 外部原因　内部原因　　　　　　　　D. 潜在原因　间接原因

4. 损失的直接的或外在的原因是（　　）。

A. 风险因素　　　　B. 风险事故　　　　C. 风险单位　　　　D. 风险责任

5. 只有损失机会而无获利可能的风险是（　　　）。

A. 投机风险　B. 纯粹风险　C. 社会风险　D. 政治风险

6. 风险管理的基本目标是（　　　）。

A. 以最小的成本获得最小的安全保障　B. 以最大的成本获得最大的安全保障

C. 以最小的成本获得最大的安全保障　D. 以最大的成本获得最小的安全保障

7. 风险管理中最重要的环节是（　　　）。

A. 风险识别　　　　　　　　　B. 风险评价

C. 选择风险管理技术　　　　　D. 评估风险管理效果

8. 风险管理效益的大小，取决于（　　　）。

A. 是否能以最小风险成本取得最大安全保障

B. 是否能以最小风险成本取得最小安全保障

C. 是否能以最大风险成本取得最小安全保障

D. 是否能以最大风险成本取得最大安全保障

三、多选题

1. 以下不属于纯粹风险的有（　　　）。

A. 自然灾害　　　B. 人为灾祸　　　C. 套期保值　　　D. 经营风险　　　E. 股票投资

2. 应对风险的主要方法有（　　　）。

A. 风险转移　　　　B. 风险自留　　　　C. 风险避免　　　　D. 风险预防

3. 风险的组成要素包括（　　　）

A. 风险因素　　　　B. 风险要素　　　　C. 风险事故　　　　D. 风险损失

四、判断题

1. 风险是损失的不确定性，所以不确定的损失风险都是可保风险。（　　　）

2. 风险因素诱发风险事故，风险事故产生风险损失。（　　　）

3. 纯粹风险导致的后果有 3 种可能性：一是损失；二是没有损失；三是盈利。

（　　　）

4. 风险管理的基本目标是以最大的经济成本获得最小的安全保障效益。（　　　）

五、思考题

1. 简述风险与保险的相互关系。

2. 简述风险的特征。

3. 纯粹风险和投机风险有何区别？

4. 简述人身风险和财产风险的区别。

5. 为什么风险的分类对于保险如此重要？

6. 简述风险管理工作的目标及主要内容。

7. 可保风险需要具备哪些条件？

六、论述题

结合风险管理的方法，想想在自己生活中你曾经感受过哪些风险，而对这些风险你是如何应对的？

学习任务二 保险与汽车保险概述

知识目标：

1. 正确描述保险的定义、分类。
2. 简单叙述保险的职能、作用。
3. 正确描述保险的基本原则。

能力目标：

1. 会对保险进行分类。
2. 会在汽车保险业务中运用保险的职能。
3. 会在汽车保险业务中运用保险的 5 个基本原则。

✱✱✱ 单元一 保险概述 ✱✱✱

一、保险的定义

保险是以经济合同方式建立保险关系，集合多数单位或个人的风险，合理计收分摊金，由此对特定的灾害事故造成的经济损失或人身伤亡提供资金保障的一种经济形式。

保险是以集中起来的保险费建立保险基金，用于补偿被保险人因自然灾害或意外事故造成的经济损失，或对个人因死亡、伤残给付保险金的一种方法。

保险是一种经济保障制度，它通过收取少量保险费的方法，承担被保险人约定的风险。当被保险人发生约定的自然灾害、意外事故而遭受财产损失及人身伤亡时，保险人给予经济保障。

保险是一种社会工具，这一社会工具可以进行损失的数理预测，并对损失者提供补偿。补偿基金来源于所有那些希望转移风险的社会成员所做的贡献。

保险是一种复杂的和精巧的机制，它将风险从某个个人转移到团体，并在一个公平的基础上由团体中的所有成员来分担损失。

本书关于保险的定义如下：

保险是一种以经济保障为基础的财务安排。它基于对不确定事件发生的数理预测，通过收取保险费的方法，建立保险基金；以合同的形式，由大多数人来分担少数人的损失，实现保险购买者风险转移和理财计划的目标。这个定义有以下 5 个核心要点：

1）经济保障是保险的本质特征。

2）经济保障的基础是数理预测和合同关系。

3）经济保障的费用来自投保人缴纳的保险费所形成的保险基金。

4）经济保障的结果是风险的转移和损失的共同分担。

5）保险由经济保障的作用衍生出金融中介的功能。

二、保险的有关基本术语

1. 保险标的

保险标的是保险保障的目标和实体，它是指保险合同双方当事人权利和义务所指向的对象。保险的对象是指保险人对其承担保险责任的各类危险载体，也称为保险标的物。

保险的对象根据与人身是否相关可以分为与人身无关的标的物和人身标的物两类。

对于与人身无关的标的物，保险的对象是标的物的经济价值，被保险人对标的保险，标的可以是财产、与财产有关的利益或责任。这类标的物可以是有形的，如房屋、车辆、船舶、飞机、货物、家具、农作物和各种牲畜等；也可以是无形的，如信用、责任、债权等。

对于人身标的物，保险的对象是被保险人的生命和身体机能。在保险期限内，保险公司要对被保险人的死亡、伤残、疾病或者达到合同约定的年龄、期限时承担给付保险金的责任。

就保险的对象而言，非人身标的物和人身标的物的区别是明显的：

1）人的生命和身体机能，不能像非人身标的物那样进行准确的估价，因此人身标的物的保险金额没有具体的标准。

2）人一旦死亡或身体机能发生永久性伤残、衰老，无法恢复，而非人身标的物的损失一般可以得到复原。

3）人的生命和身体机能是不能转让和出卖的，而多数非人身标的物可以转让和出卖。

2. 保险人

保险人又称为承保人，是经营保险业务收取保险费和在保险事故发生后负责给付保险金的人。保险人以法人经营为主，通常称为保险公司。

汽车保险人的含义：汽车保险人（又称汽车承保人）是经营汽车保险业务收取保险费和保险事故发生后负责赔偿损失的人。

3. 投保人

投保人是对保险标的具有可保利益，向保险人申请订立保险合同，并负有交付保险费义务的人。投保人可以是自然人，也可以是法人。当投保人为自己的利益投保，且保险人接受其投保时，投保人就变成了被保险人。

汽车投保人的含义：汽车投保人是指对于汽车保险标的具有可保利益，并且与汽车保险人订立保险合同，按保险合同负有支付保险费义务的人。自然人和法人都可以成为汽车投保人，只要其具有相应的民事权利能力和行为能力，以及对汽车保险标的具有可保利益。

4. 被保险人

被保险人是受保险合同保障的人，以其财产、生命或身体为保险标的，在保险事故发生后，被保险人享有保险金请求权。被保险人与投保人是否为同一人要视保险的具体情况而定。

汽车被保险人的含义：被保险人是指其车辆等财产或者人身受保险合同保障，享有保险赔偿请求权的人。被保险人有一定的范围。由于被保险机动车的使用可能是被保险人本人，也可能是被保险人以外的其他人，所以机动车第三者责任保险中（"机动车第三者责任保险"在后边章节中介绍）所承保的被保险人，除了被保险人本人（即保险单中所载明的被保险人）外，还包括被保险人允许的合格驾驶人员，如被保险人的配偶及其直系亲属、被保险人的雇员、被保险人借用的驾驶人、与被保险人之间具有营业性租赁关系的驾驶人等。无论是被保险人本人，还是被保险人以外的其他人在使用被保险机动车时，都必须持有有效驾驶执照，并且所驾驶车辆与驾驶执照规定的准驾车型相符；此外，被保险人以外的其他人使用被保险机动车的还必须经过被保险人的允许。如果被保险机动车被私自开走或者未经被保险人同意，驾驶人员私自许诺他人将机动车开走等，均不属于被保险人允许的合格驾驶人员使用。对此种情况下发生的任何损失，保险人不负责赔偿。

5. 保险中介人

保险中介人是指活动于保险人和投保人之间，通过保险服务，把保险人和投保人联系起来并建立保险合同关系的人。保险中介人包括保险代理人、保险经纪人、保险公证人等。

汽车保险中介人的主体形式主要有汽车保险代理人、汽车保险经纪人和汽车保险公估人。

汽车保险代理人是指根据汽车保险人的委托，在汽车保险人授权的范围内代为办理汽车保险业务的单位或者个人。通常，汽车保险代理人可以分为专业保险代理人、兼业保险代理人和个人保险代理人。

专业保险代理人是指专门从事保险代理业务的保险代理有限责任公司。专业保险代理人可以代理保险公司推销汽车保险产品和与汽车有关的人身保险产品，代理保险公司收取保险费，协助保险公司进行损失的勘查和理赔等。

兼业保险代理人是指接受汽车保险人的委托，在从事自身业务的同时，指定专人为汽车保险人代办汽车保险业务。兼业保险代理人可以代理保险公司推销汽车保险产品和与汽车有关的人身保险，代理保险公司收取保险费。兼业代理的形式主要有金融机构兼业代理，如商业银行代理保险业务。

个人保险代理人是指根据保险人的委托，向保险人收取代理手续费，并在保险人授权的范围内代为办理保险业务的个人。在汽车保险领域，个人保险代理人主要承担与汽车有关的人身保险产品的代理推销和车辆等财产保险产品的代理推销，以及相关保险的保险费的收取。

汽车保险经纪人是指基于投保人的利益，为投保人与保险人订立汽车保险合同或与汽车有关的人身保险合同提供中介服务，并依法收取佣金的单位或个人。在我国，保险经纪人的组织形式限于有限责任公司。汽车保险经纪人以订立汽车保险合同为目的，为投保人提供防灾、防损或风险评估以及风险管理咨询，为投保人拟订投保方案，选择汽车保险人，办理投保手续，监督汽车保险合同的执行情况，为被保险人代为办理检验，以及向汽车保险人提出索赔等。汽车保险经纪人可以根据汽车保险标的的具体情况以及相关汽车保险人的承保情况，为汽车投保人拟订最佳的投保方案，代为办理投保手续，减少投保人或被保险人的保险费支出，减轻投保人投保选择的工作难度，提高投保效率。

汽车保险公估人是指接受汽车保险人、投保人或被保险人的委托，办理汽车保险标的的勘查、鉴定、估损以及赔款的理算，并向委托人收取佣金的单位或个人，一般是指有限责任制的保险公估公司。汽车保险公估人的存在及其业务运作，有助于汽车保险的赔付趋于公平、合理，有利于调停汽车保险当事人之间关于汽车保险理赔方面的矛盾，避免汽车保险人既是承保人又是理赔人，且直接负责对汽车保险标的进行检验和定损可能带来的不公正、不公平情况的出现，有利于体现汽车保险公估工作所具有的公平、公正、公开和合理的特性，促进汽车保险业的健康发展。

6. 保险费

保险费是投保人为转嫁风险支付给保险人的与保险责任相应的价金。一般情况下，保险费按合同金额与保险费率的乘积来计收，也可按固定金额收取。汽车保险基本术语见表2-1。

表 2-1　汽车保险基本术语

术　语	解　　释
保险人	与投保人订立保险合同，并承担赔偿或者给付保险金责任的保险公司。保险人即保险公司，在汽车保险中是有权经营汽车保险的保险公司
投保人	与保险人订立保险合同，并按照保险合同负有支付保险费义务的人。投保人可以是自然人、法人或其他组织
被保险人	其财产或者人身受保险合同保障，享有保险金请求权的人。一般指受保险合同保障的机动车的所有者，也就是行驶证上登记的车主
第三者	保险合同中，保险人是第一方，也称第一者；被保险人是第二方；除保险人与被保险人之外的因被保险机动车意外事故而遭受人身伤害或财产损失的受害人是第三方，即第三者
新车购置价	保险合同签订地购置与被保险机动车同类型新车（含车辆购置附加费）的价格，它是投保时确定保险金额的基础
保险金额	简称保额，指保险单上载明的保险标的的实际投保的金额，也是保险公司承担赔偿义务的最高限额
保险费	简称保费，是投保人或被保险人根据保险合同的规定，为取得因约定事故发生所造成的经济损失补偿（或给付）权利，而缴付给保险人的费用
保险费率	简称费率，是保险人计算保险费的依据。它是保险人向被保险人收取的每单位保险金额的保险费，通常用百分率或千分率来表示
保险责任	保险公司承担赔偿或者给付保险金责任的项目
保险合同	被保险人和保险人双方约定保险权利和义务关系的协议。在汽车保险中，保险合同不是单一的，而是由保险单、批单等共同构成的
不定值保险合同	双方当事人在订立保险合同时不预先确定保险标的的保险价值，而是按照保险事故发生时保险标的的实际价值确定保险价值的保险合同
保险期间	保险合同中规定的一个时间期限，只有保险事故发生在这个期限内，保险人才承担保险责任
主险	构成保险合同的主体。主险是指可以单独购买的保险品种
附加险	必须随附在主险上才能购买的品种
投保单	投保人申请投保的一种书面凭证。投保单通常由保险人提供，由投保人填写并签字或盖章后生效，保险人根据投保人填写的投保单内容出具保险单
保险单	简称保单，是保险人与投保人订立的保险合同的书面证明部分。保险单由保险人出具，上面载明保险人与被保险人之间的权利和义务关系，是被保险人向保险人索赔的凭证
批单	保险合同的内容变更时，才需要批单。批单是为了变更保险合同的内容，保险人出具给被保险人的补充性书面证明

（续）

术　语	解　释
实际价值	同类型机动车市场新车购置价减去该车已使用期限折旧金额后的价格
全部损失	被保险机动车整体损毁或被保险机动车的修复费用与施救费用之和达到或超过出险时的实际价值，保险人可推定全损
单方肇事事故	不涉及与第三方有关的损害赔偿的事故，不包括因自然灾害引起的事故
车上人员	发生意外事故的瞬间，在被保险机动车车体内和车上的人员，包括正在上下车的人员
事故责任免赔率	在保险合同中，在保险责任范围内根据被保险机动车驾驶人在事故中所负责任确定的，保险人不予赔偿的损失部分与全部损失的比率
责任保险	以被保险人对第三者依法应负的赔偿责任为保险标的的保险
可保利益	投保人或者被保险人对保险标的具有的法律上承认的利益

三、保险的分类

1. 按保险性质分类

按照保险性质不同，保险可以分为**商业保险**、**社会保险**和**政策保险**。

商业保险是指投保人根据合同约定，向保险人支付保险费，保险人对于合同约定的可能发生的事故因其发生所造成的财产损失承担赔偿保险金的责任，或者当被保险人死亡、伤残、疾病或者达到合同约定的年龄、期限时承担给付保险金责任的保险。

社会保险是指国家通过立法对社会劳动者暂时或永久丧失劳动能力或失业时提供一定的物质帮助以保障其基本生活的一种社会保障制度。当劳动者遭受生育、年老、疾病、死亡、伤残和失业等危险时，国家以法律的形式为其提供基本的生活保障，将某些社会危险损失转移于政府或者某一社会组织。

政策保险是政府为了一定政策的目的，运用普通保险的技术而开办的一种保险。

2. 按保险标的分类

按保险标的分类，从广义上讲，商业保险一般分为**财产保险**和**人身保险**两大类；从狭义上讲，商业保险可细分为财产保险、人身保险、责任保险和信用保证保险。

（1）**财产保险**　财产保险是指以各种有形财产及其相关利益为保险标的的保险。财产保险的种类繁多，主要有以下几种：

1）家庭财产保险。家庭财产保险是以城乡居民室内的有形财产为保险标的的保险。

2）企业财产保险。企业财产保险是指以投保人存放在固定地点的财产和物资作为保险标的的一种保险。

3）建筑工程保险。建筑工程保险是指以各类民用、工业用和公用事业用的建筑工程项目为保险标的的保险。

4）汽车保险。汽车保险是指以汽车本身及其相关经济利益为保险标的的一种不定值保险。

5）货物运输保险。货物运输保险是指以运输过程中的货物作为保险标的，保险人承保因自然灾害或意外事故造成损失的一种保险。

6）农业保险。农业保险是指由保险公司专门为农业生产者在从事种植业和养殖业生产的过程中，对遭受自然灾害和意外事故所造成的经济损失提供经济保障的一种保险。

（2）**人身保险**　其保险标的是人的身体或生命，以生存、年老、伤残、疾病、死亡等人身危险为保险事故，被保险人在保险期间因保险事故的发生或生存到保险期满，保险人依照合同对被保险人给付约定保险金。

（3）责任保险　其保险标的是被保险人对第三者依法应负的民事损害赔偿责任或经过特别约定的合同责任。

（4）信用保证保险　其保险标的是合同的权利人和义务人约定的经济信用，以义务人的信用危险为保险事故，对义务人（被保证人）的信用危险致使权利人遭受的经济损失，保险人按合同约定，在被保证人不能履约偿付的情况下负责提供损失补偿，属于一种担保性质的保险。

需要指出的是，在这4类保险中，人身保险与其他3类保险有着本质的不同。财产保险、责任保险、信用保证保险都属于损失保险，其保险标的是有形或者无形的"物"，均可以用货币进行计量，可以被看成是广义的财产保险；而人身保险是给付性质的，其保险标的是人的寿命或者身体，不能用货币计量。

3. 按危险转移层次分类

按照危险损失转移的层次分类，保险可分为**原保险**（重复保险和共同保险）和**再保险**。

原保险是指投保人与保险人之间直接签订合同，确立保险关系，投保人将危险损失转移给保险人。这里的投保人不包括保险公司，仅指除保险公司以外的其他经济单位或个人。

再保险也称分保，是指保险人将其所承保的业务的一部分或全部，分给另一个或几个保险人承担。再保险的投保人本身就是保险人，称为原保险人，又称保险分出人；再保险业务中接受投保的保险人称为再保险人，又称保险分入人。

再保险人承保的保险标的是原保险人的保险责任，原保险人通过将业务转让给再保险人，使危险损失在若干保险人之间进行了转移。这种危险转移是纵向的，再保险人面对的是原保险人，再保险人并不与最初的投保人打交道。

投保人在同一期限内就同一标的物的同一危险向若干保险公司投保，如果保险金额之和没有超过标的财产的实际可保价值，称为复合保险；如果保险金额之和超过标的财产的实际可保价值，称为重复保险。

《中华人民共和国保险法》（简称《保险法》）规定：重复保险是指投保人对同一保险标的、同一保险利益、同一保险事故分别向两个以上保险人投保并订立保险合同的保险。构成复合保险或重复保险必须满足以下条件：

1）保险标的相同。否则，保险合同之间没有关系。

2）保险利益相同。对于同一个保险标的物，如果投保人针对不同的可保利益投保，不构成重复保险。

3）保险事故相同。如果投保人投保的保险事故不同，各自为单保险合同。

4）分别与两个或两个以上的保险人签订保险合同。首先要有两个或两个以上的保险人，其次要有两份或两份以上的保险合同，如果仅有一份保险合同，则属于共同保险。

5）保险金额之和未超过保险价值，属于复合保险；超过保险价值，属于重复保险。

共同保险也称共保，具体有两种情况：一种是几个保险人联合起来共同承保同一标的的同一危险、同一保险事故，而且保险金额不超过保险标的的价值。发生赔偿责任时，赔偿金依照各保险人承保的金额按比例分摊。另一种是保险人和被保险人共同分担保险责任，这实际上是指投保人的投保金额小于标的物价值的情况，不足额被视同由被保险人承担。共同保险的危险转移形式是横向的。

这里要注意将以下几个概念区分清楚：

① 共同保险和再保险。共同保险中，每一个保险人直接面对投保人，各保险人的地位是一样的，危险在各保险人之间被横向分摊；再保险中，投保人直接面对原保险人，原保险人又与再保险人发生业务关系，投保人与再保险人之间没有直接的联系，两者通过原保险人发生间接关系，危险在各保险人之间被纵向分摊。

② 共同保险和复合保险。两者在本质上是相同的，都是若干保险人共同承保某一危险，但在形式上存在差别：共同保险中，几家保险人事先已经达成协议，决定共同承保，投保人与各保险人之间签订的是一个保险合同，各保险人是主动采用这种共同分担方式的；复合保险中，各保险人事先并未达成协议，投保人与各保险人分别签订了多个合同，而且是投保人主动采取行动，各保险人对于这种共同分担方式是被动接受的。

4. 按实施方式分类

按照实施方式分类，保险可以分为强制保险和自愿保险。

强制保险也称法定保险，是指国家或政府根据法律、法令或行政命令，在投保人和保险人之间强制建立起保险关系。强制保险带有强制性和统一性，表现在凡是法律、法规规定范围内的保险对象，不管本人是否愿意，都必须统一参加强制性保险项目。强制保险的目的一般是为了建立社会保障体系或公共安全风险处理机制。例如，我国现行的《道路交通安全法》就规定汽车第三者责任保险属于强制保险。

自愿保险也称任意保险，是指投保人和保险人在平等自愿的基础上，通过订立保险合同或者自愿组合，建立起保险关系。自愿保险中自愿的原则体现在投保人对是否参加保险，选择哪家保险公司，投保哪些险种以及保险金额、保险期限的确定等均有自由选择的权利，保险合同订立后还可以中途退保，终止保险合同；同时，保险人也有自由选择的权利。自愿保险是商业保险的基本形式。

四、保险的职能

现代保险一般具有 4 个职能，即分摊职能、补偿职能、积蓄基金职能和管理风险职能。其中，分摊职能和补偿职能是保险的两个最基本的职能；积蓄基金职能和管理风险职能是保险的两个派生职能。

1. 分摊职能

分摊职能就是把参加保险的少数成员因自然灾害或意外事故所造成的损失，分摊给所有成员来承担。保险的主要作用就是分散风险，分摊损失，起到"**一人为众，众人为一**"的互助共济的作用。这种分摊损失的方法只是把损失平均化了，因此从整个社会角度来看，保险只有分摊损失的功能，而没有减少损失的功能。

2. 补偿职能

补偿职能就是把参加保险的全体成员建立起来的保险基金用于少数成员因遭遇自然灾害或意外事故所承受损失的经济补偿。分摊损失本身不是目的，补偿损失才是保险的目的。补偿损失可以在灾害发生后，保障经济活动的顺利进行以及给予受难者经济帮助。

分摊职能和补偿职能是保险的两个基本职能。它们两者互为补充、缺一不可。没有分摊风险就不可能有损失的补偿，就无法筹集和建立保险基金，损失就得不到及时补偿；如果保险没有补偿的职能，参加保险的成员所受的损失得不到经济补偿，社会便失去了对保险的需要，保险也不会产生和继续存在。

通过保险的补偿和给付，企业可得到足够的资金，购买劳动资料、劳动对象、支付生产停顿期间所需的费用，从而保证简单再生产的顺利进行。保险对象个人可以免除或减轻不幸事故造成的经济损失，保障本人或家属的物质利益。

因此，分摊是补偿的前提，补偿是分摊的目的。两者是保险本质特征的最基本反映，最能表现和说明保险分配关系的内涵。

保险的派生职能是在保险的基本职能之上派生、延伸出来的，是伴随着保险业的发展而产生的。

3. 积蓄基金职能

保险合同一经签订，投保人就需缴纳保险费，保险人把每笔保险费积蓄在一起作为损失赔付的保险基金，这就是保险积蓄基金的职能。提前收取保险费起到了预提分摊金的作用，预提的分摊金必然形成积蓄，达到了时间上分散风险的效果。由此可见，积蓄基金的职能是从分摊职能派生出来的。

4. 管理风险职能

保险是一种经济行为，保险双方必然各自追求利益的最大化。具体表现在：投保人追求以尽可能低的保险费负担而获得足够的保险保障；保险人追求尽可能降低风险发生的频数和损失程度，以达到减少赔偿或给付保险金的目的。双方的这种追求必然引起对风险监督管理的关注，这就是保险所具有的管理风险的职能。管理风险是为了防灾防损、减少损失补偿，所以该职能是保险补偿职能的派生职能，也是保险分配关系处于良性循环的客观要求。

五、保险的作用

保险的作用是保险职能发挥的结果，可分为在微观经济中的作用和在宏观经济中的作用两方面。

1. 保险在微观经济中的作用

（1）有利于企业及时恢复生产或经营　由于风险是客观存在的，企业面临着各种风险。自然灾害、意外事故的发生，都会破坏企业的资金循环，使企业蒙受经济损失，但只要参加了保险，保险公司就会按照保险合同的约定，及时送来赔款，使企业及时恢复生产。

（2）有利于企业加强经济核算　作为经济实体的企业，追求的最终目标是以较小的投入获得最大的经济效益。而保险作为企业风险管理的财务手段，企业能通过保险方式转移风险。保险能够把企业不确定的巨额损失化为固定的少量的保险费支出，并摊入企业的生产成本或流通费用中，使企业以交纳保险费为代价，将风险损失转嫁给保险公司。这既符合企业经营的核算制度，又保证了企业财务的稳定。

（3）有利于促进企业加强风险管理和防灾防损　保险公司作为社会上专门同风险打交道的经济企业，积累了丰富的处理风险、防灾防损经验。如果企业参加了保险，保险公司为了降低赔付率、获得更好的经济效益，会非常注重企业的风险管理，而且被保险企业也不可能从风险损失中获得额外的利益，因此，加强风险管理和防灾防损符合企业与保险公司的共同利益。

（4）有利于安定人民生活　灾害事故的发生对于个人及家庭而言都是不可预知的。参加保险不仅是企业风险管理的有效手段，也是个人及家庭风险管理的有效手段。保险在安定人民生活方面，起着重大作用。家庭财产保险可以使受灾的家庭恢复原有的物质生活条件；

人身保险可以转嫁被保险人的生、老、病、死、残等风险，对家庭的正常生活起到保障作用；各种责任保险可以有力地保障受害人的经济利益，有益于民事纠纷的解决，对于安定社会具有非常重要的作用。

2. 保险在宏观经济中的作用

（1）有利于积累资金，支援国家经济建设　保险公司收取的保险费总额应与补偿损失的总额基本相符。保险公司的经营过程是先收取保险费，再履行赔偿责任，这中间就会出现时间差和数量差，而且有的险种时间非常长，使一部分保险基金暂时闲置。对此，保险公司可以把部分资金存入银行，通过银行信贷渠道参与经济建设，还可以利用部分资金直接进行投资，支援经济建设。此外，保险公司还向国家上缴税收，为国家建设积累资金。

（2）有利于推动科学技术转化为现实生产力　在社会生产中采用新技术、新工艺是提高生产力和促进经济发展的重要因素，但新技术、新工艺的采用就意味着高风险，而保险的作用正是通过对采用新技术的企业提供保障，为企业开发新技术、新产品以及使用新工艺撑腰壮胆，以促进科学技术向现实生产力转化。

（3）有利于增加外汇收入，增强国际支付能力　在对外贸易和国际经济交往中，保险是必不可缺的重要环节。保险业务的发展，如进出口货物保险、投资保险、远洋船舶保险等险种的发展，既可以增加国家的外汇收入，平衡国际收支，又可以促进对外经济贸易，保障国际经济交往。

（4）有利于促进社会稳定　社会是由千千万万的家庭和企业等构成的，家庭的安定和企业的稳定都是社会稳定的因素。保险通过对保险责任内的损失和伤害的补偿和给付，为社会的稳定提供了切实有效的保障。

＊＊＊　单元二　汽车保险概述　＊＊＊

一、汽车保险的含义、特征

1. 汽车保险的含义

汽车保险是指以机动车辆为保险标的的保险，其保障范围包括车辆本身因自然灾害或意外事故导致的损失，及车辆所有人或其允许的合格驾驶人因使用车辆发生意外事故所负的赔偿责任。

2. 汽车保险的特点

（1）从车辆自身来看，车辆经常处于运动状态　作为运输工具，车辆大多数时间处于动态。保险标的所处状态直接影响其面临的风险大小及种类，这对保险人来说，应在开发产品、厘定费率时要特别考虑，在承接业务时要加强"验标"，在理赔时要迅速、准确，并有一个为之及时查勘定损的庞大网络，同时应注重研究核保和核赔技术以及风险的防范工作。

（2）车辆出事故的频率非常高　除道路交通事故外，属于汽车保险赔偿的车辆事故还有很多，如盗抢事故、火灾事故、水灾事故、雹灾事故、玻璃破碎事故等，因此，车辆出事故的频率非常高。

3. 汽车保险的特征

汽车保险的基本特征概括为保险标的出险率较高、业务量大、投保率高、扩大保险利益，被保险人自负责任与无赔款优待，见表2-2。

表 2-2　汽车保险的特征

特　　征	描　　述
保险标的出险率较高	汽车是陆地上的主要交通工具，由于其经常处于运动状态，在行驶过程中很容易发生碰撞以及意外事故，造成人身伤亡或财产损失。由于机动车数量的迅速增加，一些交通设施及管理水平跟不上机动车的发展速度，再加上驾驶人的疏忽、过失等人为原因，交通事故发生频繁，机动车出险率较高
业务量大、投保率高	汽车较高出险率使得汽车所有者需要以保险方式转嫁风险。保险人为适应被保险人转嫁风险的不同需要，为被保险人提供了更全面的保障，例如，在开展机动车损失保险和机动车第三者责任保险的基础上，推出了一系列附加险，使机动车保险成为财产保险中业务量较大、投保率较高的一个险种
扩大保险利益	机动车保险中，针对机动车的所有者与使用者不同的特点，机动车保险条款一般规定：不仅被保险人本人使用机动车时发生保险事故保险人要承担赔偿责任，而且凡是被保险人允许的驾驶人使用机动车时，也视为其对保险标的具有保险利益。如果发生保险单上约定的事故，保险人同样要承担事故造成的损失，保险人必须说明机动车保险的规定以"从车"为主，凡经被保险人允许的驾驶人驾驶被保险机动车造成保险事故的损失，保险人必须对被保险人负赔偿责任。此规定是为了对被保险人提供更充分的保障，扩大被保险人的保险利益
被保险人自负责任与无赔款优待	为了促使被保险人注意维护车辆，使其保持安全行驶技术状态，并督促驾驶人注意安全行车，以减少交通事故，保险合同上一般规定：驾驶人在交通事故中所负责任，机动车损失保险和机动车第三者责任保险在符合赔偿规定的金额内实行绝对免赔率；被保险机动车在保险期限内无赔款，续保时可以按保险费的一定比例享受无赔款优待。以上两项规定，虽然分别是对被保险人的惩罚和优待，但要达到的目的是一致的

二、汽车保险的作用

我国汽车保险自 1980 年恢复保险业务以来经过几十年的发展已经成为机动车辆使用的"保护神"，其作用如下：

（1）扩大了对汽车的需求　汽车保险的出现，解除了企业与个人对使用汽车过程中可能出现的风险的担心，这在一定程度上提高了消费者购买汽车的欲望，扩大了消费者对汽车的需求。

（2）稳定了社会公共秩序　汽车所有者为了转嫁使用机动车带来的风险，愿意支付一定的保险费投保，在汽车出险后，从保险公司获得经济补偿。因此，开展汽车保险既有利于社会稳定，又有利于保障保险合同当事人的合法权益。

（3）促进了汽车安全性能的提高　保险公司出于有效控制经营成本和风险的需要，除了加强自身的经营业务管理外，必然会加大事故车辆修复工作的管理，这在一定程度上提高了汽车维修质量管理的水平。

能力测试

1. 根据我国保险法对保险的定义，保险的内涵是指（　　）。

A. 保险是一种风险管理的办法　　　　B. 保险是一种财务安排

C. 保险是一种商业行为　　　　　　　D. 保险是一种经济保障形式

2. 从风险管理角度看，保险是一种（　　）的机制。

A. 风险转移   B. 有效的财务安排

C. 合同管理   D. 分散风险、补偿损失

3. 从经济的角度来看，保险是分摊意外事故损失和提供经济保障的一种非常有效的（　　）。

A. 风险转移   B. 财务安排

C. 合同管理   D. 分散风险、补偿损失

4. 同质风险的集合体是保险风险集合与分散的前提条件之一。同质风险的含义是（　　）。

A. 风险单位在种类、品质、性能等方面大体相近，但价值差异较大

B. 风险单位在种类、品质、价值等方面大体相近，但性能差异较大

C. 风险单位在性能、品质、价值等方面大体相近，但种类差异较大

D. 风险单位在种类、性能、品质、价值等方面大体相近

5. 按照实施方式，保险可分为（　　）。

A. 原保险、再保险   B. 共同保险、重复保险

C. 强制保险、自愿保险   D. 财产保险、人身保险

学习任务三　汽车保险原则

知识目标：

1. 了解汽车保险原则的特点。
2. 了解汽车保险的基本原则。

能力目标：

1. 会计算不同分摊方式情况下保险人承担的赔款。
2. 会根据汽车保险原则进行责任划分。

汽车保险的原则是汽车保险业务运营过程中要遵循的基本原则，也是《保险法》的基本原则，即集中体现《保险法》本质和精神的基本准则。它既是保险立法的依据，又是保险活动中必须遵循的准则。这些基本原则贯穿在《保险法》文本的条款之中。汽车保险原则的特点如下：

1. 保险与防灾相结合

保险与防灾相结合是对汽车保险事故发生前的事先预防。保险人对承保的风险责任进行

管理，其具体内容包括：调查和分析保险标的的风险情况，据此向投保方提出合理建议，促使投保人采取防范措施，并进行监督检查；向投保人提供必要的技术支持，共同完善防范措施和设备；对不同的投保人采取差别费率制，以促使其加强对风险事故的管理，即对事故少、信誉好的投保人给予降低保险费的优惠，反之，则提高保险费等。遵循这一原则，投保人应遵守国家有关道路交通法律、法规等方面的规定，主动维护保险标的的安全，履行所有人、管理人应尽的义务，同时，按照保险合同的规定，履行风险增加通知义务等。

2. 保险与减损相结合

保险与减损相结合主要指汽车保险事故发生后的事后减损。如果发生汽车保险事故，投保人应尽最大努力积极抢险，避免事故蔓延、损失扩大，并保护出险现场，及时向保险人报案，而保险人则通过承担施救及其他合理费用来履行义务。

在汽车保险实务中，保险公司制订的无赔款优待就是通过风险管理制度来防止或减少风险事故发生的机会，将保险与防灾相结合原则的具体体现。对于续保的被保险人，如果上一年没有发生交通事故或者没有因交通事故得到保险公司的理赔，那么在下一年即可享受续保险种保险费一定比例的减免优惠，此项规定的实施，调动了广大车主防范车险事故的积极性。

***　单元一　保险利益原则　***

一、保险利益与保险利益原则的含义

保险利益是指**投保人或者被保险人对保险标的的具有的法律上承认的利益**。它体现了投保人或者被保险人与保险标的的之间存在的利害关系。倘若保险标的安全，投保人或者被保险人可以从中获益；倘若保险标的的受损，投保人或者被保险人必然会蒙受经济损失。

保险利益原则是指在签订保险合同时或履行保险合同过程中，投保人或者被保险人对保险标的的必须具有保险利益的规定。

【法理链接】

《保险法》第十二条规定："保险利益是指投保人或被保险人对保险标的的具有的法律上承认的利益。"**保险利益也称可保利益**。保险利益是保险合同成立的必备条件，从而形成了保险法中的一项重要原则——保险利益原则，**即投保人必须对保险标的的具有法律上承认的利益**，才可以与保险人签订保险合同。该原则已被各国保险法普遍采用。

二、确立保险利益原则的意义

（1）**避免赌博行为的发生**　保险的目的是对产生的损失进行补偿，如果没有保险利益，则会使保险变成侥幸图利的赌博。

（2）**防止道德风险的发生**　道德风险是指投保人为了索取赔偿而违反道德规范，故意促使保险事故的发生或者在发生保险事故时放任损失的扩大。如果投保人对保险标的的不具有保险利益，则极易发生道德风险。以汽车保险为例，若投保人在无保险利益的情况下签订了保险合同，则投保人就可能故意造成保险事故，骗取赔款。

（3）**有效限制保险补偿的程度**　财产保险以损害补偿为目的，当保险事故发生时，保险人所能获得的赔偿额度以保险利益为最高限度，保险利益原则的确立起到了有效限制保险补偿程度的作用。以汽车保险中机动车损失保险为例，不论投保金额为多少，也不能获得超过车辆自身价值的赔款。

三、保险利益成立的条件

（1）**必须是法律认可并予以保护的合法权益**　不法利益，不论当事人是何种意图，均不能构成保险利益。因此，所签订的保险合同为无效合同。例如，投保人以盗窃的汽车或购买的赃车投保，该保险合同无效。此外，法律上不予承认或不予保护的利益也不构成保险利益。

（2）**必须是经济上的有价利益**　经济上的利益是**指可以用货币计算和估价的利益**。如果被保险人遭受的损失不是经济上的，就不能构成保险利益。例如，政治利益的损失、竞争失败、精神创伤等，可能与当事人有利害关系，但这种利害关系不是经济上的，就不构成保险利益。

（3）**必须是确定的利益**　确定的利益是指已经确定或可以确定的利益。它包括两层含义：其一，**是能够用货币估价的**；其二，这种确定的利益是**指事实上或客观上存在的利益**，而不是当事人主观臆断的利益。

四、汽车保险与理赔实务中几种保险利益关系

（1）所有关系　汽车的所有人拥有保险利益。
（2）租赁关系　汽车的承租人对于所租赁的车辆具有保险利益。
（3）借贷关系　以汽车作为担保物，债权人拥有保险利益。
（4）雇佣关系　受雇人对于其使用的汽车拥有保险利益。
（5）委托关系　汽车运输人对于所承运的机动车具有保险利益。

 特别提醒

在汽车保险实践中，要求在车辆转让或交易时一定要办理批改业务；否则，即使原有车主投保的汽车保险单仍然在有效期内，新的车主也不能在得到车辆的所有权的同时获得该保险单的所有权。

✳✳✳　单元二　最大诚信原则　✳✳✳

一、最大诚信原则的基本含义

诚信即诚实和守信用，最大诚信原则是指保险合同双方当事人对于与保险标的有关的重要事实，应本着最大诚信的态度如实告知，不得有任何隐瞒、虚报、漏报或欺诈。这是当事人在保险合同有效期内，履行自己的义务时所应遵循的基本原则之一。

所谓重要事实是指那些足以影响保险人判别风险大小、决定是否承保及承保条件以及确定保险费率的每一项事实。对保险人而言，最大诚信原则可以使保险人有效地选择和控制风险，有利于维护保险活动的经营秩序；对于被保险人而言，最大诚信原则可以确保其承担的保险费率合理、恰当。在保险实务中，被保险人对保险标的的情况最清楚。因此，只有如实告知，诚实守信，双方当事人才能互相清楚。

为此，《保险法》第五条明确规定："保险活动当事人行使权利、履行义务应当遵循诚实信用原则。"第十六条明确规定："订立保险合同，保险人就保险标的或者被保险人的有关情况提出询问的，投保人应当如实告知。"

二、最大诚信原则的主要内容

最大诚信原则的基本内容包括：告知与说明、保证、弃权与禁止反言。

告知与说明是对保险双方的约束；保证主要是对被保险人的约束；弃权与禁止反言的规定主要用于约束保险人。

（1）告知与说明　告知与说明是指在保险合同订立过程中和合同有效期内，投保人应对保险标的的重要事实如实地向保险人做出口头或书面申报，保险人也应将与投保人利害直接相关的重要事实据实告知投保人。在保险实务中，对于保险人来说，通常称为据实说明义务；对于投保人来说，则称为如实告知义务。

告知的内容主要包括：

1）合同订立时，保险人应当主动向投保人说明保险合同条款内容，以及保险费率和其他可能会影响投保人做出投保决定的事实。

2）合同订立时，根据询问，投保人或被保险人对于已知的与保险标的及其危险有关的重要事实应做如实回答。

3）保险合同订立后，如果保险标的的危险程度增加，投保人或被保险人应当及时通知保险人。

4）保险事故发生后，投保人或被保险人应及时通知保险人。

5）重复保险的投保人，应将重复保险的相关情况通知保险人。

6）保险标的转让时，投保人应及时通知保险人，经保险人同意继续承保后，才可变更保险合同。

保险人的告知形式包括明确列明和明确说明两种。明确列明是指保险人只需要将保险的主要内容明确列明在保险合同中，即视为已告知被保险人；明确说明是指保险人在明确列明的基础上，还需要向投保人进行明确的提示和正确的解释。在国际上，通常只要求保险人采用明确列明的告知形式。我国为了更好地保护被保险人的利益，要求保险人采用明确说明的告知形式，对保险条款、责任免除等重要内容加以解释。

投保人告知的形式有**无限告知**和**询问回答**告知两种。《保险法》规定投保人采用询问回答的告知方式。

违反告知的法律后果：投保人违反《保险法》规定告知义务的法律后果，根据具体情况不同，其所应承担的后果也不相同。

如果投保人违反告知义务的行为是故意的，即隐瞒应告知的内容，保险人有权解除保险合同；若在保险人解约之前发生保险事故造成保险标的的损失，保险人可不承担赔偿或给付责任，且不退还保险费。

如果这种违反告知义务的行为是因过失、疏忽而造成的，保险人同样可以解除合同，对在合同解除之前发生保险事故所致损失，不承担赔偿或给付责任，但可以退还保险费。同时，对于不同险种，《保险法》规定了不同的责任后果。首先，在财产保险的有关条款中规定："在合同的有效期内，保险标的的危险程度增加的，被保险人应当按照合同约定及时通知保险人，保险人可以按照合同约定增加保险费或者解除合同。被保险人未履行前款规定的通知义务的，因保险标的的危险程度显著增加而发生的保险事故，保险人不承担赔偿保险金的责任。"其次，在人身保险的有关条款中规定："投保人申报的被保险人年龄不真实，并且其真实年龄不符合合同约定的年龄限制的，保险人可以解除合同，并按照合同约定退还保险单的现金价值。"

（2）保证　保证是指投保人或被保险人向保险人做出承诺，保证在保险期间遵守作为或不作为的某些规定，或保证某一事项的真实性。这是对投保人的要求。

保证的分类：

1）按保证的形式分类，保证分为**明示保证**和**默示保证**两种。明示保证是指以文字形式在保险合同条款中列出的保证。例如，汽车保险合同中列有遵守交通法规、安全驾驶、做好车辆维护等条款。一旦合同生效，上述内容就成了投保人对保险人的保证，对投保人具有作为或不作为的约束力。

默示保证是指在保险合同条款中虽无文字表述，但已被社会普遍认同的行为规范与准则，投保人亦必须遵守，这些内容构成了默示保证。例如，投保人因未关闭门窗外出造成家庭被盗，虽然财产保险合同中未列明关闭门窗的内容，但这被视为应有的日常行为准则，对此，保险人对因为被盗造成的财产损失不承担赔偿责任。

2）按保证是否已经确实存在分类，保证通常可分为确认保证和承诺保证。确认保证是投保人或被保险人对过去或现在某一特定事实存在或不存在的保证，这类保证事项涉及过去与现在。承诺保证是指投保人或被保险人对将来某一特定事项的作为或不作为的保证，涉及现在与将来。

违反保证的后果：任何不遵守保证条款或保证约定、不信守合同约定的承诺或担保的行为，不管这些行为是否影响保险人的承保条件和保险费率或者是否对保险事故的发生有影响，均属于破坏保证。这是因为保险合同涉及的所有保证内容都很重要，投保人与被投保险人都必须严格遵守。

特别提醒

投保人或被保险人违反保证条款，其行为不论是否给保险人造成损害，保险人均可解除合同，并不承担赔偿或给付保险金的责任。

（3）弃权与禁止反言

1）弃权。弃权是**合同一方当事人放弃按保险合同的规定可以享受的权利**。例如保险合同规定，投保人不缴纳保险费时，保险人有解除保险合同的权利，但保险人可能放弃这一权利，使保险合同继续有效，这就是弃权。保险人的弃权，可以采用明示或默示方式，明示弃权就是保险人书面同意或口头同意放弃解约的权利；默示弃权就是默认放弃解约的权利。

2）禁止反言。禁止反言是**当合同一方当事人在已经弃权的情况下，将来不得要求行使这项权利**。例如，当投保人未按时交付保险费，保险人按规定可以取消保险合同，但保险人并没有取消合同，默许了投保人未交保费的行为，即弃权。如果在此后的保险有效期内发生保险事故，保险人就不能借口投保人曾经未交保费而拒绝履行保险责任。因此，弃权与禁止反言不仅可以约束保险人的行为，而且维护了被保险人的权益，有利于保险人与被保险人权利、义务关系的平衡。

三、违反最大诚信原则的处理

最大诚信原则是保险合同的基础。如果没有遵守此项原则，就要受到相应的处理。违反告知义务，可以视情况决定是否从违约开始废止保险合同，也可以对某一索赔案件拒绝赔付。违反告知义务主要表现为遗漏、隐瞒、伪报、欺诈等行为。受害方有如下权利：

1）废除保险合同。

2）如果涉及欺诈行为，除了可以废除保险合同外，还可以向对方索赔损失。

3）可以放弃上述两项权利，保险合同继续生效。受害方必须在发现对方违反最大诚信原则的合理时间内选择上述权利，否则，被认为自动放弃。

 特别提醒

在保险合同中之所以要规定最大诚信原则是因为两个主要的因素：第一，保险经营中信息的不对称性要求在保险活动中遵循最大诚信原则；第二，保险合同的附和性与射幸性要求在保险合同中遵循最大诚信原则。坚持最大诚信原则对投保人与保险人双方均具有重大意义，可以确保保险合同的顺利履行，维护双方当事人的利益，是保险基本原则中重要的一个原则。

✳✳✳ 单元三 近因原则 ✳✳✳

一、近因原则的含义

近因原则是指损害结果与风险事故的发生有直接的因果关系时，保险人对责任范围内的风险事故导致的损失给予赔偿或给付。近因原则是确定保险损失赔偿或给付责任的一项基本原则。

所谓近因，不是指在时间或空间上与损失结果最为接近的原因，保险关系上的近因，是指造成损失结果的最直接、最关键、最主要的原因，也就是说近因是导致损失结果的决定性原因。

在风险与保险标的损失关系中，如果造成损失的近因属于被保风险，保险人应负赔偿责任；若近因属于保险合同中的除外责任或未保风险，则保险人不负赔偿责任。

保险标的的损害并不总是由单一原因造成的，损害发生的原因经常是错综复杂的，其表现形式也多种多样。有的是同时发生，有的是不间断地连续发生，有的是时断时续地发生。这些原因有的属于保险责任，有的不属于保险责任。对于这一类因果关系比较复杂的案件，保险人如何判定责任归属就要根据近因原则。

 特别提醒

近因原则在保险理赔中的运用主要有两个方面：一是根据近因判断事故是否属于保险责任；二是在涉及第三方时，根据近因原则判定该起事故属于谁的责任。即保险理赔按"责"赔付的两重含意：事故责任比率和保险责任。

二、事故近因的判定

在现实生活中，发生风险事故的原因往往十分复杂，常常多种因素并存，且交互产生影响。这就需要对造成损失的各种因素进行深入、细致、科学、准确的分析，比较其与损失之间是直接关系还是间接关系，是关键因素还是一般因素，是主要成因还是次要成因，从中找出导致损失的决定性原因，即近因。

1. 认定近因的基本方法

认定近因的关键是确定风险因素与损失之间的关系，确定这种因果关系的基本方法有以下两种：

1）从最初事件出发，按逻辑推理直到最终损失发生，最初事件就是最后一个事件的近因。比如，雷击折断大树，大树压坏房屋，房屋倒塌致使家用电器损毁，家用电器损毁的近因就是雷击。

2）从损失开始，沿系列自后往前推，追溯到最初事件，如果没有中断，最初事件就是近因。例如，第三者由于两车相撞致死，导致两车相撞的原因是其中一位驾驶人酒后开车，酒后开车就是致死第三者的近因。

2. 近因的认定与保险责任的确定

（1）**单一原因造成的损失** 单一原因致损，即造成保险标的损失的原因只有一个，那么，这个原因就是近因。若此近因属于被保风险，则保险人承担赔偿或给付责任；若此近因属于除外责任或未保风险，则保险人不承担赔偿责任。

【案例3-1】汽车单一原因致损案例

张某与某保险公司签订了一份机动车辆保险单。保险单上载明投保标的物为一辆宝马汽车，同时投保了家庭自用车损失保险、不计免赔率险。某日张某驾驶时不慎导致车辆碰撞花坛，造成车辆前部损失。

解析：因该事故致损的原因为驾驶不慎碰撞花坛，驾驶不慎导致车辆碰撞是该事故的单一原因，为车辆致损的近因，且碰撞属于家庭自用车损失保险的保险责任，故该损失应当由保险公司进行赔付。

（2）**同时发生的多种原因造成的损失** 多种原因致损，即各原因的发生无先后之分，且对损害结果的形成都有直接与实质的影响效果，那么，原则上它们都是损失的近因。至于是否承担保险责任，可分为两种情况：

1）多种原因均属被保风险，保险人负责赔偿全部损失。例如，洪水和风暴均属保险责任，洪水和风暴同时造成企业财产损失，保险人负责赔偿全部损失。

2）多种原因中，既有被保风险，又有除外风险或未保风险，保险人的责任应视损害的可划分性如何而定。

如果损害是可以划分的，保险人就只负责被保风险所致损失部分的赔偿。但在保险实务中，很多情况下损害是无法区分的，保险人有时倾向于不承担任何损失赔偿责任，有时倾向于与被保险人协商解决，对损失按比例分摊。

【案例3-2】汽车多原因致损

张某与某保险公司签订了一份机动车辆保险单。保险单上载明投保标的物为一辆宝马汽车，同时投保了家庭自用车损失保险、不计免赔率险。某日张某驾驶宝马汽车行驶至购物广场的停车场，因暴风雨，导致购物广场松动的广告牌被暴风吹倒砸到了该车，致车辆天窗玻璃破裂，又因大雨致车内进入大量雨水。车主能否要求保险公司赔偿？

解析：造成该车损失的，原因有暴风、暴雨、广告牌松动，而造成车辆损失最主要的原因为广告牌松动，未进行维护或具有维护、管理瑕疵。因此该车损失应当由购物广场物业进行承担并赔偿。保险公司不进行赔偿。

（3）**连续发生的多项原因造成损失** 多种原因连续发生致损，即各原因依次发生，持续不断，且具有前因后果的关系。如果损失是由两个以上的原因所造成的，且各原因之间的因果关系未中断，那么最先发生并造成一连串事故的原因为近因。如果近因为被保风险，则保险人应负责赔偿损失；反之不负责。具体分析如下：

1）连续发生的原因都是被保风险，保险人赔偿全部损失。例如，财产险中，地震、火灾都属于保险责任。如果是地震引起火灾，火灾导致财产损失这样一个因果关系过程，则保险人应赔偿损失。

2）连续发生的原因中含有除外风险或未保风险。这分两种情况：

① 若前因是被保风险，后因是除外风险或未保风险，且后因是前因的必然结果，保险人对损失负全部责任。

② 前因是除外风险或未保风险，后因是承保风险，后因是前因的必然结果，保险人对损失不负责任。

张某与某保险公司签订了一份机动车辆保险单。保险单上载明投保标的物为一辆宝马汽车，同时投保了家庭自用车损失保险、不计免赔率险。某日因暴雨，路面积水较深，张某驾驶该宝马汽车行驶至积水处，使车辆涉水熄火，最终导致车内进水造成车辆损失。

解析：虽车内浸水不属于保险条款明确规定的保险责任，但车内浸水是因为车辆在积水中熄火停驶，熄火停驶又是因为车辆在积水中涉水，而暴雨是导致路面积水的主要原因，因此暴雨为近因且属于保险责任，故车辆进水损失应当由保险公司进行赔付。

（4）**间断发生的多项原因造成损失**　在一连串连续发生的原因中，有一项新的独立的原因介入，导致损失。若新的独立的原因为被保风险，保险责任由保险人承担；反之，保险人不承担损失赔偿或给付责任。

三、判定险事故近因应遵循的原则

在保险实务中，判定风险事故的近因，一般应遵循以下原则：

1）如果事故是由保险责任范围内的原因和其他未指明的原因同时导致的，保险责任范围内的原因为近因。

2）如果事故是由保险责任范围内的原因与属于除外责任和未保风险范围的原因同时导致的，除外责任和未保风险范围的原因为近因。

3）如果是由多种原因连续发生造成的损失，最初的原因为近因。

4）如果导致损失发生的各因素可以分开，保险人仅负责保险责任范围内的原因造成的损失，除外责任和未保风险造成的损失不予负责；如果导致损失发生的各种因素难以区分开来，保险人负全部损失的赔偿责任。

✦✦✦　单元四　损失补偿原则　✦✦✦

一、损失补偿原则的含义及意义

损失补偿原则是指风险事故发生后，保险人在其责任范围内，对被保险人保险标的遭受的实际损失进行补偿的原则。这一原则是由保险的目的决定的。损失补偿原则包括以下两层含义：

1）保险人必须承担其责任范围内的赔偿义务。风险事故发生后，对被保险人提出的索赔请求，保险人应对其责任范围内的风险事故，按照主动、迅速、准确、合理的原则尽快核定损失，与被保险人达成协议，全面履行赔偿义务，以补偿保险标的的损失。

2）赔偿金额以补偿保险标的实际损失额为限。即保险赔偿以恰好能使保险标的恢复到事故损失发生前的状况为限。保险赔偿不能高于实际损失，否则，会产生不当得利，给被保险人带来额外的利益，容易诱发道德风险。

这里要特别说明的是，保险人的赔偿额中除了包括保险标的的实际价值损失之外，还应包括被保险人花费的施救费用、诉讼费用等。其目的是鼓励被保险人积极抢救保险标的，以减少损失。

损失补偿原则的意义：

1）维护保险双方的正当权益。损失补偿原则既保障了被保险人在受损后获得赔偿的权益，又维护了保险人的赔偿以不超过实际损失为限的权益，使保险合同能在公平互利的原则下履行。

2）防止被保险人通过赔偿而得到额外利益，可以避免保险演变成赌博行为以及诱发道德风险的产生。

二、损失补偿原则的运用

1. 损失补偿的限制条件

在保险实务中，保险事故损失补偿有以下 3 个限制条件：

（1）**以实际损失为限**　在财产保险中，保险标的遭受损失之后，多数情况下，保险赔偿以保险标的所遭受的实际损失为限，赔款不会超过实际损失额。

（2）**以保险金额为限**　指《保险法》第十八条规定的赔偿金额。

【法理链接】

《保险法》第十八条规定："保险金额是指保险人承担赔偿或者给付保险金责任的最高限额。"这就是说，赔偿金额只能低于或等于保险金额，而不能高于保险金额。这是因为，保险金额是计算保险费的基数，投保人以此为基数缴纳保险费，保险人也以此为限额承担损失赔偿责任，公平合理。若超过这一限额将使保险人处于不平等地位。因而，即使发生市值变化，仍以保险金额为限。

（3）**以保险利益为限**　保险人的赔偿以被保险人所具有的保险利益为前提条件，以其对受损保险标的的保险利益为最高限额。在财产保险中，如果保险标的的受损时财产权益已经全部转让，则被保险人无权索赔；如果受损时保险财产已部分转让，则被保险人对已转让的那部分财产损失无索赔权。

2. 损失补偿的例外

损失补偿原则虽然是保险的一项基本原则，但在保险实务中有一些例外情况。

（1）**人身保险的例外**　由于人身保险的保险标的是无法估价的人的生命或身体机能，其可保利益也是无法估价的。被保险人发生伤残、死亡等事件，对其本人及家庭所带来的经济损失和精神上的痛苦都不是保险金所能弥补的，保险金只能在一定程度上帮助被保险人及其家庭缓解由于保险事故的发生所带来的经济困难，帮助其摆脱困境，给予精神上的安慰，所以，人身保险合同不是补偿性合同，而是给付性合同。人身保险的保险金额是根据被保险人的需要和支付保险费的能力来确定的，当保险事故或保险事件发生时，保险人按双方事先约定的金额给付。所以，损失补偿原则不适用于人身保险。

（2）**定值保险的例外**　所谓定值保险，是指保险合同双方当事人在订立保险时，约定保险标的的价值，并以此确定为保险金额，视为足额保险。当保险事故发生时，保险人不论保险标的的损失当时的市价如何，即不论保险标的的实际价值是大于还是小于保险金额，均按损失程度足额赔付。其计算公式为：

$$保险赔款 = 保险金额 \times 损失程度（\%）$$

在这种情况下，保险赔款可能超过实际损失。因此，定值保险是损失补偿原则的例外。

（3）**重置价值保险的例外**　所谓重置价值保险，是指以被保险人重置或重建保险标的所需费用或成本确定保险金额的保险。一般财产保险是按保险标的的实际价值投保，发生损失时，按实际损失赔付，使受损的财产恢复到原来的状态，由此恢复被保险人失去的经济利益。但是，由于通货膨胀、物价上涨等因素，有些财产（如建筑物或机器设备）即使按实际价值足额投保，保险赔款也不足以进行重置或重建。为了满足被保险人对受损的财产进行重置或重建的需要，保险人允许投保人按超过保险标的实际价值的重置或重建价值投保，发生损失时，按重置费用或成本赔付。这样就可能出现保险赔款大于实际损失的情况，所以，重置价值保险也是损失补偿原则的例外。

3. 实际损失的确定方式

实际损失的确定是遵循保险赔偿以实际损失为限这一原则的。通常可用下述两种方式来确定实际损失。

（1）**按市价确定**　按市价确定就是按照某一商品或性能相似的同类型商品在市场上的价格进行实际损失的确定，这也是最常用的方式。

（2）**按重置价值减折旧确定**　重置价值是指在某一时期重新建造、购置同样的全新的某一项资产所需支出的全部费用。折旧是指财产因使用所造成的物质损耗。财产在使用过程中物质有所损耗，因此在确定受损财产的实际损失时，应以受损财产的实际现金价值为量度。

4. 补偿的方式

保险赔偿的方式主要有以下几种。

（1）**现金赔付**　现金赔付也称货币赔偿，是指保险人用现金支付的方式赔偿被保险人所遭受的损失。大部分保险采用现金赔付方式，尤其是责任保险、信用保证保险、人身意外伤害与疾病保险中的医疗费用，通常都采用现金赔付的方式。

（2）**修复**　当保险标的发生部分损失或部分零部件的损残，通常保险人委托有关维修部门，对受损害的保险标的物予以修复，修复费用由保险人承担。

（3）**换置**　换置是指当保险标的的损毁、灭失或零部件因损失而无法修复时，保险人负责替换或购置与原保险标的的等价的标的，以恢复被保险人财产的原来面目。

在以上 3 种方式中，由保险人决定选择使用何种方式为宜。一般情况下，保险人根据受损标的性质以及受损情况来选择保险赔偿方式。

5. 补偿原则在保险实务中的体现

补偿原则是财产保险经营活动中应遵循的基本原则，主要体现在以下几个方面：

1）在保险财产遭受部分损失后仍有残值的情况下，保险人在进行赔偿时要扣除残值。

2）在保险事故是由第三者责任引起的情况下，保险人在赔偿被保险人的损失后取代其行使对第三者责任方的追偿权。

3）在善意的重复保险情况下，如果各保险人的保险金额总和超过了保险标的的价值，则应采用分摊原则分摊损失。

4）在不足额保险的情况下，对被保险人所遭受的损失应采取比例赔偿方式进行赔偿。

6. 损失补偿的派生原则

（1）**代位原则**　代位原则是损失补偿原则产生的派生原则。保险的代位，是指保险人取得被保险人的求偿权和对保险标的的所有权。其中，依法取得向对损失负有责任的第三者进行追偿的权利，为权利代位，又称代位追偿；依法取得被保险人对保险标的的所有权，为物上代位，所以代位原则包括权利代位和物上代位两部分。代位原则只适用于财产保险。

1）权利代位。产生代位追偿权必须具备的条件包括：①保险标的的损失必须是由第三者造成的，依法应由第三者承担赔偿责任。②保险标的的损失是保险责任范围内的损失，根据合同约定，保险公司理应承担赔偿责任。③保险人必须在赔偿保险金后，才能取代被保险人的地位与第三者产生债务债权关系。

保险人通过代位追偿得到的第三者赔偿额度，只能以保险人支付给被保险人的实际赔偿额为限，超出部分的权利属于被保险人，保险人无权处理。

代位追偿的对象是负民事赔偿责任的第三者，既可以是法人、自然人，也可以是其他经济组织，但保险人不得对被保险人的家庭成员或者其组成人员行使代位追偿权利，除非被保险人的家庭或者其组成人员故意造成保险事故。

保险人向负民事赔偿责任的第三者行使代位请求赔偿的权利，不影响被保险人就未取得赔偿的部分向第三者请求赔偿的权利。

保险事故发生后，保险人未赔偿保险金之前，被保险人放弃对第三者的请求赔偿权利的，保险人不承担赔偿保险金的责任。保险人向被保险人赔偿保险金后，被保险人未经保险人同意放弃对第三者请求赔偿的权利的，该行为无效。由于被保险人的过错致使保险人不能行使代位请求赔偿权利的，保险人可以相应扣减保险赔偿金。

【法理链接】

《保险法》第六十条规定："因第三者对保险标的的损害而造成保险事故的，保险人自向被保险人赔偿保险金之日起，在赔偿金额范围内代位行使被保险人对第三者请求赔偿的权利。前款规定的保险事故发生后，被保险人已经从第三者取得损害赔偿的，保险人赔偿保险金时，可以相应扣减被保险人从第三者已取得的赔偿金额。保险人依照本条第一款规定行使代位请求赔偿的权利，不影响被保险人就未取得赔偿的部分向第三者请求赔偿的权利。"

《保险法》第六十一条规定："保险事故发生后，保险人未赔偿保险金之前，被保险人放弃对第三者请求赔偿的权利的，保险人不承担赔偿保险金的责任。保险人向被保险人赔偿保险金后，被保险人未经保险人同意放弃对第三者请求赔偿的权利的，该行为无效。被保险人故意或者因重大过失致使保险人不能行使代位请求赔偿的权利的，保险人可以扣减或者要求返还相应的保险金。"

《保险法》第六十二条规定："除被保险人的家庭成员或者其组成人员故意造成本法第六十条第一款规定的保险事故外，保险人不得对被保险人的家庭成员或者其组成人员行使代位请求赔偿的权利。"

《保险法》第六十三条规定："保险人向第三者行使代位请求赔偿的权利时，被保险人应当向保险人提供必要的文件和所知道的有关情况。"

【案例3-4】权利代位案例

张某与某保险公司签订了一份机动车辆保险单。保险单上载明投保标的物为一辆宝马汽车，同时投保了家庭自用车损失保险、不计免赔率险。某日张某驾驶宝马汽车行驶至购物广场的停车场，因暴风雨导致购物广场松动的广告牌被风吹倒砸到了该车，致车辆天窗玻璃破裂，又因暴雨致车内进入大量雨水。车主能否申请代位求偿？

解析：在【案例3-2】中已分析，该车的损失应当由第三方购物广场物业赔付。因该事故中车辆的损失、暴风雨碰撞均是保险条款中的保险责任，故车主可以先向保险公司申请赔偿，然后将向购物广场物业请求赔偿的权利转让给保险公司，由保险公司向第三方进行索赔。

2）物上代位。物上代位是指保险标的遭受保险责任范围内的损失，保险人按保险金额全数赔付后，依法取得该项标的的所有权。物上代位实际上是一种物权的转移，当保险人在处理标的物时，若得到的利益超过赔偿的金额，应归保险人所有。

第一，物上代位产生的基础。物上代位通常产生于对保险标的作推定全损的处理。**所谓推定全损**，是指保险标的遭受保险事故尚未达到完全损毁或完全灭失的状态，但实际全损已不可避免；或者修复和施救费用将超过保险价值。因为推定全损是保险标的并未完全损毁或灭失，即还有残值，而失踪可能是被他人非法占有，并非物质上的灭失，日后或许能够得到归还，所以保险人在按全损支付保险赔款后，理应取得保险标的的所有权，否则被保险人就可能由此而获得额外的利益。

第二，物上代位权的取得。保险人的物上代位权是通过委付取得的。所谓委付，是指保险标的发生推定全损时，投保人或被保险人将保险标的的一切权益转移给保险人，而请求保险人按保险金额全数赔付的行为。委付是一种放弃物权的法律行为，在海上保险中经常采用。

【案例3-5】物上代位案例

张某与某保险公司签订了一份机动车辆保险单。保险单上载明投保标的物为一辆宝马汽车，同时投保了家庭自用车损失保险、不计免赔率险。某日张某驾驶宝马汽车在高速公路上撞到护栏，车辆维修费用约25万元，车辆实际价值30万元，车辆残值具有一定价值。

解析：该种事故的处理方案一般有两种：一是按照修复定损，保险公司按照维修费用25万元进行赔付，车辆由张某委托维修单位进行维修。二是按照推定全损处理，当保险人与被保险人达成一致，车辆按推定全损处理时，张某委托保险公司对该车残值进行处理，保险公司将按照车辆实际价值赔付张某30万元，而张某将车辆财产的权益转让给保险公司（物上代位权）。保险公司会对该宝马汽车残值进行变卖以减少实际赔付。该种事故在实际理赔中处理方案的选择，主要根据残值的价值来确定。

【法理链接】

《保险法》第五十九条规定："保险事故发生后，保险人已支付了全部保险金额，并且保险金额等于保险价值的，受损保险标的的全部权利归于保险人；保险金额低于保险价值的，保险人按照保险金额与保险价值的比例取得受损保险标的的部分权利。"

（2）**分摊原则** 分摊原则是损失补偿原则产生的另一个派生原则。它的特点是在重复保险合同条件下，可避免被保险人在数个保险人处重复得到超过损失额的赔偿，以确保保险补偿目的的实现，并维护保险人与被保险人、保险人与保险人之间的公平原则。

分摊原则是指投保人对同一保险标的、同一保险利益、同一保险事故分别与两个以上保险人订立保险合同，构成重复保险，发生保险责任事故时，按照分摊原则由几个保险人根据不同比例分摊赔偿金额。分摊原则可防止发生重复赔偿，造成被保险人不当得利现象的发生。被保险人所得到的赔偿金，由各保险人采用适当的办法进行损失分摊。因此，它适用于重复保险。

重复保险的分摊赔偿方式主要包括比例责任分摊、限额责任分摊和顺序责任分摊3种方式。

1）比例责任分摊方式。在这种方式下，各保险人按其承保的保险金额占保险金额总和的比例分摊保险事故造成的损失，支付赔款。其计算公式为

$$各保险人承担的赔款 = \frac{损失金额 \times 该保险承保的保险金额}{各保险人承保的保险金额总和}$$

例如，某企业投保财产的保险金额总和是140万元，投保人与甲、乙保险人订立合同的保险金额分别是80万元和60万元。若保险事故造成的实际损失是80万元，那么，甲保险人应赔偿：80万元×80/140 = 45.71万元；乙保险人应赔偿：80万元×60/140 = 34.29万元。

2）限额责任分摊方式。在这种方式下，各家保险公司分摊不以其保险金额为基础，而是在假设无其他保险情况下单独应负的赔偿责任限额占各家保险公司赔偿责任限额之和的比例分摊损失金额。其计算公式为：

$$各保险人承担的赔款 = \frac{损失金额 \times 该保险人的赔偿限额}{各保险人的赔偿限额总和}$$

例如：A、B两家保险公司承保同一财产，A公司保险金额为4万元，B公司保险金额为6万元，实际损失为5万元。A公司在无B公司的情况下应赔4万元，B公司在无A公司的情况下应赔5万元。在重复保险的情况下，如以责任限额来分摊，A公司应赔付5×4/9 = 2.22万元；B公司应赔付5万元×5/9 = 2.78万元。

3）顺序责任分摊方式。在这种方式下，各保险公司按出单时间顺序赔偿，先出单的公司先在其保额限度内负责赔偿，后出单的公司只在损失额超出前一家公司的保额时，在自身保额限度内赔偿超出部分。

例如：某物流公司发货人及其代理人同时向甲、乙两家保险公司为同一财产分别投保10万元和12万元，甲公司先出单，乙公司后出单，被保财产实际损失16万元。按顺序责任，甲公司赔款额为10万元；乙公司赔款额为6万元。

（3）**权益转让原则** 权益转让原则是由补偿原则派生出来的，仅适用于财产保险，而

不适用于人身保险。对于财产保险而言，权益转让原则指保险事故发生，保险人向被保险人支付了赔偿金之后，取得有关保险标的的所有权或者向第三者的索赔权。

能 力 测 试

一、名词解释

可保利益、定值保险、物上代位、权益转让原则

二、填空题

1. 保险的基本原则包括_____、_____、_____和_____等。

2. 保险利益是指投保人或者被保险人对保险标的具有的_____的利益。

3. 按保证的形式分类：保证分为_____保证和_____保证两种。

4. 禁止反言是_____在已经弃权的情况下，_____行使这项权利。

三、选择题

1. 最大诚信原则的基本内容包括（   ）。

A. 告知与说明、担保、弃权与合理反言   B. 告知与说明、保证、主张与禁止反言

C. 告知与说明、诚信、弃权与禁止反言   D. 告知与说明、保证、弃权与禁止反言

2. 保险人的告知形式包括（   ）。

A. 明示保证   B. 明确列明   C. 明确说明   D. 保证保险

3. 保险合同一方已放弃他在合同中的某种权利，不得再向他方主张这种权利的原则称为（   ）。

A. 弃权   B. 告知   C. 禁止反言   D. 弃权

4. 弃权与禁止反言的约束对象是（   ）。

A. 投保人   B. 保险代理人

C. 保险人   D. 投保人与保险代理人

5. 在违反最大诚信原则的表现形式中，有意不报被称为（   ）。

A. 误告   B. 漏报   C. 隐瞒   D. 欺诈

6. 投保人对保险标的所具有的法律上承认的利益称为（   ）。

A. 保险利益   B. 经济利益   C. 法律权益   D. 经济权益

7. 财产保险的保险利益时效的一般规定是（   ）。

A. 保险合同订立时   B. 损失发生时间

C. 从保险合同订立时到损失发生时的全过程   D. 从保险合同订立到合同到期时

8. 在保险合同有效期间，投保人将保险利益转移给受让人，经保险人同意并履行合同变更的相关手续后，原保险合同继续有效，被称为（   ）。

A. 保险利益的转移   B. 保险利益消灭

C. 保险利益的转嫁   D. 保险利益灭失

9. 坚持损失补偿原则的意义在于：有利于实现保险的基本职能和有利于防止被保险人通过保险获取额外利益，（   ）。

A. 维护双方权益   B. 便于衡量损失   C. 防止道德风险   D. 减少道德风险

四、判断题

1. 保险利益是指投保人或被保险人对保险标的具有的法律上认可的利益，又称可保利益。（　　）

2. 不定值保险在合同中不事先列明保险标的的实际价值，仅将列明的保险金额作为赔偿的最高限度。（　　）

3. 保险公司对防灾防损部门投资主要是出于社会效益，不能给自己带来经济效益。（　　）

4. 保险的作用不仅表现在经济补偿上，保险的最基本的作用是转移风险。通过购买保险，投保人将风险转移给保险人。（　　）

五、思考题

1. 简述保险具有哪些基本职能。

2. 保险事故发生后，损害补偿应该遵循哪些原则？

3. 为什么说保险是"社会的稳定器"？

模块二

汽车保险营销

学习任务四　保险营销与汽车保险展业

知识目标：

1. 简单叙述保险市场及其种类。
2. 简单叙述汽车保险的展业过程。
3. 正确描述汽车保险投保与承保时所需要的条件及应该注意的问题。

能力目标：

1. 会分析保险市场中汽车保险营销遇到的各种问题。
2. 会开展汽车保险营销业务及掌握其各环节的营销技能。
3. 能解决汽车保险营销的售后服务。

✳✳✳　单元一　保险营销概述　✳✳✳

一、保险营销的概念

保险营销是指以保险为商品，以市场为中心，以满足被保险人的需要为目的，实现保险公司（企业）目标的一系列活动。保险营销活动的主体是保险公司和推销者，包括保险公司、保险代理人和保险经纪人。保险营销的客体是保险产品。

1. 保险商品的特点

（1）趋利避害需求　保险商品起点是投保人的需求。因此，在一定意义上说，保险商品就是一种趋利避害的商品，它能在灾害、事故发生时，为投保人或被保险人免去一定的忧虑，并带来一定的物质上的补偿和精神上的安慰。

（2）寻求保障和补偿　人们除了有趋利避害的本能，还有一种寻求保障和补偿的天性。保险商品性质决定了当投保人购买了这种商品之后，就获得了一定的保障和一份安宁，从而可以使被保险人做到"临危不惧，处乱不惊"。

2. 保险营销的核心

保险营销的核心是社会交换过程。保险营销要能够顺利进行，其核心是要提供满足这些需要和欲望的保险商品，并在公平、合理的原则下进行交换与交易，从而实现交易双方的满意，使保险商品的营销活动得以最终完成。因此，保险商品营销的社会交换过程包含了以下3个方面：

（1）提供满足需要的保险商品　保险商品就是由保险人提供给保险市场的，能够引起人们注意、购买，从而满足人们减少风险和转移风险、必要时能得到一定的经济补偿需要的承诺性服务组合。满足人们这些需要的承诺性服务组合可以有很多，它可以是一种具体的服务形式，也可以是一种服务思想。作为保险商品的经营者，必须能了解以及挖掘投保人的需要和欲望，并尽一切可能去提供满足这些需要和欲望的保险商品。

（2）进行公平合理的交换与交易　要使提供给市场的保险商品为投保人所接受，双方必须通过交换和交易完成这一过程。要保证交换和交易公平、合理地进行，首先，必须确保保险人和投保人双方都拥有认为对方有价值的东西，如保险人有保险商品和保险服务，投保人有购买力；其次，双方都希望与另一方做交易，保险人希望通过交易实现盈利目标，投保人希望通过交易获得一定的保障；再次，双方都有权自由地接受或拒绝对方提供的东西，保险人可以拒绝那些不符合条件的投保人的投保申请，投保人可以不买保险人提供的保险商品；最后双方必须在彼此满意的条件下，在合适的时间、地点成交。

（3）注重顾客服务，使交换过程循环进行下去　营销强调"双赢"，即在满足顾客需要的同时，实现企业的目标。因此，它追求的不是一次性交易，而是多次的交易。要想实现多次的交易，关键在于使顾客满意。

二、保险营销的特点

1. 主动性营销

保险商品销售的是一份对合同约定事项发生所造成的被保险人的人身和财产损失给予赔偿的承诺，是一种无形商品。保险商品具有复杂性、专业性等特点，增加了购买者的理解难度，因此，在保险营销中保险商品比其他有形商品更注重推销，保险营销要求营销人员采取主动、积极的态度。保险营销的主动性表现在以下3个方面：

（1）变潜在需求为现实需求　多数人对保险的需求是潜在的。尽管保险商品能够转移风险，提供一种保障和补偿，但由于它是一种无形的，看不见、摸不着的抽象商品，因此，对大多数人来说，人们对它没有迫切性，尤其是保险商品中的人身保险更是如此。因此保险营销者必须通过主动性的营销变投保人的潜在需求为现实需求。其实，保险商品也同空气一样，很多人平时感觉不到它的重要性与迫切性，一旦事故发生，才认识到它的重要性，并常常因为失去保障与补偿的机会而后悔莫及。

（2）变负需求为正需求　由于保险商品涉及的多是与人们的生死存亡相关的事件，因此，对很多人来说，他们对保险商品的需求是一种负需求。也就是说，人们因不喜欢或不了解保险商品，而对其采取消极回避的态度和行为。因此，保险营销者必须通过积极、主动的营销活动，扭转人们对保险商品的消极态度和行为。

（3）变单向沟通为双向沟通　沟通是人们交流思想，获取相互理解、支持的重要手段之一。作为保险商品的营销者要通过主动性营销，将企业要传达的信息，按消费者的理解和接受的方式，通过信息传播媒介传递给消费者，并跟踪和注意消费者对信息的反馈，收集消费者对所提供的保险商品的意见和反映，及时调整和改进服务策略，以实现顾客满意。

2. 以人为本的营销

由于保险商品是一种格式性条款，该条款的内容都是固定的，其内容在一般情况下不能更改，购买者只能做出接受或不接受的选择。而且保险商品价格制订的特殊性导致大多数保险商品价格都是固定的，变化的可能性小，购买者一般也不能讨价还价。因此，保险经营者要能够从顾客的需求出发，不断开发和提供满足顾客需求的产品和服务，要能够针对顾客对外界事物认知的特点，有的放矢地开展营销活动，要能够维护顾客的根本利益，才能向顾客提供满意的服务。

三、保险市场的结构

现代保险市场一般由三部分人构成，即保险供给者、保险中介人与保险需求者。保险市场的结构如图4-1所示。

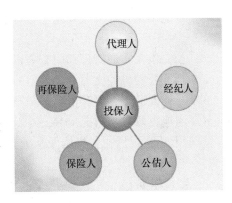

图 4-1　保险市场的结构

1. 保险供给者

保险供给者即保险人，是在保险市场上提供各种保险服务的保险公司。根据它们的组织形式一般可以分为4类，即国有保险公司、保险股份有限公司、相互保险公司和个人保险组织。

2. 保险市场的中介人

保险中介人是指服务于保险人与投保人或被保险人之间的专门组织与个人，包括保险代理人、保险经纪人和保险公估人。

3. 保险需求者

保险需求者是指对保险有需求的人或单位，包括企事业单位、社会团体与保险公众，又可以把这些人称为投保人或准保户。他们一般应达到这样的标准：

1）需要保险保障。

2）有支持保险费的能力。

3）有责任感。

4）具有可接近性。

保险需求者可以是法人，也可以是具有民事行为能力的自然人。他们的经济条件、文化水平、所处地理区域都可能影响保险需求的数量和种类。

✳✳✳　单元二　汽车保险展业　✳✳✳

汽车保险展业即争取保险客户、推销保险单，是保险人开展保险业务的一项重要的组织工作。保险人只有通过汽车保险展业，组织众多对相同危险有保障需要的投保人，通过交付保险费的方式建立起集中的保险基金，才能对特定的危险损失（或事件）进行经济补偿或给付保险金。因此，展业是保险业务活动的起点和基础，没有展业就没有业务来源，也就谈不上承保、理赔、防灾等其他保险业务工作的开展。汽车保险展业的基本环节是汽车保险宣传和展业渠道的开拓。

一、汽车保险展业概述

1. 展业准备

汽车保险从业人员要做好汽车保险业务的展业，必须深入地了解当地汽车保险市场情况，才能全面地开拓好汽车保险业务，这些情况包括以下两个方面的内容。

（1）基本情况 具体的基本情况包括：

1）各种机动车辆的拥有量及其分布；各车型、车种及使用性质结构；各种车辆交通事故的发生频率、事故规律；各车型、车种及使用性质的车辆赔付情况。

2）保险公司数量；各保险公司车险保险费收入及车辆承保数额情况。

3）车辆投保率，各项费率及各种费用率。

4）当地车辆投保的主要途径，当地市场竞争情况。

（2）外部环境 外部环境具体是指：

1）公安机关交通管理部门有关机动车辆管理与事故处理的政策和规定。

2）当地公安机关交通管理部门的运作情况。

3）当地人民银行监管情况。

4）当地行政参与情况。

掌握上述情况后，各机构及从业人员便可以根据当地的具体情况制订展业策略及承保政策。

2. 展业环节

据统计，我国汽车保险容量已达100多亿，且以每年约10%的速度增长，汽车保险在我国财产保险业中占有举足轻重的地位。如何争取更大的汽车保险市场，是每位汽车保险从业人员必将面临的问题。

车管所和交通管理部门是车辆保险最为重要的两个展业对象，因此汽车保险从业人员在展业时，要加强对这两个对象的攻关。另一方面，各汽车销售商、代理商也是汽车保险展业的重要对象。

从汽车销售、代理商着手汽车保险展业具有以下3个优点：

1）对销售、代理商来说，由于是新车，车主对车的爱惜程度较旧车高，车辆的出险率低。

2）对购车者来说，由于在购车的同时就可以买到保险，减少了到保险公司去投保的环节，方便了购车者，同时增加了汽车销售商、代理商的服务功能。

3）可提高续保率。在保险期满时，大部分车主都会根据原保险单上提供的地址、电话向保险公司续保。

了解车辆从制造厂到消费者手中的整个流程对汽车保险从业人员的业务拓展也具有指导性意义。汽车保险展业的重点对象包括：汽车销售商、代理商、海关、商检、控购办（承保）、汽车修理厂、交通管理部门、车管所、消费者（续保）。

此外，各企事业单位的车队也是汽车保险展业的重点对象。

3. 展业宣传

汽车保险公司在进行展业宣传时，应结合本地区特点和案例，着重介绍机动车辆保险的目的、意义以及参加保险的条件和手续；宣传要恰如其分，适当利用报刊、广播、电视、广告牌等宣传工具，开展多样化的宣传活动；对于大型企业和车队等重点展业对象，应采取登门深入的宣传方式；展业宣传要把握有利时机，争取当地政府及公安交通管理部门的支持与配合。机动车辆保险展业宣传主要内容包括：

1）机动车辆保险的作用和必要性。

2）本保险公司汽车保险中的特色险种以及经营能力、偿付能力、机构网络、技术人才、服务理念等方面的优势。

3）参加保险的条件，投保、索赔手续以及保险条款、费率规章。在介绍保险条款费率规章时，汽车保险业务人员应重点介绍保险责任，责任免除，投保人、被保险人义务，保险人义务以及附加险与主险在风险保障上的互补作用。

在展业宣传中，汽车保险公司要遵守国家有关法律、法规和中国保险监督管理委员会对财产保险特别是机动车辆保险的监管政策和规定，不得对保险条款进行夸大或超越权限向投保人私自承诺，误导投保人投保。

二、汽车保险营销渠道

汽车保险营销渠道可分为直接营销渠道和间接营销渠道，其分类图如图 4-2 所示。

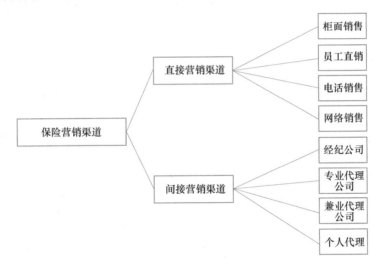

图 4-2　汽车保险营销渠道分类图

1. 直接展业

直接展业是指汽车保险公司依靠本身的专职人员直接推销汽车保险单，招揽业务。它较适合那些经营规模大、实力雄厚、分支机构健全的汽车保险公司。例如，我国的中国人民汽车保险公司分支机构遍布全国各地，汽车保险业务主要依靠业务人员直接招揽。国外的一些汽车保险公司，也利用自己在各地的分支机构，或雇请工作人员直接向保户推销汽车保险单，这样做可以减少佣金支出。直接展业的优点是能够充分发挥专职人员的熟练业务水平和经营技巧，并把展业、核保、理赔、防灾几个环节紧密结合起来，保证业务质量。

直营渠道又称直销，是指与保险公司签订劳务合同的业务人员向保险消费者直接提供各种保险产品的销售和服务。直销业务人员一般被称为外勤人员，与内勤人员不同的是，外勤人员每年都要完成一定量的保险费计划。直接展业要配备大量的业务人员、增设机构，而且由于季节性的原因，在业务旺季时，人员可能显得不够，而在淡季时，人员显得过多。这势必增加工资、费用开支，提高业务成本，影响汽车保险的经济效益。因此，大的汽车保险公司既有自己的推销人员，又广泛地运用代理人展业。一般汽车保险公司主要依靠代理人展业。

2. 汽车保险代理人展业

汽车保险代理人展业是指汽车保险公司与代理人签订代理合同（或授权书），委托代理人在职权范围内为汽车保险人招揽业务，保险人按照汽车保险费收入的一定比例支付佣金（或手续费）。汽车保险代理人可以是各个组织机构，也可以是个人，对象广泛。汽车保险公司可凭借汽车保险代理人广泛的社会联系，将汽车保险业务推广到社会的各个层次，各个角落，特别是对开展分散性的汽车保险业务更为有利；同时，代理制度还可使汽车保险公司大大节省设置机构和雇佣人员的费用，佣金按保险费收入的一定比例支付，无须固定的工资开支。因此，对于汽车保险公司来说，代理制度是一种十分经济的展业方式，被广泛采用。

3. 汽车保险经纪人展业

汽车保险经纪人俗称保险掮客，汽车保险经纪人受投保人之托，代办投保交费、索赔等事项，实际上是投保人的代理人，但向汽车保险公司收取佣金。汽车保险经纪人经过资格审定，掌握汽车保险专业知识，熟悉法律规定和汽车保险条款，并富有风险管理的经验，能为大企业制订风险管理和投保方案，并选择适当的汽车保险人，实际上相当于企业的风险管理和汽车保险的顾问。

能力测试

选择题

1. 以保险产品为载体，以消费者为导向，以满足消费者的需求为中心，运用整体手段，将保险产品转移给消费者，以实现保险公司长远经营目标的一系列活动称为（　　　）。

A. 保险销售　　　　B. 保险营销　　　　C. 产品开发　　　　D. 保险服务

2. 保险营销体现的是一种以（　　　）为导向的理念。

A. 公司　　　　B. 消费者　　　　C. 产品　　　　D. 市场

3. 保险营售渠道可分为直接营售渠道和（　　　）营售渠道。

A. 特定　　　　B. 独立　　　　C. 兼业　　　　D. 间接

4. 下列不属于直接营售渠道的有（　　　）。

A. 电话销售　　　　B. 网络销售　　　　C. 邮寄销售　　　　D. 保险代理人销售

学习任务五　汽车保险的投保方案设计

学习目标

知识目标：

1. 掌握汽车保险投保方式的选择内容。

2. 掌握汽车保险方案制订的基本原则。

3. 掌握汽车保险售后服务内容。

能力目标：

1. 能指导客户正确选择购买汽车保险渠道。
2. 能指导客户正确选择保险投保方案。
3. 能为客户设计合理、适用的汽车保险组合方案。

✳✳✳　单元一　汽车保险投保方式的选择　✳✳✳

一、汽车保险投保渠道选择

目前购买车险的渠道很多，不同渠道从保险公司拿到的成本价不同，在市场上代理费率也不同，所以选择不同渠道购买汽车保险所需的保险费是不同的。

1. 投保渠道

投保的渠道如图 5-1 所示。

（1）通过专业代理机构投保　专业代理机构是指主营业务为代卖保险公司的保险产品的保险代理公司。

（2）通过兼业代理投保　兼业代理是指代理机构在经营主营业务的同时，代卖保险公司的保险产品。保险市场中机动车保险常见的兼业代理有汽车经销商、汽车修理厂、银行、邮政等。图 5-2 所示为汽车 4S 店"一站式"车险服务。

（3）通过经纪人投保　经纪人是指基于投保人的利益，为投保人和保险人订立保险合同提供中介服务，并依法收取佣金的保险经纪公司。

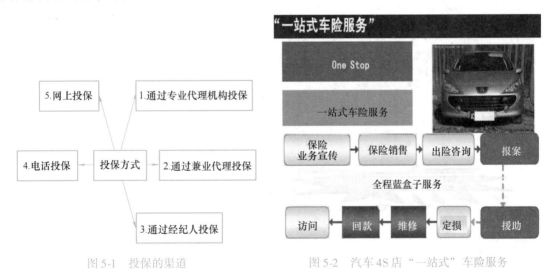

图 5-1　投保的渠道　　　　　图 5-2　汽车 4S 店"一站式"车险服务

（4）通过电话投保　保险公司开通专门的服务电话，设专门人员接听电话，解答问题并协助办理投保手续，另外还实行上门送单服务。例如，"人保"在全国率先推出集"咨询、投保、报案、举报"等服务功能于一体的"95518"24 小时保险服务专线后，平安保险公司、太平洋保险公司相继开通了自己的服务专线电话。表 5-1 为部分保险公司开设的电话汽车保险电话一览表。

表5-1 部分保险公司开设的电话汽车保险一览表

开通电话车险公司	电话车险投保号码	开通电话车险公司	电话车险投保专号码
平安车险	4008-000000	天平汽车保险	95550
太平洋保险	1010-8888	国寿财险	4008-007-007
大地车险	95590	华泰财险	40060-12345
阳光财险	400-0000000	中银保险	40069-95566
安邦车险	400-1111111	中华联合	4001-999999
渤海汽车保险	400-611-1100		

通常电话营销所销售的保险产品普遍具有保费低廉、客户容易理解接受的特点。这种产品可以最大限度地覆盖更多的消费群体，在体现其保障价值的同时，也能满足客户高效率、低成本的需求。

（5）通过网络投保 网络营销作为另外一种新兴的直复营销模式，是基于现代先进科技的进步和网络的普及产生发展而来的。网络营销也称为电子营销，保险公司设立专门的网站（电子商务平台），投保人可以在网上发送投保申请，保险公司在收到申请后电话联系投保人进行确认。这是目前最方便快捷的投保方式，这种投保方式自主选择性强，对于熟悉保险的投保人比较适用。

2. 投保方式比较

购买机动车保险的途径多样，其各有优点和弊端，见表5-2。

表5-2 投保途径的优点和弊端

途径	优点	弊端
专业代理（直销）	一对一服务，人员稳定，可为客户提供较多的产品设计方案，上门办理手续、协助理赔	销售和管理成本高
兼业代理（汽修行业）	一条龙服务（含更多的增值服务和保险全权代理服务），保险公司进入4S店签订了全面的合作协议（汽车配件价格和维修工时的统一，汽车事故后的车损估价协调，代理事故处理的协调，保险4S店事故协助救援）	讨价还价费口舌，如选择不当有风险
电话投保	成本低，效率高，标准化，足不出户、保险单送上门	消费者易产生抵触心理，客户信息准确度低
网上投保	高效便捷，价格优惠，经营管理成本降低，足不出户、保险单送上门	缺乏个性服务，消费者对网络安全认同度低
保险超市	一站式服务，货比三家，佣金低	仅提供咨询和承保服务，发生纠纷难以得到处理

3. 汽车保险投保公司选择

凡是可以经营汽车保险业务的保险公司都可以成为投保人投保汽车保险的选择对象，各家汽车保险公司推出的汽车保险条款种类繁多，价格不同，投保时需要在众多的购买渠道和保险公司中做出最符合自己要求的选择。在投保时，主要从以下6个方面识别保险公司的实力：

（1）市场信誉度及服务能力 由于保障和价格已经基本一致，投保人购买汽车保险产品的价值主要体现在服务方面，服务对投保人而言更加重要。因此，投保人购买汽车保险产品时首要考虑的因素就是服务，包括购买的便利性和出险后的理赔服务。

（2）服务网络是否全国化　服务网络是考核保险公司实力的一个重要因素，因为汽车是流动性风险，当在异地出险时，只有在全国各地建立服务网络的保险公司才能实现全国通赔（就地理赔），这样可省去投保人的不少麻烦。

（3）汽保产品的"性价比"　投保人应比较保险公司产品之间的差异，找出能针对自身风险的保险产品，从在最省钱的状态下获得最有用、最安全的保障。

（4）费率优惠和无赔款优待的规定　尽管保监会对费率浮动空间有限制，但实际自主权、核保系数和渠道系数在各保险公司之间仍存在差异。

（5）增值和个性化服务　例如，拖车救援服务、汽车抛锚代送燃油服务、汽车代驾服务等。

（6）向就近的保险公司投保　这主要从投保、报案与索赔的方便性来考虑，如果保险公司近在眼前，在服务与接洽等方面都会非常方便。

4. 选择保险公司的方法

投保人在选择保险公司时，应注意以下事项：

1）认真查阅各公司的险种，并仔细阅读条款，分清其保障范围。

2）根据实际保障范围和最终保险公司的价格进行对比，并结合所提供的服务质量，初步选定保险公司。

3）根据自身的风险特点，结合保险公司推出的个性化服务，车主自行选择投保项目；最终确定适合自身要求的保险公司。

二、汽车保险投保方案的具体选择方法

在开展汽车保险业务的过程中，汽车保险公司或代理人应从加大产品的内涵、提高汽车保险公司的服务水平入手，在开展业务的过程中为投保人或被保险人提供完善的汽车保险方案。

1. 汽车保险方案制订的基本原则

（1）充分保障原则　充分保障原则是指汽车保险方案的制订应建立在对于投保人的风险进行充分和专业评估的基础上，根据对风险的了解和认识制订相应的汽车保险保障方案，目的是通过汽车保险的途径最大限度地分散投保人的风险。

（2）公平合理原则　公平合理原则是指汽车保险人或代理人在制订汽车保险方案的过程中应贯彻公平合理的精神。所谓合理就是要确保提供的保障是适用和必要的，防止提供不必要的保障。所谓公平主要应体现在价格方面，包括与价格有关的赔偿标准和免赔额的确定，既要合法，又要符合价值规律。

（3）充分披露原则　充分披露原则是指汽车保险人在制订汽车保险方案的过程中应根据汽车保险最大诚信原则的告知义务的有关要求，将汽车保险合同的有关规定，尤其是可能对于投保人不利影响的规定，向投保人进行详细的解释。以往汽车保险业务出现纠纷的重要原因之一就是汽车保险公司或代理人出于各种目的的考虑，在订立合同时没有对投保人进行充分的告知。

2. 汽车保险方案制订前的调查内容

在制订汽车保险方案之前，汽车保险人应对投保人或潜在投保人的情况进行充分的调查。根据调查结果进行分析是制订汽车保险方案的必要前提。调查的主要内容有：

1）企业的基本情况，包括企业的性质、规模、经营范围和经营情况。

2）企业拥有车辆的数量、车型和用途，了解车况、驾驶人素质情况、运输对象、车辆管理部门等。

3）企业车辆管理的情况，包括安全管理的目标，对于安全管理的投入、安全管理的实际情况、以往发生事故的情况以及分类等。

4）企业以往的投保情况，包括承保公司、投保汽车险种、投保的金额、汽车保险期限和赔付率等情况。

5）企业投保的动机，防止逆向投保和道德风险。

3. 汽车保险方案的主要内容

汽车保险方案是在对投保人进行风险评估的基础上提出的汽车保险建议书。第一，应当从专业的角度对投保人可能面临的风险进行识别和评估。第二，在风险评估的基础上提出汽车保险的总体建议。第三，应当对条款的适用性进行说明，介绍有关的险种并对条款进行必要的解释。第四，对汽车保险人及其提供的服务进行介绍。其具体内容有：

1）汽车保险人情况。

2）投保标的风险评估。

3）汽车保险方案的总体建议。

4）汽车保险条款以及解释。

5）汽车保险金额以及赔偿限额的确定。

6）免赔额以及适用情况。

7）赔偿处理程序以及要求。

8）服务体系以及承诺。

9）相关附件。

4. 挑选合适的汽车保险产品的原则

投保人购买汽车保险的目的是为了保障事故发生时，自己有充足的资金来支付可能的赔偿损失，同时也保障了家庭的资金稳定，不至于造成家庭财务的负担，影响家庭的幸福生活。因此从汽车风险管理的角度，在准备购买汽车保险时，投保人应把握好以下重要原则。

原则一：交强险属于强制险，必须购买，但保障不足。

原则二：购买足额的机动车第三者责任保险（简称"三者险"）。机动车第三者责任保险与交强险的功能几乎重叠，都是在被保险人的机动车撞了人之后用来赔付对方的医疗或补偿费用的，它不是必须购买的险种。但是，从目前来看，交强险的保障能力有限，难以应付重大的伤人事故，一般应该购买机动车第三者责任保险。

在汽车保险险种中，机动车第三者责任保险尤为重要。毕竟，汽车毁了可以不开车，但是，他人的赔偿是免除不了的，购买汽车保险时应该将保持赔偿他人损失的能力放在第一位。

原则三：机动车第三者责任保险的保险金额要参考所在地的赔偿标准。全国各个地方的赔偿标准是不一样的，据汽车保险赔偿的最高标准计算，如果死亡1人，深圳地区最高赔偿可达到150万元，北京地区可达80万元。

原则四：购买主险后，再购买不计免赔率险。

原则五：购买车损险后再买其他险种。因为交通事故往往会伴随汽车损坏。

原则六：购买机动第三者责任保险、机动车车上人员责任保险、机动车损失保险的不计免赔率险。可以在后续的理赔中减少各类因免赔率带来的支出。

原则七：其他险种（机动车全车盗抢险，玻璃单独破碎险、自燃损失险、车身划痕损失险）结合自己的需求购买。

原则八：在买完上述险种后，如果经济情况允许，可以考虑购买保险公司推荐的其他产品。

5. 汽车保险投保方案推荐

除交强险是强制性险种按规定任何车辆都必须投保外，其他的险种在很大程度上依赖于车主的经济情况，车主可根据经济情况与实际需求有选择地进行投保。以下是几种常见的汽车保险方案：

1）最低保障方案险种组合：交强险。

特点：只对第三者的损失负赔偿责任。

适用对象：急于上牌照或通过年检的个人。

优点：足够上牌照或验车所需。

缺点：一旦撞车或撞人，对方的损失能得到保险公司的一些赔偿，但是自己的机动车损失只有自己负担。

2）基本保障方案险种组合：机动车损失保险＋交强险＋第三者责任保险。

特点：只投保基本险，不含任何附加险。

适用对象：适用于部分认为事故后修车费用很高的车主（有一定经济压力的个人和单位），他们认为意外事故发生率比较高，为自己的机动车和第三者的人身伤亡和财产损毁寻求保障，此组合为很多车主青睐。

缺点：不是最佳组合，最好购买不计免赔特约险。

3）经济保险方案险种组合：机动车损失保险＋交强险＋不计免赔率险＋机动车车上人员责任保险＋划痕险。

特点：可投保的最必要、最有价值的险种。

适用对象：精打细算的车主。

4）最佳保障方案险种组合：机动车损失保险＋交强险＋机动车第三者责任保险＋机动车车上人员责任保险＋玻璃单独破碎险＋不计免赔率险＋机动全车盗抢保险＋车身划痕损失险。

特点：在经济保险方案的基础上，加入了机动车全车盗抢险和玻璃单独破碎险，使车辆防盗及车辆易损部分得到安全保障。

适用对象：一般公司或个人。

5）完全保障方案险种组合：机动车损失保险＋交强险＋机动车第三者责任保险＋机动车车上人员责任保险＋玻璃单独破碎险＋不免赔率险＋新增加设备损失险＋自燃损失险＋机动车全车盗抢保险＋车身划痕损失险。

特点：能保的险种全部投保，从容上路，不必担心交通所带来的种种风险。

适用对象：机关、事业单位、大公司。

优点：几乎与汽车有关的全部事故损失都能得到赔偿。投保人不必为少保某一个险种而得不到赔偿，承担投保决策失误的损失。

缺点：保费较高，而某些险种的出险概率非常小。

三、汽车投保的步骤

汽车投保流程如图5-3所示。

第一步，了解机动车辆保险条款。尤其对于条款中的责任免除条款和义务条款，投保人要认真研究，同时对于条款中不理解的条文要记下来，以便投保时向保险业务人员咨询。

第二步，选择保险公司。投保人要先了解现在经营机动车辆保险业务的各家保险公司的服务情况，并考虑自己家或单位附近是否有正式的保险公司营业机构，从而确定一家既信得过又方便的保险公司。

第三步，选择投保险种。根据对条款的初步了解和自身的情况，选择适合自己的投保险种。

第四步，填制保险单。在保险公司业务人员详细介绍了机动车辆保险条款和建议投保的险种后，如果对条款中还有不理解的地方可以向保险公司业务人员仔细咨询。已经完全清楚后，应认真填写"机动车辆保险投保单"，将有关情况向保险公司如实告知。

第五步，交付保险费。保险公司业务人员对投保单及投保车辆核对无误并出具保险单正本后，投保人首先要核对保险单正本上的内容是否准确；其次检查保险证是否填写齐全，理赔报案电话、地址是否清晰、明确；最后交纳保险费。

第六步，领取保险单证。投保人（被保险人）拿到保险单证后，应审核保险单证是否有误。保险单证与行驶证要随身携带，以备随时使用，同时将保险单正本原件妥善保管。

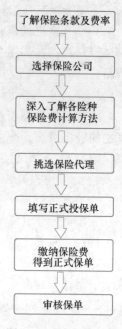

图5-3　汽车投保流程

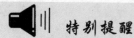 **特别提醒**

投保人（被保险人）要特别注意：车辆上完保险以后，应尽快去领牌照，只有领了牌照，保险合同才生效。

*** 单元二　汽车保险售后服务 ***

保险单销售之后，并不意味着销售工作的结束，而是进入销售循环的另一个阶段——售后服务。在这个阶段，必须为客户处理一系列保险方面的问题，是与客户保持长远关系的开始。售后服务不仅关系着续缴率与契约品质，更与进一步的业务拓展息息相关。所以，专业化的汽车保险必须有良好的售后服务。

一、了解客户需求

要做好售后服务必须了解客户对公司、对业务员的需求，只有满足这些基本要求，客户才能对公司、对业务员保持信赖。客户常常有如下这些期望：

1）客户在购买任何一件保险产品时，都希望了解该产品各方面的信息。

2）客户在购买汽车保险后，首先希望能够随时地联系到业务员；其次，希望为他办理各项事务的业务员有较高的效率和热情，并经常给他提供相关资讯，以便他了解保险的动向。

3）客户希望得到业务员的主动关注。客户来自于各行各业，在投保后，都希望业务员对自己的保险给予一定程度的重视。

4）希望得到附加服务。客户希望通过购买保险获得另外一些附加服务，如公司组织的旅游、商店的折扣等。同时，希望通过业务员的客户群获得更多的交往机会和生意伙伴。

二、服务创新

汽车保险服务人员要提供给客户难忘的服务，需要的是创意，要加大基础及附加服务创新力度。汽车保险服务创新的措施有以下几项。

（1）提高车险理赔服务质量　具体做法有：延长服务时间，如全年无休 24 小时服务；提高服务效率，事故出现后，以最短时间赶到现场，并及时进行理赔，如小额赔偿现场赔付；延伸服务，如配备救援车辆，大型事故紧急救援服务，以及代办车辆年审等。

（2）利用不同的服务手段为客户创造价值　汽车保险公司应当根据市场创新多样化、个性化的服务手段，满足客户的要求，需要通过立体化、多层次的服务帮助客户保证利益、创造价值。例如，买保险送汽车油卡、汽车精品礼物、送维护等。

（3）创新服务项目　汽车保险公司应注重创新服务项目，根据市场需要，设立独特的有针对性的满足市场的服务。例如提供更为详细的防灾防损咨询，提供车祸救助费用垫付等。

三、汽车保险产品的创新

1. 汽车保险产品的经营创新

（1）从客户的角度设计营销渠道　客户是保险公司在设计营销渠道时首先需要考虑的因素。首先，要认真细分客户，保险公司要对目标客户群体进行有效的细分，根据不同的消费群体设计不同的营销渠道，从而以优质到位的服务赢得消费者的认可；其次，要审视渠道所提供的服务项目的价值，保险公司在设计营销渠道时要设身处地地站在消费者的角度思考问题，考虑客户最重视的渠道服务项目，并对不同的渠道服务项目的营销成本进行比较，选择最适合保险公司的营销渠道。

（2）汽车保险产品责任的创新　汽车保险责任的创新有两个途径：一个是扩展，一个是细分。

我国汽车保险市场上存在的产品，包括主险和各种附加险在内，涵盖的责任已经比较全面，单纯的汽车保险本身的责任扩展已经不会有很大的潜力，只需要一些局部的完善即可。例如是否可以考虑对非专人驾驶提供附加保险，是否可以提高间接损失保障，另外在事故赔偿的额度方面也可以提供多种方式。

从细分的途径来看，有不少值得思考的地方。其一，目前这种"大包大揽"式的产品，保障范围是否过大？"大包大揽"的直接后果就是产品组合的单一，由于少数产品就可以涵盖几乎全部的责任，这样保险公司创新组合的动力就会降低。其二，某些责任是否可以拆分？例如在机动车损失保险中的"雷击、暴风、龙卷风、暴雨、洪水、地陷、冰陷、崖崩、雪崩、雹灾、泥石流、滑坡"等责任条款，可否根据不同的地理环境进行有选择地剔除，这样可以减少保户实际上并不需要的保障，适当降低费率，有利于产品的销售。其三，考虑不同层次、不同特点客户的需求，制订更加细致的保障责任。

2. 汽车保险保险单形式的创新

传统的汽车保险保险单为单期保险单，保险合同期间通常为1年，需要年复一年不断地续保。这为保险人控制承保风险带来了一定的好处，但也存在着很多弊端，具体如下：

第一，单期保单操作烦琐。这种年复一年的续保，保险单责任方面几乎没有任何改动，但是每次都需要投保人出示大量的证件、证明，对投保人来说费时、费力。

第二，单期保险单增大保险公司管理成本。每年的续保，都需要保险公司花费大量的人力、物力来进行，这大大提高了保险公司的管理成本，降低了保险公司的利润。

保险公司可以考虑将单期保险单转为复式保险单，仍可以采用其他方式（如免赔或无赔款优待系统）来合理地控制承保风险。

3. 将汽车保险与家财险捆绑销售

从公司经营的角度考虑，目前汽车保险需求量很大，但是几乎处于全行业亏损的境地；而家财险的保险费收入并不高，却可以给保险公司带来一定的利润。如果将两者结合起来，则可以相互补充，既能提高家财险在财产保险中的份额，又能弥补汽车保险给公司带来的亏损。对于两者的销售方式，可以采用组合销售的方式。例如，购买一定险种的汽车保险，可以搭售一定保额的家财险，而且在费用上给予一定的优惠。

4. 将汽车保险与人寿保险相结合

汽车保险与人寿保险的结合，主要是从信息共享的角度来考虑。随着我国国民生活水平的提高，拥有私家车的家庭也越来越多，形成一个大的"驾驶人"群体。从死亡率的角度来考虑，经常驾车的人的死亡率比不经常驾车的人的死亡率要高。汽车保险产品通过承保、理赔会不断积累被保险人的个人信息及出险状况，这可以为人寿保险公司提供"驾驶人"群体的死亡、伤残数据，有利于人寿保险公司调整保险责任和费率；同时，人寿保险公司可以提供被保险人的个人信息、健康状况等资料，为汽车保险产品的核保提供方便。

5. 将汽车保险与投资相结合

将汽车保险与投资相结合，可以使投保人在得到车辆保障的同时，获得投资收益，这也有助于保险公司吸引客户。

第一，汽车保险中加入投资因素，具有一定的需求。个人投保人基本上属于高收入阶层，对投资收益有一定的追求，在汽车保险中加入投资因素，可以满足这些人的投资需求。

第二，汽车保险中加入投资因素，需要考虑保险单的时间长度。一般公认的观点是：具有投资功能的保险单，要求具有长期性，而目前汽车保险市场上的产品几乎全部为短期险种，这就限制了投资与汽车保险的结合。为解决这个问题，需要将汽车保险保险单由单期保险单向复式保险单转变。

第三，汽车保险中加入投资因素，需要考虑车辆的使用寿命。由于车辆到期报废，汽车保险责任终结，保险单的长期投资就不能得到保障。针对这个问题，可以考虑增加适当的条款来解决，例如可以在合同中注明，在车辆报废后，只要重新购买机动车辆，并适当调整保险费后，投资账户才能继续有效，否则扣除一部分费用后退还投资账户价值。

第四，可以考虑短期投资。不改变保险单时间长度，而将其同短期投资账户结合，不保证最低收益，每年结算1次。当期期满仍继续投保的投保人，可以给予适当优惠。

一、选择题

1. 一个完整的保险方案至少应该包括：保险标的的情况、投保风险责任的范围、
（　　）、保险费率的高低、保险期限的长短等。

　　A. 家庭住所　　　　　　　　　　B. 保险金额的大小

　　C. 相关咨询　　　　　　　　　　D. 风险定级表

2. 投保人在填写投保单时，应当遵守《保险法》规定的基本原则，不属于保险单填
写要求的有（　　）。

　　A. 保理人代签字　　B. 字迹清晰　　　C. 资料完整　　　　D. 内容真实

3. （　　）是指保险公司在对投保的标的信息全面掌握、核实的基础上，对可保风
险进行评判与分类，进而决定是否承保、以什么样的条件承保的过程。

　　A. 保险承保　　　　B. 保险鉴定　　　C. 保险核保　　　D. 保险审核

4. 下列不属于复核的内容的有（　　）。

　　A. 出险人的确认　　　　　　　　B. 保险期间的确认

　　C. 出险事故原因及性质的确认　　D. 赔付金领取时间

二、填空题

为投保人设计保险方案时必须遵循_____、_____、_____的原则。

三、思考题

1. 汽车保险方案制订前的调查内容有哪些？

2. 业务人员如何为投保人设计保险方案？

3. 简述汽车保险的售后服务。

模块 三

汽车保险条款

学习任务六 汽车责任强制保险

知识目标：

1. 了解汽车责任强制保险实施的原因。
2. 理解我国机动车交强险的特点。
3. 掌握我国机动车交强险的主要内容。

能力目标：

1. 能够进行我国机动车交强险的保险费计算。
2. 能够进行我国机动车交强险的赔款计算。

*** **单元一 汽车责任强制保险概述** ***

一、汽车责任强制保险的产生

与现代机动车辆保险不同的是，在汽车保险的发展初期是以汽车的第三者责任险为主险的，并逐步扩展到车身的碰撞损失等险种。

目前，大多数国家均采用强制或法定保险方式承保的汽车第三者责任保险，它始于 19 世纪末，并与工业保险一起成为近代保险与现代保险分界的重要标志。

1927 年是汽车保险发展史上的一个重要里程碑。美国马萨诸塞州制定的《强制汽车（责任）保险法》的颁布与实施，标志着汽车第三者责任保险开始由自愿保险方式向法定强制保险方式转变。此后，汽车第三者责任法定保险很快普及世界各地。第三者责任法定保险的广泛实施，极大地推动了汽车保险的普及和发展。

二、汽车责任强制保险制度

通过立法推行汽车责任强制保险，是一个保护交通事故受害者利益的国际惯例。汽车责任强制保险制度是为了应对机动车公害、加强对交通事故受害人的利益救济而产生的法律制度，具有公益性。受害人的利益救济是汽车责任强制保险制度的基本理念，是整个汽车责任强制保险制度构造的灵魂。目前，世界上大多数国家和地区通过法律或行政法规，建立了汽车责任强制保险制度。

由于各国经济发展水平及法律体系的差异，汽车责任强制保险制度也有所不同。总体而言呈现出以下特点：均实行强制性保障；赔偿的依据是被保险人对第三者依法应负的赔偿责任；保险覆盖范围广；保障程度逐步提高；保险费率逐步向市场化方向转变；政府配套措施在积极跟进。

✳✳✳　单元二　交强险概述　✳✳✳

一、我国实施机动车交强险的原因

我国以前推行的机动车商业第三者责任保险（以下简称"商业三责险"）是按照自愿原则由投保人选择购买，而在现实中商业三责险投保比率比较低（2012 年约为 54%），加上赔偿限额不作要求，致使发生道路交通事故后，因没有保险保障或致害人支付能力有限，受害人往往得不到及时地赔偿和救治，造成了大量的经济赔偿纠纷。

2008 年 1 月 11 日中国监督管理委员会在 2007 年 7 月 1 日开始实施"交强险"条例基础上正式公布了机动车交强险责任限额调整方案，并批准了由中国保险行业协会上报的交强险费率调整方案。新的交强险责任限额和费率方案于 2008 年 2 月 1 日零时起实行。

2012 年 3 月 30 日，国务院对《机动车交通事故责任强制保险条例》做出修改，允许外资保险公司进入机动车交强险市场，中国保险业进入全面开放阶段。

2012 年 12 月 17 日，国务院对《机动车交通事故责任强制保险条例》做出修改，挂车将不必投保机动车交通事故责任强制保险，发生道路交通事故造成人身伤亡、财产损失的，由牵引车投保的保险公司在机动车交通事故责任强制保险责任限额范围内予以赔偿；不足的部分，由牵引车方和挂车方依照法律规定承担赔偿责任，自 2013 年 3 月 1 日起施行。

因此，实行交强险制度就是通过国家法律强制机动车所有人或管理人购买相应的责任保险，以提高汽车责任保险的投保面，有利于道路交通事故受害人获得及时有效的经济保障和医疗救治；有利于减轻交通事故肇事方的经济负担；有利于促进道路交通安全，通过"奖优罚劣"的费率经济杠杆手段，促进驾驶人增强安全意识；有利于充分发挥保险的社会保障功能，维护社会稳定。

二、机动车交强险的定义

机动车交强险是我国首个由国家法律规定实行的强制保险制度。《机动车交通事故责任强制保险条例》中规定：**机动车交通事故责任强制保险是由保险公司对被保险机动车发生道路交通事故造成受害人**（不包括本车人员和被保险人）**的人身伤亡、财产损失，在责任限额内予以赔偿的强制性责任保险。**

三、机动车交强险的特点

我国的交强险是一个全新的制度，它与商业三责险相比，有较大的差异，其特点具体表现在以下几个方面。

1. 公益性

交强险的经营遵循"不盈利不亏损"的原则，保险公司经营交强险不以营利为目的，在费率测算时是不考虑保险公司的利润因素的；而商业三责险，在定价中要考虑利润因素；

另外交强险必须与保险公司经营的其他业务分开管理，实行单独核算。保险监管部门将定期核查保险公司经营交强险业务的盈亏情况并向社会公布，以保护广大投保人的利益。

【知识窗 6-1】

中国保监会关于 2016 年机动车交通事故责任强制保险业务情况的公告

保监公告〔2017〕28 号

根据《机动车交通事故责任强制保险条例》，现将 2016 年度机动车交通事故责任强制保险（以下简称"交强险"）业务情况予以公布。

2016 年会计年度结束后，中国人民财产保险股份有限公司等经营交强险业务的保险公司出具了经会计师事务所审计的交强险专题财务报告。中国保监会依法对保险公司交强险业务相关报告进行了审核。

经审计的各保险公司交强险汇总数据显示，2016 年 1 月 1 日至 2016 年 12 月 31 日，各经营交强险业务的保险公司共承保机动车 2.07 亿辆次，交强险保费收入 1699 亿元；赔付成本 1160 亿元，增提未到期责任准备金 88 亿元，各项经营费用 473 亿元（含救助基金 20 亿元）。2016 年，交强险承保亏损 22 亿元，投资收益 68 亿元，经营盈利 46 亿元，与上年度基本持平。

（资料来源：中国保监会网站 www.circ.gov.cn）

---

2. 强制性

交强险具有一般责任保险所没有的强制性。只要是在中国境内道路上行驶的机动车的所有人或者管理人都应当投保交强险，未投保的机动车不得上路行驶。这种强制性不仅体现在强制投保上，也体现在强制承保上，具有经营机动车交强险资格的保险公司不能拒绝承保、不得拖延承保和不得随意解除合同。而商业三责险属于民事保险，机动车主或者管理人拥有是否选择购买的权利，保险公司也享有拒绝承保的权利。

3. 实行"无过错原则"

商业三责险采取的是"过错责任"原则，保险公司根据被保险人在交通事故中所承担的事故责任来确定其赔偿责任。交强险实行的是"无过错责任"原则，无论被保险人是否在交通事故中负有责任，保险公司均在责任限额内予以赔偿。在无过错责任的条件下，致害人事实上承担了超越自己责任范围的责任，但受害方得到了更全面的保障，更能维护社会公众的权益。

4. 赔偿范围的广泛性

我国的交强险为确保事故受害人能够得到保障，仅设定了极少的责任免除事项，同时也没有任何的免赔率和免赔额，它几乎涵盖了所有道路交通风险。交强险不仅要承担被保险人有责任时依法应由被保险人承担的损害赔偿责任，而且还要承担被保险人无责任时其相应的损害赔偿责任。同时，为了确保交通事故受害人能得到及时有效的救治，对于驾驶人未取得驾驶资格或者醉酒、被保险机动车被盗抢期间以及被保险人故意制造道路交通事故等情况下发生的道路交通事故，造成受害人人身伤亡的，由保险公司垫付抢救费用。垫付金额不超过机动车交强险相应的医疗费用赔偿限额，并且垫付金额为抢救受伤人员所必须支付的相关医疗费用。保险公司垫付后有权就垫付的抢救费用向致害人追偿。所以几乎在所有情况下的交通事故损害，只要肇事机动车投保了交强险，保险公司都必须进行赔偿。商业三责险中，保险公司是根据投保人或被保险人在交通事故中应负的责任来确定赔偿责任，并且不同程度地规定有免赔额、免赔率或责任免除事项。

5. 实行分项责任限额

商业三责险实行的是同一责任限额，即无论人伤还是物损均在一个限额下进行赔偿，并由保险公司自行制订责任限额水平。交强险在全国范围内实行统一的责任限额，责任限额分为死亡伤残赔偿限额、医疗费用赔偿限额、财产损失赔偿限额以及被保险人在道路交通事故中无责任的赔偿限额。前三项责任限额是被保险人在交通事故中有责任的情况下，对受害人死亡伤残、医疗费用以及财产损失等不同类型的赔偿项目分别设置的最高赔偿金额。实行分项限额有利于结合人身伤亡和财产损失的风险特点进行有针对性的保障，有利于降低赔偿的不确定性，从而有效控制风险，降低费率水平。第四项责任限额是被保险机动车在交通事故中无责任的情况下，对受害人设置的赔偿限额。这一方面体现了对受害人的保护，无论交通事故受害人在交通事故中是否有过错，均能获得一定的经济补偿；另一方面也兼顾了投保人以及社会公众的利益，体现了公平性原则。实行分项责任限额是国际上普遍采用的做法，如日本、韩国、美国等国家均在强制保险中采用分项责任限额。

6. 实行统一条款和基础费率，并且费率与交通违章挂钩

目前各保险公司商业三责险的条款费率相互存在差异。与之不同，交强险实行全国统一的保险条款和基础费率。此外，为督促驾驶人安全驾驶，我国部分省市交强险实行费率与交通违章及交通事故挂钩这一"奖优罚劣"的费率浮动机制，安全驾驶者可以享有优惠的费率，经常肇事者将负担高额保费。

＊＊＊　单元三　交强险的投保　＊＊＊

一、投保范围

根据《机动车交通事故责任强制保险条例》（以下简称《条例》）规定，在中华人民共和国境内道路上行驶的机动车的所有人或者管理人都应当投保交强险。同时《条例》规定，机动车所有人、管理人未按照规定投保交强险的，将由公安机关交通管理部门扣留机动车，通知机动车所有人、管理人依照规定投保，并处应缴纳的保险费的2倍罚款。

特别提醒

军车是否应投保交强险？

根据《道路交通安全法》和《条例》规定，对部队在编车辆的投保交强险的事项由中国人民解放军另行规定，因此现行《条例》不适合用于该类车辆。军队对在编车辆投保交强险并未出台相关规定，所以从现行法律、法规来看，军队在编车辆并无强制投保交强险的规定。

根据《道路交通安全法》和《条例》的规定，公安机关交通管理部门、管理拖拉机的农业机械管理部门对交强险实施监督制度，在受理机动车注册登记、变更登记、改装和安全技术检验时，符合要求的机动车辆均需具备有效的交强险保险，否则不能办理相关登记。

交强险的承办机构为经保险监管部门批准授权的保险公司及其代办机构，为了保证机动车交强险制度的实行，保险监管部门有权要求保险公司从事机动车交强险业务。未经保险监管部门批准，任何单位或者个人不得从事机动车交强险业务。

每辆机动车只需投保一份交强险，投保人可以根据自身需要决定或选择购买不同责任限额的商业险。投保人在投保时应当选择具备从事机动车交强险业务资格的保险公司，被选择的保险公司不得拒绝或者拖延承保。

 特别提醒

若投保人重复投保交强险时应如何处理？

1. 一般情况下，投保人在投保交强险时应如实申报自己的投保情况，所以重复投保的情形是不会发生的。

2. 如果由于特别的原因导致重复保险的存在，则只有起期在前的交强险保险单有效，应解除起期在后的交强险保险单。

签订机动车交强险合同时，投保人不得在保险条款和保险费率之外，向保险公司提出附加其他条件的要求，保险公司也不得强制投保人订立商业保险合同以及提出附加其他条件的要求。

交强险业务流程图如图6-1所示。

二、保险责任

机动车交强险在全国范围内实行统一的责任限额。交强险责任限额包括死亡伤残赔偿限额、医疗费用赔偿限额、财产损失赔偿限额。实行分项限额有利于结合人身伤亡和财产损失的风险特点进行有针对性的保障，有利于降低赔偿的不确定性，从而有效控制风险，降低费率水平。实行分项责任限额是国际上普遍采用的做法。如日本、韩国、美国等国家均在强制保险中采用分项责任限额。

机动车交强险责任限额由保险监管部门会同国务院公安部门、国务院卫生主管部门、国务院农业主管部门规定，具体见表6-1。

表6-1 机动车交强险责任限额

项目	机动车在道路交通事故中有责任/元	机动车在道路交通事故中无责任/元
死亡伤残赔偿限额	110000	11000
医疗费用赔偿限额	10000	1000
财产损失赔偿限额	2000	100
合　计	122000	12100

死亡伤残赔偿限额是指被保险机动车发生交通事故，保险人对每次保险事故所有受害人的死亡伤残费用所承担的最高赔偿金额。死亡伤残费用包括丧葬费、死亡补偿费、受害人亲属办理丧葬事宜支出的交通费用、残疾赔偿金、残疾辅助器具费、护理费、康复费、交通费、被抚养人生活费、住宿费、误工费，被保险人依照法院判决或者调解承担的精神损害抚慰金。

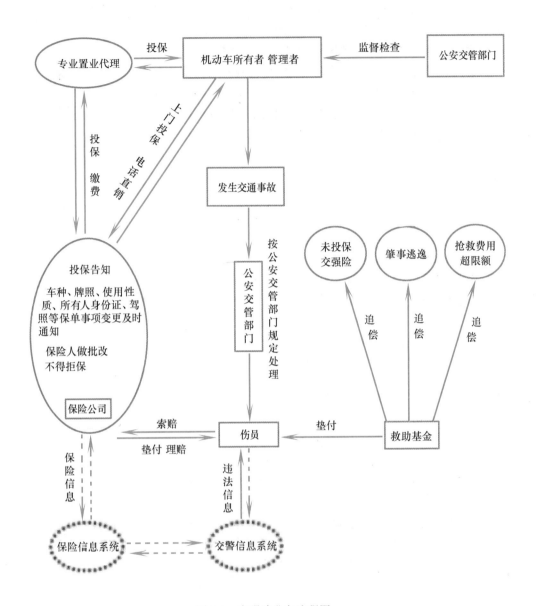

图 6-1 交强险业务流程图

医疗费用赔偿限额是指被保险机动车发生交通事故，保险人对每次保险事故所有受害人的医疗费用所承担的最高赔偿金额。医疗费用包括医药费、诊疗费、住院费、住院伙食补助费、必要的及合理的后续治疗费、整容费、营养费。

财产损失赔偿限额是指被保险机动车发生交通事故，保险人对每次保险事故所有受害人的财产损失承担的最高赔偿金额。

实行分项限额有利于结合人身伤亡和财产损失的风险特点进行有针对性的保障，有利于减低赔付的不确定性，从而有效控制风险，降低费率水平。

机动车所有人或管理人在购买交强险后，还可根据自身的支付能力和保障需求，在交强险基础之上同时购买商业保险作为补充。

三、垫付与追偿

被保险机动车在下列的情形下发生交通事故，造成受害人受伤需要抢救的，保险人应在接到公安机关交通管理部门的书面通知和医疗机构出具的抢救费用清单后，按照国务院卫生主管部门组织制定的交通事故人员创伤临床诊疗指南和国家基本医疗保险标准进行核实。对于符合规定的抢救费用，保险人应在医疗费用赔偿限额内垫付。被保险人在交通事故中无责任的，保险人在无责任医疗费用赔偿限额内垫付。对于其他损失和费用，保险人不负责垫付和赔偿。

1）驾驶人未取得驾驶资格的。

2）驾驶人醉酒的。

3）被保险机动车被盗抢期间肇事的。

4）被保险人故意制造交通事故的。

对于垫付的抢救费用，保险人有权向致害人追偿。

综合以上分析，保险人交强险垫付抢救费用应同时满足以下4个条件：

1）交通事故符合以上4种规定的情形。

2）接到公安机关交通管理部门要求垫付的通知书。

3）受害人必须抢救，且抢救费用已经发生，抢救医院提供了抢救费用单据和明细项目。

4）不属于应由道路交通事故社会救助基金垫付的抢救费用。

【知识窗6-2】

交强险责任的新变化

最高人民法院根据国内道路变化的情况，制定出台了《最高人民法院关于审理道路交通事故损害赔偿案件适用法律若干问题的解释》，2012年12月21日起正式生效，其中第十八条规定醉驾、毒驾、没取得驾驶资格和故意造成交通事故的，法院支持交强险给予受害人赔偿。

第十八条 有下列情形之一导致第三人人身损害，当事人请求保险公司在交强险责任限额范围内予以赔偿，人民法院应予支持：

1）驾驶人未取得驾驶资格或者未取得相应驾驶资格的。

2）醉酒、服用国家管制的精神药品或者麻醉药品后驾驶机动车发生交通事故的。

3）驾驶人故意制造交通事故的。

保险公司在赔偿范围内向侵权人主张追偿权的，人民法院应予支持。追偿权的诉讼时效期间自保险公司实际赔偿之日起计算。

四、责任免除

下列损失和费用，交强险不负责赔偿和垫付：

1）因受害人故意造成的交通事故的损失。

2）被保险人所有的财产及被保险机动车上的财产遭受的损失。

3）被保险机动车发生交通事故，致使受害人停业、停驶、停电、停水、停气、停产、通信或者网络中断、数据丢失、电压变化等造成的损失以及受害人财产因市场价格变动造成的贬值、修理后因价值降低造成的损失等其他各种间接损失。

4）因交通事故产生的仲裁或者诉讼费用以及其他相关费用。

五、保险费

机动车交强险实行全国统一的保险条款和基础保险费率。保险监管部门按照机动车交强险业务总体上不盈利不亏损的原则审批保险费率。保险监管部门在审批保险费率时，可以聘请有关专业机构进行评估，可以举行听证会听取公众意见。

保险监管部门应当每年对保险公司的机动车交强险业务情况进行核查，并向社会公布；根据保险公司机动车交强险业务的总体盈利或者亏损情况，可以要求或者允许保险公司相应调整保险费率，调整保险费率的幅度较大的，保险监管部门应当进行听证。

签订交强险合同时，投保人应当一次性支付全部保险费，保险费按照保险监管部门批准的交强险费率计算。

1. 交强险的基础费率

交强险的基础费率共分42种，家庭自用车、非营业客车、营业客车、非营业货车、营业货车、特种车、摩托车和拖拉机8大类42小类车型的保险费率各不相同。但对同一车型，全国执行统一价格，具体见表6-2。

表 6-2　机动车交强险基础费率表（2008 版）

车辆种类	序号	车辆明细分类	保险费/元
家庭自用车	1	家庭自用汽车6座以下	950
	2	家庭自用汽车6座及以上	1100
非营业客车	3	企业非营业汽车6座以下	1000
	4	企业非营业汽车6～10座	1130
	5	企业非营业汽车10～20座	1220
	6	企业非营业汽车20座以上	1270
	7	机关非营业汽车6座以下	950
	8	机关非营业汽车6～10座	1070
	9	机关非营业汽车10～20座	1140
	10	机关非营业汽车20座以上	1320
营业客车	11	营业出租租赁6座以下	1800
	12	营业出租租赁6～10座	2360
	13	营业出租租赁10～20座	2400
	14	营业出租租赁20～36座	2560
	15	营业出租租赁36座以上	3530
	16	营业城市公交6～10座	2250
	17	营业城市公交10～20座	2520
	18	营业城市公交20～36座	3020
	19	营业城市公交36座以上	3140
	20	营业公路客运6～10座	2350
	21	营业公路客运10～20座	2620
	22	营业公路客运20～36座	3420
	23	营业公路客运36座以上	4690

（续）

车辆种类	序　号	车辆明细分类	保险费/元
非营业货车	24	非营业货车 2t 以下	1200
	25	非营业货车 2～5t	1470
	26	非营业货车 5～10t	1650
	27	非营业货车 10t 以上	2220
营业货车	28	营业货车 2t 以下	1850
	29	营业货车 2～5t	3070
	30	营业货车 5～10t	3450
	31	营业货车 10t 以上	4480
特种车	32	特种车一	3710
	33	特种车二	2430
	34	特种车三	1080
	35	特种车四	3980
摩托车	36	摩托车 50mL 及以下	80
	37	摩托车 50～250mL（含）	120
	38	摩托车 250mL 以上及侧三轮	400
拖拉机	39	兼用型拖拉机 14.7kW 及以下	按保监产险［2007］53 号实行地区差别费率
	40	兼用型拖拉机 14.7kW 以上	
	41	运输型拖拉机 14.7kW 及以下	
	42	运输型拖拉机 14.7kW 以上	

关于表 6-2 的说明：

1）家庭自用汽车是指家庭或个人所有，且用途为非营业性的汽车。

2）非营业客车是指党政机关、企事业单位、社会团体、使领馆等机构从事公务或在生产经营活动中不以直接或间接方式收取运费或租金的客车，包括党政机关、企事业单位、社会团体、使领馆等机构为从事公务或在生产经营活动中承租且租赁期限为一年或一年以上的客车。

非营业客车分为党政机关、事业团体客车，企业客车。

驾驶教练教学用车、邮政公司用于邮递业务、快递公司用于快递业务的客车，警车，普通囚车，医院的普通救护车、殡葬车按照其行驶证上载明的核定载客数，适用对应的企业非营业客车的费率。

3）营业客车是指用于旅客运输或租赁，并以直接或间接方式收取运费或租金的客车。

营业客车分为城市公交客车，公路客运客车，出租、租赁客车。

旅游客运车按照其行驶证上载明的核定载客数，适用对应的公路客运车费率。

4）非营业货车是指党政机关、企事业单位、社会团体自用或仅用于个人及家庭生活，不以直接或间接方式收取运费或租金的货车（包括客货两用车）。货车是指载货机动车、厢式货车、半挂牵引车、自卸车、蓄电池运输车、装有起重机械但以载重为主的起重运输车。

驾驶教练教学用车，邮政公司用于邮递业务、快递公司用于快递业务的货车按照其行驶证上载明的核定载质量，适用对应的非营业货车的费率。

5）营业货车是指用于货物运输或租赁，并以直接或间接方式收取运费或租金的货车（包括客货两用车）。货车是指载货机动车、厢式货车、半挂牵引车、自卸车、蓄电池运输车、装有起重机械但以载重为主的起重运输车。

6）特种车是指用于各类装载油料、气体、液体等专用罐车；或用于清障、清扫、清洁、起重、装卸（不含自卸车）、升降、搅拌、挖掘、推土、压路等的各种专用机动车，或适用于装有冷冻或加温设备的厢式机动车；或车内装有固定专用仪器设备，从事专业工作的监测、消防、运钞、医疗、电视转播、雷达、X光检查等机动车；或专门用于牵引集装箱箱体（货柜）的集装箱拖头。

特种车按其用途共分成4类，不同类型机动车采用不同收费标准。

特种车一：油罐车、气罐车、液罐车。

特种车二：专用净水车、特种车一以外的罐式货车，以及用于清障、清扫、清洁、起重、装卸（不含自卸车）、升降、搅拌、挖掘、推土、冷藏、保温等的各种专用机动车。

特种车三：装有固定专用仪器设备从事专业工作的监测、消防、运钞、医疗、电视转播等的各种专用机动车。

特种车四：集装箱拖头。

7）摩托车是指以燃料或蓄电池为动力的各种两轮、三轮摩托车。

摩托车分成3类：50mL及以下、50~250mL（含）、250mL以上及侧三轮。

正三轮摩托车按照排气量分类执行相应的费率。

8）拖拉机按其使用性质分为兼用型拖拉机和运输型拖拉机。

兼用型拖拉机是指以田间作业为主，通过铰接连接牵引挂车，可进行运输作业的拖拉机。兼用型拖拉机分为14.7kW及以下和14.7kW以上两种。

运输型拖拉机是指货箱与底盘一体，不通过牵引挂车，可进行运输作业的拖拉机。运输型拖拉机分为14.7kW及以下和14.7kW以上两种。

低速载货汽车参照运输型拖拉机14.7kW以上的费率执行。

9）挂车是指就其设计和技术特征需机动车牵引才能正常使用的一种无动力的道路机动车。

挂车根据实际的使用性质并按照对应吨位货车的30%计算。

装置有油罐、气罐、液罐的挂车按"特种车一"的30%计算。

10）补充说明：表6-2中各车型的座位和吨位的分类都按照"含起点不含终点"的原则来解释（表中另有说明的除外）。各车型的座位按行驶证上载明的核定载客数计算；吨位按行驶证上载明的核定载质量计算。

2. 基础保险费的计算

（1）一年期基础保险费的计算　投保一年期机动车交强险的，根据表6-2中相对应的金额确定基础保险费。

（2）短期基础保险费的计算　投保保险期间不足1年的机动车交强险的，按短期费率系数计收保险费，不足1个月按1个月计算。具体为：先按表6-2中相对应的金额确定基础保险费，再根据投保期间选择相对应的短期月费率系数（表6-3），两者相乘即为短期基础保险费。

表 6-3　短期月费率系数表

保险期间/月	1	2	3	4	5	6	7	8	9	10	11	12
短期月费率系数（%）	10	20	30	40	50	60	70	80	85	90	95	100

计算公式为：短期基础保险费 = 年基础保险费 × 短期月费率系数

3. 交强险费率的调整

交强险费率实行与被保险机动车道路交通安全违法行为、交通事故记录相联系的浮动机制。交强险费率浮动因素及比率见表6-4。

表 6-4　交强险费率浮动因素及比率

浮　动　因　素			浮 动 比 率
与道路交通事故相联系的浮动比率 A	A1	上 1 个年度未发生有责任道路交通事故	−10%
	A2	上 2 个年度未发生有责任道路交通事故	−20%
	A3	上 3 个及以上年度未发生有责任道路交通事故	−30%
	A4	上 1 个年度发生 1 次有责任不涉及死亡的道路交通事故	0%
	A5	上 1 个年度发生 2 次及 2 次以上有责任道路交通事故	10%
	A6	上 1 个年度发生有责任道路交通死亡事故	30%

注：1. 与道路交通事故相联系的浮动比率 A 为 A1 ~ A6 其中之一，不累加。同时满足多个浮动因素的，按照向上浮动或者向下浮动比率的高者计算。

2. 仅发生无责任道路交通事故的，交强险费率仍可享受向下浮动。

3. 浮动因素计算区间为上期保险单出单日至本期保险单出单日之间。

4. 与道路交通事故相联系浮动时，应根据上年度交强险已赔付的赔案浮动。上年度发生赔案但还未赔付的，本期交强险费率不浮动，直至赔付后的下一年度交强险费率向上浮动。

5. 几种特殊情况的交强险费率浮动方法。

　　1）首次投保交强险的机动车费率不浮动。

　　2）在保险期限内，被保险机动车所有权转移，应当办理交强险合同变更手续，且交强险费率不浮动。

　　3）机动车临时上道路行驶或境外机动车临时入境投保短期交强险的，交强险费率不浮动。其他投保短期交强险的情况下，根据交强险短期基础保险费并按照上述标准浮动。

　　4）被保险机动车经公安机关证实丢失后追回的，根据投保人提供的公安机关证明，在丢失期间发生道路交通事故的，交强险费率不向上浮动。

　　5）机动车上一期交强险保险单满期后未及时续保的，浮动因素计算区间仍为上期保险单出单日至本期保险单出单日之间。

　　6）在全国车险信息平台联网或全国信息交换前，机动车跨省变更投保地时，投保人能提供相关证明文件的，可享受交强险费率向下浮动；不能提供的，交强险费率不浮动。

交强险最终保险费计算方法：

$$最终保险费 = 基础保险费 \times \left(1 + \begin{array}{c}与道路交通事故\\相联系的浮动比率 A\end{array}\right) \times \left(1 + \begin{array}{c}与交通安全违法行为\\相联系的浮动比率\end{array}\right)$$

4. 解除保险合同保险费计算办法

《条例》规定解除保险合同时，保险人应按如下标准计算退还投保人保险费。

1）投保人已交纳保险费，但保险责任尚未开始的，全额退还保险费。

2）投保人已交纳保险费，但保险责任已开始的，退回未到期责任部分保险费。

$$退还保险费 = 保险费 \times (1 - 已了责任天数/保险期间天数)$$

六、保险期间

除国家法律、行政法规另有规定外，机动车交通事故责任强制保险的保险期间为一年，以保险单载明的起止时间为准，中途不得退保，但车辆被盗抢、办理停驶、全损等原因造成的标的灭失的情况除外。有下列情形之一的，投保人可以投保短期机动车交强险：

1）境外机动车临时入境的。

2）机动车临时上道路行驶的。

3）机动车距规定的报废期限不足 1 年的。

4）保险监管部门规定的其他情形。

七、投保标志

保险公司应当向投保人签发保险单、保险标志。保险单、保险标志应当注明保险单号码、车牌号码、保险期限、保险公司的名称、地址和理赔电话号码。

被保险人应当在被保险机动车上放置保险标志。保险标志式样全国统一。保险单、保险标志由保险监管部门监制。任何单位或者个人不得伪造、变造或者使用伪造、变造的保险单、保险标志。

具有前风窗玻璃的投保车辆应使用内置型保险标志（椭圆形），不具有前风窗玻璃的投保车辆（如摩托车）应使用便携型保险标志（长方形）。

内置型交强险标志式样如图 6-2 所示，可以看到，内置型交强险标志的正面印有保险期满的时间，标志中心位置为期满的年份，而周围环绕着 12 个月份，具体期满月份应以打孔为准。例如，2019 年 12 月购买的交强险，对应的保险期满月份应为 2020 年 12 月，则颁发的标志应为图 6-2 所示的 2020 年字样，并在 12 处打孔。内置型交强险标志一般应粘贴于汽车前风窗玻璃内侧，便于相关管理部门查验。

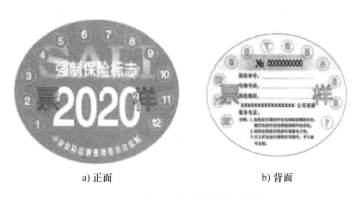

a) 正面　　　　　　　　　　　　　　b) 背面

图 6-2　内置型交强险标志式样

八、保险合同的解除与变更

1. 合同的解除

《条例》规定，保险公司不得解除机动车交强险合同；但是，投保人对重要事项未履行如实告知义务的除外。投保人对重要事项未履行如实告知义务，保险公司解除合同前，应当书面通知投保人，投保人应当自收到通知之日起 5 日内履行如实告知义务；投保人在上述期限内履行如实告知义务的，保险公司不得解除合同。

保险公司解除机动车交强险合同的，应当收回保险单和保险标志，并书面通知机动车管理部门。机动车交强险保险单如图6-3所示。

限在××省(市、自治区)销售

机动车交通事故责任强制保险单(正本)

| LOGO | XXXX保险公司 | (地区简称): |
| | | 保险单号: |

被保险人		
被保险人身份证号(组织机构代码)		
地 址		联系电话

被保险机动车	号牌号码		机动车种类		使用性质	
	发动机号码		识别代码(车架号)			
	厂牌号码		核定载客	人	核定载质量	千克
	排 量		功 率		登记日期	

责任限额	死亡伤残赔偿限额	110000元	无责任死亡伤残赔偿限额	11000元
	医疗费用赔偿限额	10000元	无责任医疗费用赔偿限额	1000元
	财产损失赔偿限额	2000元	无责任财产损失赔偿限额	100元

与道路交通安全违法行为和道路交通事故相联系的浮动比率	%
保险费合计(人民币大写): (¥ 元)其中救助基金(%)¥ 元	
保险期间自 年 月 日零时起至 年 月 日二十四时止	
保险合同争议解决方式	

代收车船税	整备质量		纳税人识别号		
	当年补缴	¥ 元	往年补缴 ¥ 元	滞纳金	¥ 元
	合计(人民币大写):			(¥ 元)	
	完税凭证号(减免税证明号)		开具税务机关		

特别约定

重要提示
1. 请详细阅读保险条款,特别是责任免除和投保人、被保人义务。
2. 收到本保险单后,请立即核对,如有不符合或疏漏,请及时通知保险人并办理变更或补充手续。
3. 保险费应一次性交清。请您及时核对保险单和发票(收据)。如有不符,请及时与保险人联系。
4. 投保人应如实告知对保险费计算有影响的或被保险机动车因改装、加装、改变使用性质等导致危险程度增加的重要事项,并及时通知保险人办理批改手续。
5. 被保险人应当在交通事故发生后及时通知保险人。

保险人	公司名称:	
	公司地址:	
	邮政编码: 服务电话: 签单日期: (保险人盖章)	

核保: 制单: 经办:

第四联 交投保人

图6-3 机动车交强险保险单

投保人不得解除机动车交强险合同，但有下列情形之一的除外：

1）被保险机动车被依法注销登记的。

2）被保险机动车办理停驶的。

3）被保险机动车经公安机关证实丢失的。

机动车交强险合同解除前，保险公司应当按照合同承担保险责任。合同解除时，保险公司可以收取自保险责任开始之日起至合同解除之日止的保险费，剩余部分的保险费退还投保人。

2. 合同的变更

《条例》规定，被保险机动车所有权转移的，应当办理机动车交强险合同变更手续。

九、投保人和被保险人的义务

1）投保人投保时，应当如实填写投保单，向保险人如实告知重要事项，并提供被保险机动车的行驶证和驾驶证复印件。重要事项包括机动车的种类、厂牌型号、识别代码、号牌号码、使用性质和机动车所有人或者管理人的姓名（名称）、性别、年龄、住所、身份证或者驾驶证号码（组织机构代码）、续保前该机动车发生事故的情况以及保险监管部门规定的其他事项。投保人未如实告知重要事项，对保险费计算有影响的，保险人按照保险单年度重新核定保险费计收。

2）签订交强险合同时，投保人不得在保险条款和保险费率之外，向保险人提出附加其他条件的要求。

3）投保人续保的，应当提供被保险机动车上一年度交强险的保险单。

4）在保险合同有效期内，被保险机动车因改装、加装、使用性质改变等导致危险程度增加的，被保险人应当及时通知保险人，并办理批改手续。否则，保险人按照保单年度重新核定保险费计收。

5）被保险机动车发生交通事故，被保险人应当及时采取合理、必要的施救和保护措施，并在事故发生后及时通知保险人。

6）发生保险事故后，被保险人应当积极协助保险人进行现场查勘和事故调查。发生与保险赔偿有关的仲裁或者诉讼时，被保险人应当及时书面通知保险人。

✲✲✲　单元四　交强险的理赔　✲✲✲

一、道路交通事故社会救助基金

1. 救助基金的定义

道路交通事故社会救助基金（以下简称救助基金）**由国家设立，是指依法筹集用于垫付机动车道路交通事故中受害人人身伤亡的丧葬费用、部分或者全部抢救费用的社会专项基金。**

我国 2010 年 1 月 1 日起由五部委联合颁布施行的《道路交通事故社会救助基金管理试行办法》中对救助基金进行了严格规定。

救助基金实行统一政策、地方筹集、分级管理、分工负责。

其中财政部会同有关部门制定救助基金的有关政策，并对各省、自治区、直辖市（以下简称"省级"）救助基金的筹集、使用和管理进行指导和监督。

省级人民政府应当设立救助基金。救助基金主管部门及省级以下救助基金管理级次由省级人民政府确定。

地方财政部门负责对同级救助基金的筹集、使用和管理进行指导和监督。地方保险监督管理机构负责对保险公司是否按照规定及时足额向救助基金管理机构缴纳救助基金实施监督检查。地方公安机关交通管理部门负责通知救助基金管理机构垫付道路交通事故中受害人的抢救费用。地方农业机械化主管部门负责协助救助基金管理机构向涉及农业机械的道路交通事故责任人追偿。地方卫生主管部门负责监督医疗机构按照《道路交通事故受伤人员临床诊疗指南》及时抢救道路交通事故中的受害人及依法申请救助基金垫付抢救费用。

2. 救助基金筹集

救助基金的来源包括：

1）按照交强险的保险费的一定比例提取的资金。每年3月1日前，财政部会同中国保险监督管理委员会（以下简称"保监会"）根据上一年度救助基金的收支情况，按照收支平衡的原则，确定当年从交强险保险费收入提取救助基金的比例幅度。省级人民政府在一定幅度范围内确定本地区具体提取比例。办理交强险业务的保险公司应当按照确定的比例，从交强险保险费中提取资金，并在每季度结束后10个工作日内，通过银行转账方式全额转入省级救助基金特设专户。

2）对未按照规定投保交强险的机动车的所有人、管理人的罚款。财政部门应当根据当年预算在每季度结束后10个工作日内，将未按照规定投保交强险的罚款全额划拨至省级救助基金特设专户。

3）救助基金管理机构依法向道路交通事故责任人追偿的资金。

4）救助基金孳息。

5）其他资金。其他资金包括地方政府按照保险公司经营交强险缴纳营业税数额给予的财政补助以及社会捐款等。其中，省级财政部门应当根据当年预算，于每季度结束后10个工作日内，按照上一个季度保险公司交纳交强险营业税数额和救助基金收支情况，向本地省级救助基金拨付财政补助。

3. 救助基金使用

有下列情形之一时，道路交通事故中受害人人身伤亡的丧葬费用、部分或者全部抢救费用，由救助基金先行垫付，救助基金管理机构有权向道路交通事故责任人追偿：

1）抢救费用超过交强险责任限额。

2）肇事机动车未投保交强险。

3）机动车肇事后逃逸。

抢救费用是指机动车发生道路交通事故导致人员受伤时，医疗机构按照《道路交通事故受伤人员临床诊疗指南》，对生命体征不平稳和虽然生命体征平稳但如果不采取处理措施会产生生命危险，或者导致残疾、器官功能障碍，或者导致病程明显延长的受伤人员，采取必要的处理措施所发生的医疗费用。

丧葬费用是指丧葬所必需的遗体运送、停放、冷藏、火化的服务费用。具体费用应当按照机动车道路交通事故发生地物价部门制定的收费标准确定。

依法应当由救助基金垫付受害人丧葬费用、部分或者全部抢救费用的，由道路交通事故发生地的救助基金管理机构及时垫付。

救助基金一般垫付受害人自接受抢救之时起72小时内的抢救费用，特殊情况下超过72

小时的抢救费用由医疗机构书面说明理由，具体应当按照机动车道路交通事故发生地物价部门核定的收费标准核算。

需要救助基金垫付部分或者全部抢救费用的，公安机关交通管理部门应当在 3 个工作日内书面通知救助基金管理机构。

医疗机构在抢救受害人结束后，对尚未结算的抢救费用，可以向救助基金管理机构提出垫付申请，并提供有关抢救费用的证明材料。

对符合垫付要求的，救助基金管理机构应当将相关费用划入医疗机构账户。对不符合垫付要求的，不予垫付，并向医疗机构说明理由。

救助基金管理机构与医疗机构就垫付抢救费用问题发生争议时，由救助基金主管部门会同卫生主管部门协调解决。

需要救助基金垫付丧葬费用的，由受害人亲属凭处理该道路交通事故的公安机关交通管理部门出具的《尸体处理通知书》和本人身份证明向救助基金管理机构提出书面垫付申请。对无主或者无法确认身份的遗体，由公安部门按照有关规定处理。

救助基金管理机构收到丧葬费用垫付申请和有关证明材料后，对符合垫付要求的，应当在 3 个工作日内按照有关标准垫付丧葬费用，并书面告知处理该道路交通事故的公安机关交通管理部门。对不符合垫付要求的，不予垫付，并向申请人说明理由。

救助基金管理机构对抢救费用和丧葬费用的垫付申请进行审核时，可以向公安机关交通管理部门、医疗机构和保险公司等有关单位核实情况，有关单位应当予以配合。

二、机动车交强险的索赔

被保险机动车发生交通事故的，由被保险人向保险人申请赔偿保险金。被保险人索赔时，应当向保险人提供以下材料：

1）交强险的保险单。

2）被保险人出具的索赔申请书。

3）被保险人和受害人的有效身份证明、被保险机动车行驶证和驾驶人的驾驶证。

4）公安机关交通管理部门出具的事故证明，或者人民法院等机构出具的有关法律文书及其他证明。

5）被保险人根据有关法律、法规规定选择自行协商方式处理交通事故的，应当提供依照《交通事故处理程序规定》规定的记录交通事故情况的协议书。

6）受害人财产损失程度证明、人身伤残程度证明、相关医疗证明以及有关损失清单和费用单据。

7）其他与确认保险事故的性质、原因、损失程度等有关的证明和资料。

机动车交强险的索赔资料如图 6-4 所示。

三、赔偿处理

交强险是对第三者造成损失的赔偿，在事故发生过程中，将实行"交强险先行，商业三责险补充"的原则。也就是说，对于保险事故造成的损失，应先通过交强险进行赔偿处理；超过交强险责任限额的部分，再通过商业三责险进行赔偿处理。如果交强险和商业三责险不在同一家保险公司购买，应先向承保交强险的保险公司索赔，同时向承保商业三责险的保险公司报案。交强险出险后办理索赔手续所需的资料与商业三责险相同。

保险事故发生后，保险人按照国家有关法律、法规规定的赔偿范围、项目和标准以及交

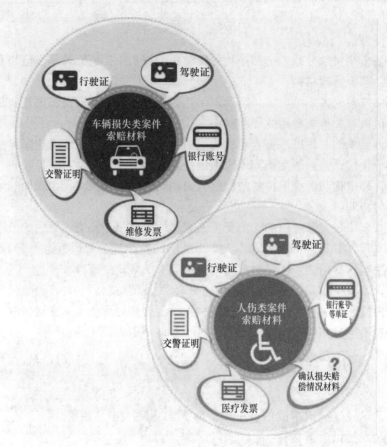

图 6-4 机动车交强险的索赔材料

强险合同的约定，并根据国务院卫生主管部门组织制定的《道路交通事故受伤人员临床诊疗指南》和国家基本医疗保险标准，在交强险的责任限额内核定人身伤亡的赔偿金额。

因保险事故造成受害人人身伤亡的，未经保险人书面同意，被保险人自行承诺或支付的赔偿金额，保险人在交强险责任限额内有权重新核定。

因保险事故损坏的受害人财产需要修理的，被保险人应当在修理前会同保险人检验，协商确定修理或者更换项目、方式和费用。否则，保险人在交强险责任限额内有权重新核定。

被保险机动车发生涉及受害人受伤的交通事故，因抢救受害人需要保险人支付抢救费用的，保险人在接到公安机关交通管理部门的书面通知和医疗机构出具的抢救费用清单后，按照国务院卫生主管部门组织制定的《道路交通事故受伤人员临床诊疗指南》和国家基本医疗保险标准进行核实。对于符合规定的抢救费用，保险人在医疗费用赔偿限额内支付。被保险人在交通事故中无责任的，保险人在无责任医疗费用赔偿限额内支付。机动车交强险责任范围如图 6-5 所示。

1. 均投保了交强险的两辆或多辆机动车互碰，不涉及车外财产损失和人员伤亡

（1）两辆机动车互碰，两车均有责　双方机动车交强险均在交强险财产损失赔偿限额内，按实际损失承担对方机动车的损害赔偿责任。

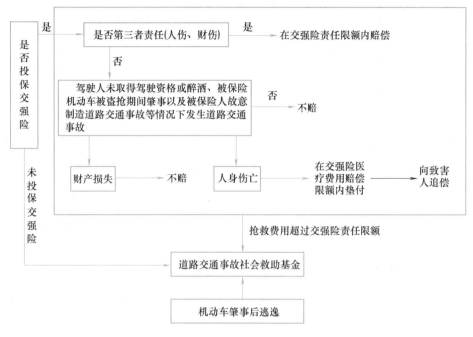

图 6-5　机动车交强险责任范围

例 6-1　A、B 两车互碰，各负同等责任（各负 50%）。A 车损失 3500 元，B 车损失 3200 元，则两车交强险赔付结果为：

A 车保险公司在交强险项下赔偿 B 车损失 2000 元；B 车保险公司在交强险项下赔偿 A 车损失 2000 元。

对于 A 车剩余的 1500 元损失及 B 车剩余的 1200 元损失，如其未投保商业险则自行承担；如已投保商业险，则根据责任比例在商业车险项下赔偿。即若 A 车投保了机动车损失保险、B 车投保了商业三责险，则在 B 车的商业三责险项下赔偿 750 元，在 A 车的机动车损失保险项下赔偿 750 元。

（2）两辆机动车互碰，一方全责、一方无责　无责方机动车交强险在无责任财产损失赔偿限额内承担全责方机动车的损害赔偿责任，全责方机动车交强险在有责任财产损失赔偿限额内承担无责方机动车的损害赔偿责任。无责方车辆对全责方车辆损失应承担的赔偿金额，由全责方在本方交强险无责任财产损失赔偿限额项下代赔。

例 6-2　A、B 两车互碰造成双方车损，A 车全责（损失 1000 元），B 车无责（损失 1500 元）。设 B 车适用的交强险无责任赔偿限额为 100 元，则两车交强险赔付结果为：

A 车交强险赔付 B 车 1500 元；B 车交强险赔付 A 车 100 元。

B 车对 A 车损失应承担的 100 元赔偿金额，由 A 车保险公司在本方交强险无责任财产损失赔偿限额项下代赔。

注：理赔实务中，在一方全责另一方无责的情况下，无责方交强险应当赔付的金额由全责方保险公司代赔，在理赔用语中称为"无责代赔"（全责方需提供无责方的交强险的保单

号，否则就不代赔）。

（3）多辆机动车互碰，部分有责（含全责）、部分无责

1）一方全责，多方无责。所有无责方视为一个整体，在各自交强险无责任财产损失赔偿限额内，对全责方车辆损失按平均分摊的方式承担损害赔偿责任；全责方对各无责方在交强险财产损失赔偿限额内承担损害赔偿责任，无责方之间不互相赔偿。无责方车辆对全责方车辆损失应承担的赔偿金额，由全责方在本方交强险相应无责任财产损失赔偿限额内代赔。

例6-3　A、B、C 3 车互碰造成三方车损，A 车全责（损失 600 元），B 车无责（损失 700 元），C 车无责（损失 800 元）。设 B、C 车适用的交强险无责任赔偿限额为 100 元，则赔付结果为：

A 车交强险赔付 B 车 700 元，赔付 C 车 800 元。

B 车、C 车交强险分别赔付 A 车 100 元，共赔付 200 元。由 A 车保险公司在本方交强险两个无责任财产损失赔偿限额内代赔。

2）多方有责，一方或多方无责。所有无责方视为一个整体，在各自交强险无责任财产损失赔偿限额内，对有责方损失按平均分摊的方式承担损害赔偿责任；有责方对各方车辆损失在交强险财产损失赔偿限额内承担损害赔偿责任，无责方之间不互相赔偿。无责方车辆对有责方车辆损失应承担的赔偿金额，由各有责方在本方交强险无责任财产损失赔偿限额内代赔。

多方有责，一方无责的，无责方对各有责方车辆损失应承担的赔偿金额以交强险无责任财产损失赔偿限额为限，在各有责方车辆之间平均分配。

多方有责，多方无责的，无责方对各有责方车辆损失应承担的赔偿金额以各无责方交强险无责任财产损失赔偿限额之和为限，在各有责方车辆之间平均分配。

例6-4　A、B、C、D 4 车互碰造成各方车损，A 车主责（损失 1000 元），B 车次责（损失 600 元），C 车无责（损失 800 元）、D 车无责（损失 500 元）。设 C、D 两车适用的交强险无责任赔偿限额为 100 元，则赔付结果为：

1）C 车、D 车交强险共应赔付 200 元，对 A 车、B 车各赔偿 $(100 + 100)/2$ 元 = 100 元，由 A 车、B 车保险公司在本方交强险无责任财产损失赔偿限额内代赔。

2）A 车交强险赔偿金额 = B 车损核定承担金额 + C 车损核定承担金额 + D 车损核定承担金额 = $(600 - 100)$ 元 + $800/2$ 元 + $500/2$ 元 = 1150 元。

3）B 车交强险赔偿金额 = A 车损核定承担金额 + C 车损核定承担金额 + D 车损核定承担金额 = $(1000 - 100)$ 元 + $800/2$ 元 + $500/2$ 元 = 1550 元。

2. 均投保了交强险的两辆或多辆机动车互碰，涉及车外财产损失

有责方在其适用的交强险财产损失赔偿限额内，对各方车辆损失和车外财产损失承担相应的损害赔偿责任。

所有无责方视为一个整体，在各自交强险无责任财产损失赔偿限额内，对有责方损失按平均分摊的方式承担损害赔偿责任。无责方之间不互相赔偿，无责方也不对车外财产损失进行赔偿。

　　无责方车辆对有责方车辆损失应承担的赔偿金额，由各有责方在本方交强险无责任财产损失赔偿限额内代赔。

　　例6-5　A、B、C三车互碰造成三方车损，A车主责（损失600元），B车无责（损失500元），C车次责（损失300元），车外财产损失400元。则A车、B车、C车的交强险赔付计算结果为：

　　1）先计算出无责方对有责方的赔款。B车交强险应赔付A车、C车各100/2元＝50元。由A车、C车在各自交强险无责任财产损失赔偿限额内代赔。

　　2）有责方对车外财产、各方车损进行分摊：

　　A车交强险赔款＝（500＋400）/2元＋（300－50）元＝700元；

　　C车交强险赔款＝（500＋400）/2元＋（600－50）元＝1000元。

　　3）计算有责方交强险和代赔款之和：

　　A车交强险赔款＋代赔款＝700元＋50元＝750元；

　　C车交强险赔款＋代赔款＝1000元＋50元＝1050元。

　　3. 均投保了交强险的两辆或多辆机动车发生事故，造成人员伤亡

　　1）肇事机动车均有责且适用相同责任限额的，各机动车按平均分摊的方式，在各自交强险分项赔偿限额内计算赔偿。

　　例6-6　A、B两机动车发生交通事故，两车均有事故责任，A、B车损分别为2000元、5000元，B车车上人员医疗费用为7000元，死亡伤残费用为60000元，另造成路产损失1000元。则A车交强险初次赔付计算结果为：

　　1）B车车上人员死亡伤残费用核定承担金额＝60000元。

　　2）B车车上人员医疗费用核定承担金额＝7000元。

　　3）财产损失核定承担金额＝1000/2元＋5000元＝5500元（超过财产损失赔偿限额，按限额赔偿，赔偿金额为2000元）。

　　A车交强险赔偿金额＝60000元＋7000元＋2000元＝69000元，其中，

　　A车交强险对B车损的赔款＝2000元×［（5000/（500＋5000）］元＝1818.18元；

　　A车交强险对路产损失的赔款＝2000元×［500/（500＋5000）］元＝181.82元。

　　2）肇事机动车中有部分适用无责任赔偿限额的，按各机动车交强险赔偿限额占总赔偿限额的比例，在各自交强险分项赔偿限额内计算赔偿。

　　例6-7　A、B、C3车发生交通事故，造成第三方人员甲受伤，A、B两车各负50%的事故责任，C车和受害人甲无事故责任，受害人支出医疗费用为4500元。设适用的交强险医疗费用赔偿限额为10000元，交强险无责任医疗费用赔偿限额为1000元，则A、B、C3车对受害人甲应承担的赔偿金额分别为：

　　A车交强险医疗费用赔款＝4500×［10000/（10000＋10000＋1000）］元≈2142.86元；

　　B车交强险医疗费用赔款＝4500×［10000/（10000＋10000＋1000）］元≈2142.86元；

　　C车交强险医疗费用赔款＝4500×［1000/（10000＋10000＋1000）］元≈214.29元。

　　3）支付、垫付抢救费金额参照以上方式计算。

【知识窗6-3】

2009 年 2 月 1 日起交强险实施"互碰自赔"

"互碰自赔"，简单说就是当机动车之间发生轻微互碰的交通事故时，如果满足一定条件，各方车主可以直接到自己的保险公司办理索赔手续，无须到对方的保险公司往返奔波（图6-6）。

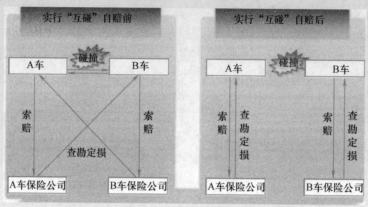

图 6-6　互碰自赔图

需要同时满足以下条件，才适用"互碰自赔"处理机制：

1）两车或多车互碰，各方均投保交强险。

2）仅涉及车辆损失（包括车上财产和车上货物）、不涉及人员伤亡和车外财产损失，各方车损金额均在交强险有责任财产损失赔偿限额（2000 元）以内。

3）由交通警察认定或当事人根据出险地关于交通事故快速处理的有关规定自行协商确定双方均有责任（包括同等责任、主次责任）。

4）当事人同意采用"互碰自赔"方式处理。

【案情链接6-1】

交通事故赔偿，法院判决交强险先赔偿、商业险补充赔偿、不足部分车主承担。

原告魏某诉称：2010 年 3 月 18 日 18 时 40 分赵某驾驶甲客车与 A 公司王某驾驶的乙货车发生事故致乘车人原告受伤。该事故经交警部门责任认定赵某负主要责任，王某负次要责任，原告受伤是两被告驾驶人共同侵权造成的，甲客车登记车主为 B 公司，实际车主为曹某，该车购买了商业保险，乙货车车辆所有人为 A 公司，该车购买了交强险和商业保险，故 3 个保险公司应在保险限额内直接赔付原告。请求判令被告偿付原告经济损失 219805.82 元（分别为医疗费 49177.96 元、误工费 22296.55 元、护理费74651.89 元、鉴定费 1280 元、交通费 600 元、复印费 60 元、住院伙食补助 5190 元、营养费 1730 元、残疾赔偿金 28743.12 元、后续治疗费 16988 元、被抚养人生活费 9088.3 元、精神损害抚慰金 10000 元）。

被告曹某未到庭，其书面答辩称：对于原告主张的事实无异议，甲客车挂靠在 B 公司，实际车主为我，我的车辆投有保险，要求保险公司在保险限额内直接赔付原告。

被告 B 公司辩称：要求我公司承担责任无法律依据，甲客车挂靠在 B 公司，我公司无任何收益，应由车主曹某承担责任。

被告 C 保险公司辩称：肇事车辆均载有保险，我公司在交强险赔付完毕后按不足部分赔偿。

被告 A 公司辩称：保险公司赔偿后不足部分按责任划分后我公司赔偿。

被告 E 保险公司辩称：我公司在交强险赔付完毕后不足部分按责任划分后赔偿。部分项目不属我公司赔偿项目。

被告 D 保险公司辩称：原告主张的费用偏高，复印费、鉴定费不属赔偿范围。

归纳诉辩主张，双方当事人对下列事实无争议：

2010 年 3 月 18 日 18 时 40 分赵某驾驶甲客车与 A 公司王某驾驶的乙货车发生事故致乘车人原告受伤。甲客车登记车主为 B 公司，实际车主为曹某，该车购买了 C 保险公司的商业保险，乙货车车辆所有人为 A 公司，该车购买了 D 保险公司的交强险和 E 保险公司的商业保险。

归纳争议焦点为事故责任、原告的经济损失及民事责任划分。

围绕争议焦点事故责任原告提交了《道路交通事故认定书》及肇事双方车辆行驶证、驾驶证、投保单。原告以此证明该事故经交警部门责任认定赵某未确保安全驾驶车辆负事故的主要责任，王某载货长度超出车厢且后尾灯不符合安全要求负事故的次要责任。被告 B 公司、C 保险公司、A 公司对该证据无异议。被告 E 保险公司、D 保险公司认为 3 月份 18 时光线不该太黑，赵某驾车撞在王某货车后部，赵某应负全部责任。

围绕争议焦点原告的经济损失及责任划分，原告提交了医院出院证、门诊诊断证明书、住院收费票据 1 张、门诊收费票据 8 张、费用清单及病历。原告以此证明花费医疗费用 49177.96 元。被告 B 公司、C 保险公司、A 公司、D 保险公司对该证据无异议。原告另提供司法鉴定中心法医临床司法鉴定意见书及鉴定费票据，花费 1280 元。鉴定意见书载明魏某双下肢功能丧失目前情况评定为 10 级伤残，其他损伤不构成伤残；住院早期 3 个月可考虑陪护 2~3 人/天，住院后期可考虑陪护 1~2 人/天，出院后 3 个月可考虑陪护 1 人/天，以后一般情况不需要陪护；双侧胫、腓骨 4 处内固定装置需要再次手术取出，其他暂时不需要继续治疗；每处固定装置取出的手术费用为 4247 元。被告 B 公司、C 保险公司、A 公司对该证据无异议，C 保险公司认为鉴定费 C 保险公司不承担。D 保险公司对该证据有异议，鉴定书评定意见不合法，超出鉴定范围。

原告魏某提供身份证复印件、所在 F 公司停发工资证明及事故前 3 个月工资表，以此证明原告是 F 公司职工，因事故停发工资，原告工资收入每月 2650 元。被告 B 公司、C 保险公司对证明有异议认为不真实，对工资表无异议。被告 A 公司认为不清楚工资数额。被告 E 保险公司、D 保险公司对该证据有异议，认为应提交完税证明，证据不能证明受到的实际损失。

原告提供陪护人胡某、常某、蔡某的身份证复印件、陪护证 3 张及 F 公司关于陪护人胡某停发工资及工资证明、事故前 3 个月工资表，陪护人常某、蔡某事故前 3 个月工资台账，以此证明陪护人胡某月工资 2650 元、常某月平均工资 3910.88 元、蔡某月平均工资 2718.99 元。被告 B 公司、C 保险公司认为陪护证无医院印章，不能证明陪护情况及陪护人与受害人的关系，对陪护人工资的单位名称有异议。被告A公司对该证据无异议。被告E保险公司、被告D保险公司认为证据不符合形式要件，证据是先盖的印章后打印的，应提交完税证明且陪护人与受害人的关系不清楚。

原告提交交通费票据600元、原告主张复印费60元、住院伙食补助5190元、营养费1730元。被告B公司、C保险公司、A公司、E保险公司、D保险公司认为交通费票据是连号、复印费无证据，不符合形式要件；住院伙食补助计算标准过高，对营养费无异议。

原告提供F公司关于原告魏某2008年1月参加工作的参加工作时间证明、居民委员会2008年开始在小区居住的居住时间证明、原告魏某户籍地村民委员会关于原告魏某至今未婚的证明、2007年4月到T市工作的证明、原告魏某的户口本复印件，以此证明原告魏某自2008年开始在T市居住生活、工作，应按照城市居民计算残疾赔偿金28743.12元。被告B公司、C保险公司、A公司、E保险公司、D保险公司认为应当按照农村居民计算残疾赔偿金。

原告依据伤情鉴定，主张后续治疗费16988元。被告B公司、C保险公司、A公司无异议。被告E保险公司、D保险公司认为手术只做1次，而不是4次，应当酌定后续治疗费。

原告提供村民委员会关于被抚养人魏修亮、周素霞育有子女4人，无经济收入和其他生活来源的证明及被抚养人魏修亮和周素霞的身份证复印件、户口本复印件。被告B公司、C保险公司、A公司、E保险公司、D保险公司认为不应当赔付，证明不了被抚养人无经济收入和其他生活来源。

原告依据鉴定主张精神损失费10000元。被告B公司、C保险公司、A公司、E保险公司、D保险公司认为要求过高，不属商业险赔偿范围。

针对争议焦点，被告均未向法院提交证据。

法院认为，对于原告提交的《道路交通事故认定书》，该证据是公安机关交通管理部门经调查后依职权所做出的公文书证，来源及形式合法，内容客观真实，与本案具有关联性，故法院确认该份证据具有证据效力。原告提交的医院出院证、门诊诊断证明书、住院收费票据、门诊收费票据、费用清单及病历，被告无异议且该组证据来源及形式合法，内容客观真实，与本案具有关联性，因此具有证据效力。原告提交的司法鉴定中心法医临床司法鉴定意见书及鉴定费票据1280元，虽被告有异议，但该鉴定程序合法，鉴定人主体资格合法，鉴定结论依据充分，该证据具有证据效力。原告提交的身份证复印件、F公司停发工资证明及事故前3个月工资表虽被告有异议，但理由不足以反驳原告的证据，法院认为该证据来源及形式合法，内容客观真实，与本案具有关联性，具有证据效力。原告提交的陪护人胡某、常某、蔡某的身份证复印件、陪护证，F公司关于陪护人胡某停发工资及工资证明、事故前3个月工资表及陪护人常某、蔡某事故前3个月工资台账，该证据内容真实，符合当地一般工资水平，被告虽提出异议，但未能提供反驳证据，故具有证据效力。原告提交的交通费票据是连号，该证据不客观真实，不具有证据效力。鉴定费票据能够与鉴定结论相互印证，具有证据效力。原告提交的F公司关于原告魏某参加工作时间证明、T市某社区居民委员会居住时间证明、原告魏某户籍地村民委员会关于 2007 年 4 月到 T 市工作的证明、原告魏某户口本复印件，来源及形式合法，能够相互印证案件事实，故具有证据效力。原告提交的村民委员会关于被抚养人魏修亮、周素霞育有子女 4 人无经济收入和其他生活来源的证明及被抚养人魏修亮、周素霞的身份证复印件、户口本复印件，来源及形式合法，内容客观真实，与本案具有关联性，具有证据效力。

依据有效证据及无争议事实，法院确认下列案件事实：

2010 年 3 月 18 日 18 时 40 分赵某驾驶甲客车与 A 公司王某驾驶的乙货车在京港澳高速公路 562km 东半幅发生事故。经交警部门责任认定赵某负主要责任，王某负次要责任。事故时，甲客车登记车主为被告 B 公司，实际车主为被告曹某，该车载有被告 C 保险公司的道路客运承运人责任保险，每人责任限额 30 万元。乙货车车辆所有人为被告 A 公司，该车载有被告 D 保险公司的交强险和被告 E 保险公司的商业保险，载明第三者责任保险限额 20 万元和不计免赔率。

原告魏某因事故 2010 年 3 月 18 日住院治疗 173 天，共花费医疗费 49177.96 元。原告伤情经鉴定：双下肢功能丧失目前情况评定为 10 级伤残，其他损伤不构成伤残；住院早期 3 个月可考虑陪护 2~3 人/天，住院后期可考虑陪护 1~2 人/天，出院后 3 个月可考虑陪护 1 人/天，以后一般情况不需要陪护；双侧胫、腓骨 4 处内固定装置需再次手术取出，其他暂时不需继续治疗；每处固定装置取出手术费用 4247 元。鉴定花费 1280 元。原告魏某月工资收入 2650 元，陪护人胡某月工资收入 2650 元，常某月平均工资 3910.88 元，蔡某月平均工资 2718.99 元，住院前 3 个月由胡某、常某、蔡某 3 人陪护，住院后期由胡某、常某两人陪护，出院后 3 个月由胡某一人陪护。被抚养人魏修亮是农民、1950 年 11 月 16 日出生，被抚养人周素霞是农民、1948 年 8 月 20 日出生，夫妻生育有子女 4 人，魏修亮、周素霞无经济收入和其他生活来源。另查明原告魏某至今未婚，自 2008 年以来在 T 市长期居住生活、工作。

经审理法院确认原告魏某各项损失：医疗费 66165.96 元（含继续治疗费 16988 元）、误工费 22296.55 元（2650 元÷21.75×183 天）、护理费 74651.89 元（含出院后护理费）、鉴定费 1280 元、伙食补助费 5190 元、营养费 1730 元、残疾赔偿金 28743.12 元、被扶养人生活费 3219.05 元（魏修亮 3388.47×20×0.1÷4 人=1694.24 元、周素霞 3388.47×18×0.1÷4 人=1524.81 元）、精神抚慰金 10000 元。

法院认为：公民的人身权益受法律保护。原告魏某在此次事故中无过错，理应得到赔偿。

一、关于本案的责任划分

被告曹某的驾驶人赵某驾驶甲客车与 A 公司驾驶人王某驾驶的乙货车在京港澳高速公路发生事故。经审查赵某未确保安全驾驶车辆，撞至对方车辆尾部，王某载货长度超出车厢且后尾灯不符合安全要求，交警部门认定赵某负事故主要责任，王某负事故次要责任，符合法律规定，法院予以采信。被告 E 保险公司、D 保险公司虽有异议，但证据不足，法院不予支持。原告要求被告承担民事责任的诉讼请求于法有据，法院予以支持。由于被告曹某在本事故中负主要责任，结合本案实际情况，法院确定被告曹某承担 70% 的民事赔偿责任，A 公司承担 30% 的民事赔偿责任。

二、关于原告的经济损失

原告主张的医疗费、继续治疗费66165.96元，证据充分，法院予以采信。虽被告E保险公司、D保险公司有异议，认为继续治疗需一次手术，应酌情考虑费用。但依据鉴定意见书明确载明"每处固定装置取出手术费用4247元"，故被告抗辩理由不能成立，法院不予支持。原告主张的误工费22296.55元，虽被告有异议，但未提交反驳证据，原告的主张符合法律规定，法院予以支持。原告主张的护理费74651.89元，虽被告对陪护证有异议，经审查该证据符合医院陪护证的一般形式，原告主张的护理人员工资，符合本地区工资水平，因此法院予以支持。原告主张的鉴定费1280元、伙食补助费5190元、营养费1730元符合法律规定，法院予以支持。原告主张的交通费600元、复印费60元，证据不足，法院不予支持。原告主张的残疾赔偿金，从证据来看户籍所在地证明原告魏某长期在T市工作，F公司证明原告魏某长期在本企业工作，T市社区居委会证明原告魏某长期在社区居住，上述证据已形成证据体系，可以证明原告魏某自2008年以来在T市长期居住生活、工作的事实，综上依照《最高人民法院民事审判第一庭关于经常居住地在城镇的农村居民因交通事故伤亡如何计算赔偿费用的复函》，原告主张按城镇标准计算残疾赔偿金，符合法律规定，法院予以支持。原告主张的被扶养人生活费，是按城镇标准计算，法院认为应当按照被抚养人身份确定数额，因此法院对原告该项主张中的合理部分予以支持。原告主张精神抚慰金10000元，考虑到原告至今未婚，因事故构成伤残，对今后生活必将带来不利影响，依照《最高人民法院关于确定民事侵权精神损害赔偿责任若干问题的解释》的规定，对于此项请求法院予以支持。

对于原告的经济损失，依照"交强险优先赔偿的原则"，应当由被告D保险公司的交强险赔偿项目范围内限额122000元予以赔偿，由于原告未主张财产损失，故应在120000元限额内负责赔偿（分别为精神抚慰金10000元、医疗费10000元、误工费22296.55元、护理费74651.89元、残疾赔偿金28743.12元、被扶养人生活费3219.05元，上述各项共计148910.61元）。

被告曹某、A公司对于原告损失负有赔偿责任。因被告曹某、A公司的机动车辆在被告C保险公司、E保险公司投有道路客运承运人责任保险（每人责任限额30万元）及第三者责任保险（保险限额20万元和不计免赔率特约），而两机动车辆在保险期间内发生交通事故致原告魏某人身损害，被告曹某、A公司对原告魏某造成的损失，应由被告C保险公司、E保险公司在保险责任限额内直接向魏某赔偿保险金。交强险赔付余额28910.61元及交强险免赔项目和费用63085.96元（医疗费56165.96元、伙食补助费5190元、营养费1730元），共计91996.57元。按责任划分由被告C保险公司、E保险公司在商业保险赔偿项目范围内予以赔偿（70%为64397.6元，30%为27598.97元）。超出各保险公司赔偿项目的鉴定费用1280元及诉讼费用由被告曹某、A公司按责任划分负担。被告B公司是挂靠车主，未有收益，不承担本案民事责任。依照《中华人民共和国民事诉讼法》第一百三十条，《中华人民共和国民法通则》第九十八条、第一百零六条，《中华人民共和国道路交通安全法》第二十一条、第二十二条第一款、第七十六条，《中华人民共和国道路交通实施条例》第五十四条第一款，《最高人民法院关于审理人身损害赔偿案件适用法律若干问题的解释》第三条第一款、第九条、第十七条第一款和第二款、第十八条、第十九条、第二十条、第二十一条、第二十二条、第二十三条、第二十四条、第二十五条、第二十八条的规定，判决如下：

1. 被告 D 保险公司在交强险赔偿项目范围内赔偿原告魏某 120000 元。

2. 被告 C 保险公司 T 市分公司赔偿原告魏某 64397.6 元。

3. 被告 E 保险公司赔偿原告魏某 27598.97 元。

4. 被告曹某赔偿原告魏某 896 元。

5. 被告 A 公司赔偿原告魏某 384 元。

6. 驳回原告魏某其他诉讼请求。

上述 1、2、3、4、5 项限被告 D 保险公司、C 保险公司、E 保险公司、被告曹某、A 公司于本判决生效后 10 日内履行完毕。若逾期，则依照《中华人民共和国民事诉讼法》第二百二十九条的规定，加倍支付迟延履行期间的债务利息。

案件受理费 4597 元，由被告曹某负担 3218 元，被告 A 公司负担 1379 元。

能 力 测 试

一、单选题

1. 交强险的全称是（　　）。

A. 机动车交通责任事故强制保险　　　　B. 机动车交通事故责任强制保险

C. 机动车交通事故强制责任保险　　　　D. 机动车交通强制责任事故保险

2. 投保人重复投保交强险时应（　　）。

A. 解除起期在前的合同

B. 解除起期在后的合同

C. 两份合同都解除，重新投保

D. 可以保留两份合同，但每次出险只能理赔一次

3. 下列情况中，保险公司可以解除机动车交强险合同的是（　　）。

A. 投保人与其签订了商业保险合同　　　　B. 投保人隐瞒该机动车历史事故

C. 投保人在保险期间内身患绝症　　　　　D. 保险公司支付一次保险赔偿金之后

4. 被保险机动车在上年有 4 次交强险理赔记录，该车于保险期间到期前一个星期进行所有权转移并办理相关手续，新车主续保交强险费率（　　）。

A. 上浮 20%　　　　B. 上浮 10%　　　　C. 不浮动　　　　D. 下浮 10%

二、多选题

1. 下列情况中可以投保短期交强险的是（　　）。

A. 临时入境的境外机动车　　　　B. 距报废期限不足一年的机动车

C. 临时上道路行驶的机动车　　　　D. 保险监管部门规定的其他情形

2. 交强险"互碰自赔"案件的适用应满足（　　）条件。

A. 两车或多车互碰，均投保交强险

B. 事故仅造成财产损失，各方损失均在 2000 元以内

C. 事故各方均有责任

D. 现场报案，各方当事人均同意采用"互碰自赔"方式处理

3. 按交强险条例规定，（　　）情形下，交通事故受害人的丧葬费、抢救费用由援助基金垫付。

A. 被保险人醉酒驾车的　　　　　　　B. 抢救费用超过交强险责任限额的

C. 肇事车辆未投保交强险的　　　　　D. 机动车肇事后逃逸的

4. 下列情况中，交强险保险公司应该垫付抢救费用的是（　　）。

A. 驾驶人未取得驾驶资格或者醉酒的　　B. 被保险机动车被盗抢期间肇事的

C. 被保险人故意制造道路交通事故的　　D. 机动车肇事逃逸的

5. 投保人不得解除机动车交强险合同，但有（　　）情形的除外。

A. 被保险机动车被依法注销登记的

B. 被保险机动车办理停驶的

C. 被保险机动车因违章被交通管理部门扣押的

D. 被保险机动车经公安机关证实丢失的

三、综合案例题

甲、乙两车分别向 A、B 两家保险公司仅投保了交强险。后两车发生碰撞，甲车车辆全损，出险时实际价值为 40 万元，一名乘客死亡，人身伤亡补偿费合计 20 万元；乙车发生部分损失，实际修理费共计 30 万元，驾驶人受伤，医疗费合计 5 万元，车上货物损失15 万元。经交通管理部门裁定，甲乙车各负 50% 的同等责任，请问：

1）A 保险公司应赔偿多少保险金？

2）B 保险公司应赔偿多少保险金？

学习任务七　汽车商业保险

知识目标：

1. 了解我国汽车商业保险产品的体系。

2. 掌握我国机动车损失保险条款的基本内容。

3. 掌握我国机动车第三者责任保险条款的基本内容。

4. 掌握我国汽车附加险条款的基本内容。

能力目标：

1. 能够计算我国商业汽车保险的保险费。

2. 能够掌握我国商业汽车保险的赔款计算。

我国现行的汽车商业保险条款是以中国保险行业协会于 2015 年 3 月 20 日发布的《机动车辆商业保险示范条款（2014 版）》（以下简称《示范条款》）为范本，由各保险公司在此基础上自行拟定的。该《示范条款》包含机动车损失保险、机动车第三者责任保险、机动车车上人员责任险和机动车全车盗抢险 4 个独立主险和 11 个附加险。本书即以汽车保险的基本理论为基础，结合 2014 版《示范条款》的内容，对汽车商业保险的基本原理进行论述和分析。

✲✲✲ 单元一 机动车损失保险 ✲✲✲

一、机动车损失保险概述

（一）机动车损失风险

汽车在造福人类社会的同时面临着各种风险（主要是自然灾害和意外事故）的困扰，不时造成财物损毁及人身伤亡，给人类带来巨大灾难，从而成为人类使用的最危险的工具之一。汽车与风险的关系，可归纳为汽车与自然灾害（自然风险）以及汽车与意外事故（即社会风险）两个主要方面，其他风险因为不属承保范围，暂不做探讨。

1. 汽车与自然灾害

（1）自然灾害及其本质　自然灾害也称为自然风险。它是由自然因素及物理现象的作用，而造成各种社会财富损毁及人身伤害的随机现象。其实质是一种客观存在的、按自身规律运动的自然破坏力。它通常是难以预料和不可抗的，并会给社会生产及群众生活带来巨大的灾难，直接威胁到社会经济的正常发展和人民生命财产的安全，进而成为人们的心理忧患之一。常见的自然灾害有地震、洪水、泥石流、滑坡等。

（2）汽车与自然灾害的关系　汽车作为一种昂贵的交通运输工具及高档耐用消费品，无论在行驶或停放中，都会成为自然灾害的危害对象。自然灾害不仅会造成车辆及运载货物的损毁，导致直接的经济利益损失，而且会造成驾乘人员的人身伤亡，给其亲属造成心理创伤；此外，自然灾害加害于汽车时，往往还会造成第三者的财产损毁与人员伤亡，从而危及公众的利益与安全。以上是自然灾害对机动车辆的制约与破坏作用，是汽车与自然灾害关系的主要方面。另外，汽车对自然灾害也有一定的反作用，主要体现在可以利用汽车进行抢险救灾、预防灾害等，可以加快进度，提高防灾防损工作效率。

2. 汽车与意外事故

（1）意外事故的本质和特点　**意外事故又称为社会风险，是指人类自身的行为而造成财产损毁及人身伤亡的随机事件。**与自然灾害相比，意外事故具有损害范围小、损失金额小、发生频率高并具有一定主观性的特点。意外事故虽难以预料和杜绝，但却可以通过积极的预防而加以控制和减轻。意外事故常常会给社会生产及群众生活带来重大灾难，甚至影响到社会经济的正常发展及群众生命财产的安全，因而也是人们的基本忧患之一，常见的意外事故有火灾、爆炸、碰撞等。

（2）汽车与意外事故的关系　汽车与意外事故的关系主要表现为汽车与道路交通事故的关系，道路交通事故是意外事故的重要组成部分，此外，还包括机动车盗抢事件等。

《中华人民共和国道路交通安全法》第一百一十九条对道路交通事故下了这样的定义：道路交通事故是指车辆在道路上因过错或者意外造成的人身伤亡或者财产损失的事件。简单地说，道路交通事故就是各种机动及非机动车辆在道路上运行时，因违章与过失而导致财产损失与人员伤亡的意外事故。世界各国一般均根据各自国情，在法律上明确了各自道路交通事故的定义。

（二）机动车损失保险的概念与特征

机动车损失保险简称车损险，是指以车辆为保险标的，当因发生保险责任范围内的自然灾害或者意外事故造成被保险机动车本身损失时，保险人按照保险合同约定负责赔偿或支付保险金的一种保险。

机动车损失保险提供了对汽车本身风险的基本保障，它是车辆保险中用途最广泛的险种。无论是小剐小蹭，还是严重损坏，都可以由保险公司来支付修理费用，对于维护车主的利益具有重要作用。

机动车损失保险主要有以下特点：

第一，机动车损失保险的标的是被保险机动车本身，而不是人身和其他财产，特别要指出的是不包括车上所载货物。

第二，机动车损失保险属于主险（基本险），可以独立投保。

第三，机动车损失保险的保险责任仅限于直接损失，不包括间接损失。

二、机动车损失保险的保险标的

机动车损失保险的保险标的是机动车，是指在中华人民共和国境内（不含港、澳、台地区）行驶，以动力装置驱动或者牵引，上道路行驶的供人员乘用或者用于运送物品以及进行专项作业的轮式车辆（含挂车）、履带式车辆和其他运载工具，具体包括：

1）客车，即用于载客的机动车辆，包括各种大客车、小客车，一般以公安交通管理部门核发的机动车辆行驶证载明的座位来划分档次。

2）货车，即用于载货的机动车辆，包括所有通用载货车辆、厢式货车、集装箱牵引车、蓄电池运输车、简易农用车、装有起重机械但以载重为主的起重运输车等。

3）挂车，即没有机动性能，需要用机动车拖带的载货车、平板车、专用机械设备车、超长悬挂车等。这是附加在货车上并用于装运货物的车辆，是货车的组成部分，在汽车保险里一般必须对挂车予以注明。

4）油罐车、气罐车、液罐车、冷藏车，即各种装载油料、气体、液体等的专用罐车，或装有冷冻或加温设备的厢式车辆。

5）起重车、装卸车、工程车、监测车、邮电车、消防车、清洁车、医疗车、救护车等，即各种有起重、装卸、升降、搅拌等工程设备或功能的专用车辆，或在车内固定装有专用仪器设备、从事专业工作的检测、消防、清洁、医疗、救护、电视转播、雷达、X光检查等的车辆及邮电车辆等。

以上车辆都应具备以下条件：第一，合法取得和占有；第二，经交通管理部门检验合格，有车辆号码和行驶证；第三，应是一个整体，包括发动机、底盘、车身、轮胎及车上必备的零件和装备，如空调、备用胎等（即车辆出厂时原有的各项设备），不包括其他如燃料，私人用品，车上货物等。

三、机动车损失保险的保险责任

机动车损失保险的保险责任包括自然灾害或意外事故造成被保险机动车的损失、施救和保护费用。

（一）意外事故或自然灾害造成被保险机动车的直接损失

保险期间内，被保险人或其允许的驾驶人在使用被保险机动车过程中，因意外事故或自然灾害造成被保险机动车的直接损失，且不属于免除保险人责任范围，保险人依照约定负责赔偿。

所谓被保险人或其允许的驾驶人员，应同时具备两个条件：第一，被保险人或其允许的驾驶人员是指被保险人本人以及经被保险人委派、雇佣或认可的驾驶被保险机动车的人员。第二，驾驶人员必须持有效驾驶证，并且所驾车辆与驾驶证规定的准驾车型相符；驾驶出租汽车或营业性客车的驾驶员还必须具备交通运输管理部门核发的许可证书或其他必备证书，否则仍认定为不合格。

所谓使用被保险机动车过程是指被保险机动车作为一种工具被运用的整个过程，包括行驶和停放。例如，被保险的吊车在固定车轮后进行吊卸作业时属于使用过程。

汽车商业保险条款的保险责任采用列明式，未列明的不属于保险责任。条款中列明的意外事故或自然灾害造成被保险机动车的直接损失，且不属于免除保险人责任的范围，保险人依照保险合同的约定负责赔偿。机动车损失保险条款中约定的灾害事故包括以下几类。

1. 下列意外事故造成被保险机动车的直接损失

（1）碰撞　碰撞是指被保险机动车或其符合装载规定的货物与外界固态物体之间发生的、产生撞击痕迹的意外撞击。这里的碰撞包括两种情况：一是被保险机动车与外界物体的意外撞击造成的本车损失；二是被保险机动车按《中华人民共和国道路交通安全法》关于车辆装载的规定载运货物时（当车辆装载货物不符合装载规定时，须报请公安交通管理部门批准，并按指定时间、路线、时速行驶），车与货即视为一体，所装货物与外界物体的意外撞击造成的本车损失。同时，碰撞应是被保险机动车与外界物体直接接触。被保险机动车的人为划痕不属于本保险责任（国内有的保险公司将此项责任作为附加险单独承保）。例如，碰撞导致的车辆损失如图7-1所示。

这种车身明显是被撞击造成的损失，是通过车辆损失险来进行理赔的

图7-1　碰撞导致的车辆损失

（2）倾覆　倾覆是指由于自然灾害或意外事故，造成被保险机动车翻倒，车体触地，失去正常状态和行驶能力，不经施救不能恢复行驶的情况。

（3）坠落　坠落是指被保险机动车在行驶中发生意外事故，整车腾空后下落，造成本车损失的情况。非整车腾空，仅由于颠簸造成被保险机动车损失的，不属于坠落。

（4）火灾　火灾是指被保险机动车本身以外的火源引起的、在时间或空间上失去控制的燃烧（即有热、有光、有火焰的剧烈的氧化反应）所造成的灾害。

（5）爆炸　爆炸仅指化学性爆炸，即物体在瞬间分解或燃烧时放出大量的热和气体，并以很大的压力向四周扩散，形成破坏力的现象。发动机因其内部原因发生爆炸或爆裂，轮胎爆炸等，不属本保险责任。

（6）外界物体坠落　外界物体坠落是指陨石或飞行器等空中掉落物体所致的被保险机动车受损，属于保险责任。吊车的吊物脱落以及吊钩或吊臂的断落等，造成被保险机动车的损失，也属于本保险责任。但吊车本身在操作时由于吊钩、吊臂上下起落砸坏被保险机动车的损失，不属本保险责任。

（7）外界物体倒塌 外界物体倒塌是指被保险机动车自身以外，由物质构成并占有一定空间的个体倒下或陷下，造成被保险机动车的损失。例如地上或地下建筑物坍塌，树木倾倒致使被保险机动车受损，都属本保险责任。

（8）受到被保险机动车所载货物、车上人员意外撞击 应将此项责任与前面的"碰撞"区别开来。

2. 下列自然灾害造成被保险机动车的直接损失

（1）雷击 雷击是指由雷电造成的灾害。由于雷电直接击中被保险机动车或通过其他物体引起被保险机动车的损失，均属于本保险责任。

（2）暴风 暴风是指风速在 28.5m/s（相当于 11 级大风）以上的大风。风速以气象部门公布的数据为准。

（3）暴雨 暴雨是指降雨量达 16mm/h 以上，或连续 12h 降雨量达 30mm 以上，或连续 24h 降雨量达 50mm 以上。

（4）洪水 洪水是指山洪暴发、江河泛滥、潮水上岸及倒灌。但规律性的涨潮、自动灭火设施漏水以及在常年水位以下或地下渗水、水管爆裂不属于洪水责任。

（5）龙卷风 龙卷风是指一种范围小而时间短的猛烈旋风，平均最大风速一般在 79 ~ 103m/s，极端最大风速一般在 100m/s 以上，是否构成龙卷风以当地气象部门的认定为准。

（6）冰雹 冰雹是指由于冰雹降落造成的灾害。

（7）台风 台风是指中心附近最大平均风力 12 级或以上（即风速在 32.7m/s 以上）的热带气旋。是否构成台风以当地气象站的认定为准。

（8）热带风暴 热带风暴是指中心附近地面最大风力达 8 ~ 9 级（风速 17.2 ~ 24.4m/s）的热带气旋。

（9）地陷 地陷是指地表突然下陷，造成被保险机动车的损失，属于本保险责任。

（10）崖崩 崖崩是指石崖、土崖因自然风化、雨蚀而崩裂下塌，或山上岩石滚落，或雨水使山上沙土透湿而崩塌，致使被保险机动车遭受的损失，属本保险责任。

（11）滑坡 滑坡是指斜坡上不稳的岩石或土在重力作用下突然整体向下滑动。

（12）泥石流 泥石流是指山地突然爆发饱含大量泥沙、石块的洪流。

（13）雪崩 雪崩是指大量积雪突然崩落的现象。

（14）冰陷 冰陷是指在公安机关交通管理部门允许车辆行驶的冰面上，被保险机动车在通过时，冰面突然下陷造成被保险机动车的损失，属本保险责任。

（15）暴雪 暴雪是指日降雪量（融化成水）大于 10mm。

（16）冰凌 冰凌即气象部门称的凌汛，春季江河解冻时冰块飘浮遇阻，堆积成坝，堵塞江道，造成水位急剧上升，以致冰凌、江水溢出江道，漫延成灾。陆上有些朝阳区域，如山谷风口或酷寒致使雨雪在物体上结成冰块，成下垂形状，越结越多，重量增加，由于下垂的拉力致使物体毁坏，也属冰凌责任。

（17）沙尘暴 沙尘暴是指强风将地面尘沙吹起使空气很混浊，水平能见度小于 1km 的天气现象。

（18）受到被保险机动车所载货物、车上人员意外撞击。

（19）载运被保险机动车的渡船遭受自然灾害（只限于驾驶人随船的情形） 被保险机

动车在行驶途中，因需跨过江河、湖泊、海峡才能恢复到道路行驶而过渡，驾驶人把车辆开上渡船，并随车照料到对岸，这期间因遭受自然灾害（指前述的暴风、龙卷风、雷击、冰雹、暴雨、洪水、地陷、冰陷、崖崩、雪崩、泥石流、滑坡等），致使被保险机动车本身发生损失，保险人予以赔偿。由货船、客船、客货船或滚装船等运输工具承载被保险机动车的过渡，不属于保险责任。

（二）合理的施救、保护费用

发生保险事故时，被保险人或其允许的驾驶人为防止或者减少被保险机动车的损失所支付的必要的、合理的施救费用，由保险人承担；施救费用数额在被保险机动车损失赔偿金额以外的另行计算，最高不超过保险金额的数额。

施救措施是指发生保险责任范围内的灾害或事故时，为减少和避免被保险机动车的损失所实施的抢救行为。

保护措施是指保险责任范围内的自然灾害或意外事故发生以后，为防止被保险机动车损失扩大和加重的行为。例如，被保险机动车受损后不能行驶，雇人在事故现场看守的合理费用，由当地有关部门出具证明的可以赔偿。

合理费用是指保护、施救行为支出的费用是直接的、必要的，并符合国家有关的政策规定，此项费用不包括车辆的修复费用。

保险人在处理以上费用时有一些具体的规定。在具体运用时要注意以下 9 条原则：

第一，被保险机动车发生火灾时，被保险人或其允许的驾驶人员使用他人非专业消防单位的消防设备，施救被保险机动车所消耗的合理费用及设备损失应赔偿。

第二，被保险机动车出险后，失去正常的行驶能力，被保险人雇用吊车或其他车辆进行抢救的费用，以及将出险车辆拖运到最近修理厂的运输费用，按有关行政管理部门核准的收费标准收取的，保险人应予负责。

第三，在抢救过程中，因抢救而损坏他人的财产，如果应由被保险人承担赔偿，保险人可酌情予以赔偿。但在抢救时，抢救人员个人物品的损失和丢失，不予赔偿。

第四，抢救车辆在拖运受损被保险机动车途中发生意外事故，造成被保险机动车损失扩大部分和费用支出增加部分，如果该抢救车辆是被保险人自己或他人义务派来抢救的，予以赔偿；如果该抢救车辆是受雇的，则不予赔偿。

第五，被保险机动车出险后，被保险人或其代表奔赴肇事现场处理所支出的费用，不予负责。

第六，保险人只对被保险机动车的施救、保护费用负责。例如，被保险机动车发生保险事故后，受损被保险机动车与其所装载货物同时被施救，救货物的费用应予剔除。如果它们之间的施救费分不清楚，则应按被保险机动车与货物的实际价值进行比例分摊赔偿。

第七，被保险机动车为进口车或特种车，发生保险责任范围内事故后，经确认出险地最近修理厂或当地修理厂确无能力修复时，在取得保险人同意后，该肇事车被移送到其他修理厂或去外地修理的移送费予以负责，但护送被保险机动车人员的工资和差旅费不予负责。

第八，施救保护费用（含吊车和拖运车费用）与修理费用应分别计算。如果施救保护费用与修理费用相加，估计已达到或超过保险金额时，则可推定全损予以赔偿。

第九，被保险机动车发生保险责任范围内事故后，对其停车费、保管费、扣车费以及各种罚款，保险人不予负责。

四、机动车损失保险的责任免除

（一）在上述保险责任范围内，下列情况下无论任何原因造成被保险机动车的任何损失和费用，保险人均不负责赔偿

1）事故发生后，被保险人或其允许的驾驶人故意破坏、伪造现场，毁灭证据。

2）驾驶人有下列情形之一者：

① 事故发生后，在未依法采取措施的情况下，驾驶被保险机动车或者遗弃被保险机动车离开事故现场。

② 饮酒、吸食或注射毒品、服用国家管制的精神药品或者麻醉药品。

饮酒是指驾驶人饮用含有酒精的饮料，驾驶机动车时血液中的酒精含量不小于 20mg/100mL 的。

③ 无驾驶证，驾驶证被依法扣留、暂扣、吊销、注销期间。

④ 驾驶与驾驶证载明的准驾车型不相符的机动车。

⑤ 实习期内驾驶公共汽车、营运客车或者执行任务的警车、载有危险物品的机动车或牵引挂车的机动车。

⑥ 驾驶出租机动车或营业性机动车无交通运输管理部门核发的许可证书或其他必备证书。

⑦ 学习驾驶时无合法教练员随车指导。

⑧ 非被保险人允许的驾驶人。

3）被保险机动车有下列情形之一者：

① 发生保险事故时被保险机动车行驶证、号牌被注销的，或未按规定检验或检验不合格的。

② 被扣押、收缴、没收、政府征用期间。

③ 在竞赛、测试期间，在营业性修理场所维修、维护、改装期间。

竞赛是指被保险机动车作为赛车直接参加车辆比赛活动。

测试是指对被保险机动车的性能和技术参数进行测量或试验。

营业性修理场所是指以营利为目的的修理厂（站、店）。维修、维护、改装期间是指被保险机动车从进入维修厂（站、店）开始到维修、维护、改装结束并验收合格提车时止，包括维护修理过程中的测试。

④ 被保险人或其允许的驾驶人故意或重大过失，导致被保险机动车被利用从事犯罪行为。

（二）下列原因导致的被保险机动车的损失和费用，保险人不负责赔偿

1. 地震及其次生灾害

无论地震使被保险机动车直接受损，还是地震造成外界物体倒塌所致被保险机动车的损失，保险人都不负责赔偿。

次生灾害是指地震造成工程结构、设施和自然环境破坏而引发的火灾、爆炸、瘟疫、有毒有害物质污染、海啸、水灾、泥石流、滑坡等灾害。

2. 战争、军事冲突、恐怖活动、暴乱、污染（含放射性污染）、核反应、核辐射

其中污染包括被保险机动车在正常使用过程中，由于车辆油料、尾气、所载货物或其他污染物的泄漏造成的污染，以及被保险机动车发生事故导致本车或第三者车辆的油料、所载货物的泄漏造成的污染。

3. 人工直接供油、高温烘烤、自燃、不明原因火灾

人工直接供油是指不经过车辆正常供油系统的供油。

高温烘烤是指无论是否使用明火，凡违反车辆安全操作规则的加热、烘烤升温的行为。

自燃是指因本车电器、电路、供油系统发生故障或所载货物自身原因起火燃烧，即指没有外界火源，被保险机动车也未发生碰撞、倾覆的情况下，由于被保险机动车本车漏油或电器、电路、供油系统、载运的货物等自身发生问题引起的火灾。

不明原因的火灾是指公安消防部门的《火灾原因认定书》中认定的起火原因不明的火灾。

4. 违反安全装载规定

5. 被保险机动车被转让、改装、加装或改变使用性质等，导致保险车辆危险程度显著增加，且被保险人、受让人未及时通知保险人

6. 被保险人或其允许的驾驶人的故意行为

被保险人或其允许的驾驶人的故意行为是指明知自己可能造成损害的结果，而仍希望或放任这种结果的发生。

（三）下列损失和费用，保险人不负责赔偿

1）因市场价格变动造成的贬值、修理后因价值降低引起的减值损失。

2）自然磨损、朽蚀、腐蚀、故障、本身质量缺陷。

自然磨损是指车辆由于使用造成的机件损耗；朽蚀是指机件与有害气体、液体相接触，被腐蚀损坏；腐蚀是指机件因化学作用引起的破坏或变质；故障是指由于车辆某个部件或系统性能发生问题，影响车辆的正常工作。

3）遭受保险责任范围内的损失后，未经必要修理并检验合格继续使用，致使损失扩大的部分。

4）投保人、被保险人或其允许的驾驶人知道保险事故发生后，故意或者因重大过失未及时通知，致使保险事故的性质、原因、损失程度等难以确定的，保险人对无法确定的部分，不承担赔偿责任，但保险人通过其他途径已经及时知道或者应当及时知道保险事故发生的除外。

5）因被保险人违反《示范条款》第十六条规定，在修理前未会同保险人检验及协商确定修理项目、方式和费用，导致无法确定的损失。

6）被保险机动车全车被盗窃、被抢劫、被抢夺、下落不明，以及在此期间受到的损坏，或被盗窃、被抢劫、被抢夺未遂受到的损坏，或车上零部件、附属设备丢失。

被保险机动车全车被盗窃、抢劫、抢夺期间是指被保险机动车被盗窃、抢劫、抢夺行为发生之时起至公安部门将该车收缴之日止。

附属设备是指购买新车时随车装备的基本设备。随车工具、新增设备等不属于附属设备。

7）车轮单独损坏，玻璃单独破碎，无明显碰撞痕迹的车身划痕，以及新增设备的损失。

车轮单独损坏是指未发生被保险机动车其他部位的损坏，仅发生轮胎、轮辋、轮毂罩的分别单独损坏，或上述三者之中任意二者的共同损坏，或三者的共同损坏。

玻璃单独破碎是指未发生被保险机动车其他部位的损坏，仅发生保险车辆前、后风窗玻璃和左、右车窗玻璃的损坏。天窗不属于玻璃单独破碎。

车身划痕损失是指仅发生被保险机动车车身表面油漆的损坏，且无明显碰撞痕迹。

新增设备是指保险车辆出厂时原有设备以外的，另外加装的设备和设施。

8）发动机进水后导致的发动机损坏。

五、机动车损失保险的保险金额

机动车损失保险的保险金额按**投保时被保险机动车的实际价值**确定。

投保时被保险机动车的实际价值由投保人与保险人根据投保时的新车购置价减去折旧金额后的价格协商确定，或根据其他市场公允价值协商确定。

其中新车购置价是指本保险合同签订地购置与被保险机动车同类型新车的价格，无同类型新车市场销售价格的，由投保人与保险人协商确定；市场公允价值是指熟悉市场情况的买卖双方在公平交易的条件下和自愿的情况下所确定的价格，或无关联的双方在公平交易的条件下一项资产可以被买卖或者一项负债可以被清偿的成交价格。

折旧金额可根据保险合同列明的参考折旧系数表确定，详见表7-1。

表7-1　参考折旧系数表

车辆种类	月折旧系数			
	家庭自用	非营业	营业	
			出租	其他
9座以下客车	0.60%	0.60%	1.10%	0.90%
10座以上客车	0.90%	0.90%	1.10%	0.90%
微型载货汽车	/	0.90%	1.10%	1.10%
带拖挂的载货汽车	/	0.90%	1.10%	1.10%
低速送货车和三轮汽车	/	1.10%	1.40%	1.40%
其他车辆	/	0.90%	1.10%	0.90%

折旧按照每满1个月扣除1个月计算，不足1个月的，不计折旧。最高折旧金额不超过投保时被保险机动车新车购置价的80%。计算公式是

折旧金额 = 新车购置价 × 被保险机动车已使用月数 × 月折旧系数

因此，机动车损失保险的保险金额的计算公式是

保险金额（投保时的实际价值）= 新车购置价 × （1 - 月折旧系数 × 被保险机动车已使用月数）

例7-1　某家庭自用5座乘用车，已使用2年（24个月），投保时的新车购置价为9万元，则其保险金额应为90000元 × （1 - 0.60% × 24）= 77040元。

在保险期间，被保险人根据需要可以要求调整被保险机动车的保险金额，被保险人调整保险金额或责任限额必须履行批改手续。在保险合同有效期内，被保险人要求调整保险金额或责任限额，应向保险人书面申请办理批改。在保险人签发批单后，申请调整的保险金额或责任限额才有效。

对于机动车损失保险，调整的原因一般有：车辆增添或减少设备；车辆经修复后有明显增值；车辆改变用途；车辆牌价上涨或下跌幅度较大。

六、机动车损失保险费及费率

（一）保险费率

确定机动车损失保险费率的主要依据是：

1）车辆的使用性质。按使用性质分类，车辆可以分为营业车辆和非营业车辆，有的保

险公司还进行了细分，比如行政用车、生产用车、营运用车、租赁用车、家庭用车等。车辆使用性质不同，风险状况也有所不同，因此机动车损失保险对不同使用性质的汽车采用不同的费率。

2）车辆种类。从机动车损失保险的保险标的可知，投保机动车损失保险的车辆包括各种客车、货车、特种车等，车辆种类不同，标的价值及风险状况就存在差别，保险费率也应有所差异。

3）车辆的产地和使用年限。

当然，影响汽车损失的因素有很多，保险公司在制订保险费率时应充分考虑这些因素，保险公司一般采用的是年费率表。

（二）保险费的计算

汽车损失保险的保险费计算公式为

机动车损失保险保险费 ＝ 基准保险费 × 费率调整系数

式中，基准保险费 ＝ 基准纯风险保险费/（1 − 附加费用率）；费率调整系数 ＝ 无赔款优待系数 × 自主渠道系数 × 自主核保系数 × 交通违法系数。

1. 各参数含义

（1）基准纯风险保险费　它是构成保险费的组成部分，用于支付赔付成本，根据保险标的的损失概率与损失程度确定。基准纯风险保险费与车辆的零整比挂钩。零整比是车辆零配件市场价之和除以整车价。基准纯风险保险费由中国保险行业协会统一制定、颁布并定期更新。

（2）附加费用率　它是以保险公司经营费用为基础计算的，包括用于保险公司的业务费用支出、手续费支出、营业税、工资支出及合理的经营利润。附加费用率由保险公司自主设定唯一值，并严格执行经中国银保监会批准的附加费用率，不得上下浮动。目前中国保险行业协会将附加费用率统一为 0.35，但未来会根据各公司的实际情况予以确定，最终各公司不同。

（3）无赔款优待系数　即 NCD 系数，根据历史赔款记录，按照无赔款优待系数对照表进行费率调整，由中国保险行业协会统一制定颁布，由行业平台自动返回。其目的是鼓励被保险人及其允许的驾驶人严格遵守交通规则，安全行车。

（4）自主核保系数　它是保险公司在一定范围内自主设置的一些商业车险核保系数，但是使用范围会分步骤、分阶段放开。车险自主核保系数比较复杂，可分为"从人"和"从车"两类影响因子。"从人"的因素包括驾驶技术、驾驶习惯、驾龄、年龄、性别等；"从车"的因素包括行驶里程、约定行驶区域、车型、投保车辆数、绝对免赔额等，是保险公司的个性指标。自主核保系数由各保险公司根据自身车险经营情况，在规定的范围之内来决定上浮或是下降，即综合成本率［（赔付成本 ＋ 经营成本）/保费收入］越低则系数可能越低，越高则系数越高。

（5）自主渠道系数　它由保险公司根据车险业务来源渠道区分，现在主要渠道有电话、网销、车行、专业代理公司、个人代理等，各种渠道的业务综合成本率存在不同，各家保险公司可以根据自身对电话、网络、门店、中介等营销渠道的内控管理和成本核算情况设置渠道系数，在一定范围内自主制订渠道定价策略及系数，在规定的范围之内决定上浮或是下降。

机动车综合商业保险示范产品费率调整系数表见表 7-2。

表 7-2 机动车综合商业保险示范产品费率调整系数表

序号	项　目	内　容	系　数
1	无赔款优待及上年赔款记录	连续 3 年没有发生赔款	0.60
		连续 2 年没有发生赔款	0.70
		上年没有发生赔款	0.85
		新保或上年发生 1 次赔款	1.00
		上年发生 2 次赔款	1.25
		上年发生 3 次赔款	1.50
		上年发生 4 次赔款	1.75
		上年发生 5 次及以上赔款	2.00
2	自主核保系数	根据公司自主上报的系数使用规则，在规定的范围之内调整使用	
3	自主渠道系数	根据公司自主上报的系数使用规则，在规定的范围之内调整使用	

（6）交通违法系数　交通违法系数由车险信息平台返回保险公司，与上一保险年度的交通违章内容与次数挂钩。但对于违章进入公交车道等轻微的违章行为，要累计到 10 次及以上才会影响下一年度的商业车险保险费。表 7-3 为江苏省商业车险交通违法系数浮动方案。

表 7-3 江苏省商业车险交通违法系数浮动方案

序号	违法类型简称	上年度违法次数	浮动比例
1	无交通违法记录	0 次	−0.10
2	A 类（违反交通信号灯等）	1 次	0.00
		2 次	0.00
		3 次	0.05
		4 次	0.10
		5 次及以上	0.15
3	B1 类（超速 10% 以上但未达到 50%）	1 次	0.00
		2 次	0.00
		3 次	0.05
		4 次	0.10
		5 次及以上	0.15
4	B2 类（超速 50% 等）	1 次及以上	0.15
5	C 类（载物超过核定载质量等）	1 次及以上	0.05
6	D 类（不按规定安装机动车号牌等）	1 次及以上	0.30
7	E 类（未取得驾驶证、被吊销、暂扣期间驾驶机动车等）	1 次及以上	0.25
8	F1 类（饮酒后驾驶机动车等）	1 次及以上	0.10
9	F2 类（醉酒后驾驶机动车、毒驾等）	1 次及以上	0.30
10	G 类（交通事故后逃逸等）	1 次及以上	0.25
11	H 类（未按规定使用安全带、驾驶时拨打或接听电话、未参加定期安全技术检验、载人超过核定载人数、违反交通标线或标志、违反规定停放车辆、逆向行驶等其他违法类型）	0～9 次	0.00
		10～19 次	0.05
		20～29 次	0.10
		30 次及以上	0.15

2. 基准纯风险保险费的计算方法

1）当投保时被保险机动车的实际价值等于新车购置价减去折旧金额时，根据被保险机动车车辆使用性质、车辆种类、车型名称、车型编码、车辆使用年限所属档次直接查询基准纯风险保险费。

表 7-4 为山东地区机动车损失保险基准纯风险保险费查询表。

表 7-4 山东地区机动车损失保险基准纯风险保险费查询表

车辆使用性质	车辆种类	车型名称	车型编码	机动车损失保险基准纯风险保险费/元			
				车辆使用年限			
				1 年以下	1～2 年	2～6 年	6 年以上
家庭自用汽车	6 座以下	北京现代 BH7141MY 舒适型	BBJKROUC0001	1 054	1 005	992	1 026
	6～10 座	五菱 LZW6376NF	BSQDZHUA0114	610	581	575	594
	10 座以上	金杯 SY6543US3BH	BJBDRDUA0237	1 082	1 032	1 019	1 053

例 7-2 如山东地区一辆车龄为 4 年的北京现代 BH7141MY 舒适型轿车投保机动车损失保险，根据山东地区基准纯风险保险费查询表，查询到该车对应的机动车损失保险基准纯风险保险费为 992 元。

2）当投保时被保险机动车的实际价值不等于新车购置价减去折旧金额时，考虑实际价值差异的机动车损失保险基准纯风险保险费按下列公式计算：

考虑实际价值差异的机动车损失保险基准纯风险保险费 = 直接查找的机动车损失保险基准纯风险保险费 +（协商确定的机动车实际价值 - 新车购置价减去折旧金额后的机动车实际价值）×0.09%

例 7-3 如山东地区一辆车龄为 4 年的北京现代 BH7141MY 舒适型轿车投保机动车损失保险，该车使用 4 年后新车购置价减去折旧金额后的机动车实际价值为 4.9 万元，如果客户要求约定实际价值为 6 万元，则该车考虑实际价值差异的机动车损失保险基准纯风险保险费为 1002 元。计算步骤如下：

① 根据表 7-4，查表得到该车的机动车损失保险基准纯风险保险费为 992 元。

② 该车考虑实际价值差异的机动车损失保险基准纯风险保险费 = 992 元 +（60000 - 49000）元 × 0.09% ≈ 1002 元。

若附加险的保险费计算以机动车损失保险基准纯风险保险费为基础，则此基础是指考虑实际价值差异的机动车损失保险基准纯风险保险费。

3）若投保时约定绝对免赔额，则可按照选择的免赔额、车辆使用年限和实际价值查找费率折扣系数，约定免赔额之后的机动车损失保险基准纯风险保险费按下列公式计算：

约定免赔额之后的机动车损失保险基准纯风险保险费 = 考虑实际价值差异的机动车损失保险基准纯风险保险费

（三）短期保险费的计算

汽车保险的费率表是年费率表，投保时，保险期间不足一年的，按照短期月费率收取保险费。保险期间不足一个月的，按一个月计算。短期月费率表见表 7-5。

短期保险费的计算公式为

$$短期保险费 = 年保险费 \times 短期月费率$$

表7-5　短期月费率表

保险期间/月	1	2	3	4	5	6	7	8	9	10	11	12
短期月费率（%）	10	20	30	40	50	60	70	80	85	90	95	100

例7-4　年保险费为3300元，保险期限为45天，折合1个月又15天，按照保险期间不足一个月的，按一个月计算的规定应按2个月计费，则应交保险费 = 3000元 × 20% = 660元。

实际工作中，还可以按日计费，适用于被保险人把新购置的车辆投保，以统一续保日期，其公式为

$$应交保险费 = 年保险费 \times 保险天数/365$$

投保一年又中途退保的，按照短期月费率表计算退保费，但因停驶或所有权转让申请退保的，应按日计算退保费。

七、机动车损失保险的保险期间

除另有约定外，机动车损失保险的保险期间为一年，以保险单载明的起讫时间为准。投保时，保险期间不足一年的按短期月费率计收保险费，保险期限不足一个月的按一个月计算。某些情况下，投保人可以和保险人约定以途程的起讫时间为保险期限。

八、机动车损失保险的赔偿处理

赔偿处理包括保险责任的确定、损失费用的审核、理赔计算、核赔、支付、结案。保险公司主要依据保险条款及现场查勘的详细资料，分析判断保险责任，公正、合理地确定损失，迅速准确地计算保险赔款。这项工作是理赔工作的核心，是机动车辆理赔的重要关口，也是理赔工作的难点所在。它一方面对前段现场查勘定损工作要进行检查和复核，起着监督和制约作用；另一方面要按照保险条款和损害赔偿原则进行严格的损失费用审核和赔款计算，尽量避免与被保险人因经济利益发生冲突，引起矛盾纠纷。

（一）被保险人提出索赔

发生保险事故时，被保险人或其允许的驾驶人应当及时采取合理的、必要的施救和保护措施，防止或者减少损失，并在保险事故发生后48h内通知保险人。

被保险人索赔时，应当向保险人提供与确认保险事故的性质、原因、损失程度等有关的证明和资料，包括提供保险单、损失清单、有关费用单据、被保险机动车行驶证和发生事故时驾驶人的驾驶证等。属于道路交通事故的，被保险人应当提供公安机关交通管理部门或法院等机构出具的事故证明、有关的法律文书（判决书、调解书、裁定书、裁决书等）及其他证明。被保险人或其允许的驾驶人根据有关法律、法规规定选择自行协商方式处理交通事故的，被保险人应当提供依照《道路交通事故处理程序规定》签订记录交通事故情况的协议书。

（二）免赔的规定

在车险业务中，小额理赔案的现场查勘与理赔工作一直是长期困扰汽车保险业务经营的难点之一。据统计，在汽车保险案件中，小于1000元的小额案件数占汽车保险案件数的近

40%，出租车和家庭用车会高达 60% 以上，个别案件的索赔额只有几十元，保险公司为此投入了大量的人力和物力。并且，小额赔款案件数量以 4% 的速度逐年上升，而保险公司为每一个小额赔案投入的精力几乎和大额赔案相当。据统计，保险公司处理每笔 500 元以下的赔案大约要支出成本 250 元。另外，由于小额赔款事故所引发的结果都不是特别严重，因此这就会使得定损人员在确定此类案件损失时，态度会比较随意，存在一定的赔款虚额。此外，较大的道德风险已成为保险公司处理小额理赔所要面临的最大风险。因此本着奖优罚劣的原则，为了防止保险欺诈事件的发生，也为了节约理赔成本，在汽车保险中会为保险人制定相应的免赔规定。

根据《示范条款》的规定，保险人按照下列方式免赔：

1）被保险机动车一方负次要事故责任的，实行 5% 的事故责任免赔率；负同等事故责任的，实行 10% 的事故责任免赔率；负主要事故责任的，实行 15% 的事故责任免赔率；负全部事故责任或单方肇事事故的，实行 20% 的事故责任免赔率。

2）被保险机动车的损失应当由第三方负责赔偿，无法找到第三方的，实行 30% 的绝对免赔率。

3）违反安全装载规定、但不是事故发生的直接原因的，增加 10% 的绝对免赔率。

4）对于投保人与保险人在投保时协商确定绝对免赔额的，在实行免赔率的基础上增加每次事故绝对免赔额。

（三）赔款计算

计算赔款是理赔工作的最后环节，也是理赔工作的关键、重要一步。被保险机动车肇事后经现场查勘、调查、定损以至事故车辆修复后，由被保险人提供单证、事故责任认定书、损害赔偿调解书、车辆估损单、修理清单和修车发票以及各种其他赔偿费用单据，经保险责任审定、损失费用核定后，计算赔款数额。

车辆损失险的赔偿责任范围主要分为车辆损失和费用支出两个部分，具体如图 7-2 所示。

图 7-2　车辆损失险的赔偿责任范围

车辆损失分为全部损失和部分损失两种情况。全部损失分为实际全损和推定全损，实际全损是指被保险机动车发生事故后，车辆受到严重损坏完全失去原有形体、效用，或者不能再归被保险人所拥有；推定全损是指被保险机动车发生事故后，认为实际全损已经不可避免，或者为避免发生实际全损所需支付的费用超过实际价值。部分损失是指被保险机动车出险受损后，尚未达到实际全损或推定全损的程度，仅发生局部损失，通过修复，车辆还可继续使用。因保险事故损坏的被保险机动车，应当尽量修复。修理前被保险人应当会同保险人检验，协商确定修理项目、方式和费用。对未协商确定的，保险人可以重新核定。

保险人按下列方式计算赔款：

1. 全部损失

被保险机动车发生全部损失，保险人按出险时实际价值在保险金额内计算赔偿：

赔款 =（保险金额 – 被保险人已从第三方获得的赔偿金额）×（1 – 事故责任免赔率）×（1 – 绝对免赔率之和）– 绝对免赔额

2. 部分损失

被保险机动车发生部分损失，保险人按实际修复费用在保险金额内计算赔偿：

赔款 =（实际修复费用 – 被保险人已从第三方获得的赔偿金额）×（1 – 事故责任免赔率）×（1 – 绝对免赔率之和）– 绝对免赔额

因第三方对被保险机动车的损害而造成保险事故，被保险人向第三方索赔的，保险人应积极协助；被保险人也可以直接向本保险人索赔，保险人在保险金额内先行赔付被保险人，并在赔偿金额内代位行使被保险人对第三方请求赔偿的权利。

被保险人已经从第三方取得损害赔偿的，保险人进行赔偿时，相应扣减被保险人从第三方已取得的赔偿金额。

被保险机动车遭受损失后的残余部分由保险人、被保险人协商处理，残余部分折归被保险人的，由双方协商确定其价值并在赔款中扣除。

表7-6为被保险人已从第三方获得的赔偿金额来源。

表7-6 被保险人已从第三方获得的赔偿金额来源

	来　源	类　别
被保险人已从第三方获得的赔偿金额	第三方交强险保险人代第三方支付的赔款	财产损失及相关费用赔款
		人身伤亡损失及相关费用赔款
	第三方第三者责任保险保险人代第三方支付的赔款	财产损失及相关费用赔款
		人身伤亡损失及相关费用赔款
	直接向第三方索赔获得的赔款	财产损失及相关费用赔款
		人身伤亡损失及相关费用赔款

典型案例

例7-5 两车相撞的机动车损失保险赔偿处理（双方有责）。

已知甲、乙两车分别向A、B两家保险公司投保了交强险和车辆损失险，其中机动车损失保险的保险金额均按投保时的实际价值确定为20万元。

保险期限内，甲车和乙车在行驶中发生碰撞，导致损失如下：

甲车为全部损失，出险时实际价值为20万元，车上一位乘客和驾驶人李某受伤，支付医疗费用2万元；乙车为部分损失，实际修复费用为7万元，驾驶人丁某死亡，丧葬费用及死亡补偿费等合计20万元。经交通管理部门裁定，甲车负主要责任，承担70%责任，乙车负次要责任，承担30%责任；同时裁定乙车违反安全装载规定，但不是事故发生的直接原因。

请问应如何计算赔款？

赔款计算如下：

1. 甲车的交强险（由 A 保险公司承保）赔款

A 保险公司的交强险负责甲车造成乙车损失应承担的赔偿责任。

因为甲车承担 70% 责任属于有责，故应在 12.2 万元的责任限额内（死伤 11 万元 + 医疗 1 万元 + 财产 0.2 万元）予以赔偿。

乙车死伤费用为 20 万元 > 分项限额 11 万元，应赔 11 万元。

乙车医疗费用为 0 < 分项限额 1 万元，应赔 0 元。

乙车财产损失 = 乙车车辆损失 = 乙车实际修复费用 = 7 万元 > 分项限额 0.2 万元，应赔 0.2 万元。

A 保险公司的交强险赔款 = 乙车死伤费用 + 乙车医疗费用 + 乙车财产损失
= (11 + 0 + 0.2) 万元 = 11.2 万元

2. 乙车的交强险（由 B 保险公司承保）赔款

B 保险公司的交强险负责乙车造成甲车损失应承担的赔偿责任。

因为乙车承担 30% 责任属于有责，故应在 12.2 万的责任限额内（死伤 11 万元 + 医疗 1 万元 + 财产 0.2 万元）予以赔偿。

甲车死伤费用为 0 < 分项限额 11 万元，应赔 0 元。

甲车医疗费用为 2 万元 > 分项限额 1 万元，应赔 1 万元。

甲车财产损失 = 甲车车辆损失 = 甲车出险时实际价值 = 20 万元 > 分项限额 0.2 万元，应赔 0.2 万元。

B 保险公司的交强险赔款 = 甲车死伤费用 + 甲车医疗费用 + 甲车财产损失
= (0 + 1 + 0.2) 万元 = 1.2 万元

3. 甲车的机动车损失保险（由 A 保险公司承保）赔款

甲车已收到乙车交强险赔偿甲车的车辆损失赔款 0.2 万元。

甲车发生全部损失，故 A 公司的机动车损失保险赔款 = (保险金额 - 被保险人已从第三方获得的赔偿金额) × (1 - 事故责任免赔率) × (1 - 绝对免赔率之和) - 绝对免赔额
= (20 - 0.2) 万元 × (1 - 15%) = 16.83 万元

其中，甲车负主要事故责任，实行 15% 的事故责任免赔率。

4. 乙车的机动车损失保险（由 B 保险公司承保）赔款

乙车已收到甲车交强险赔偿乙车的车辆损失赔款 0.2 万元。

乙车发生部分损失，故 B 公司的机动车损失保险赔款 = (实际修复费用 - 被保险人已从第三方获得的赔偿金额) × (1 - 事故责任免赔率) × (1 - 绝对免赔率之和) - 绝对免赔额
= (7 - 0.2) 万元 × (1 - 5%) × (1 - 10%)
= 5.814 万元

其中，乙车负次要事故责任，实行 5% 的事故责任免赔率；违反安全装载规定，但不是事故发生的直接原因，增加 10% 的绝对免赔率。

例 7-6　两车相撞的机动车损失保险赔偿处理（一方无责）。

已知甲、乙两车分别向 A、B 两家保险公司投保了交强险和机动车损失保险，其中机动车损失保险的保险金额均按投保时的实际价值确定为 20 万元。

保险期限内，甲车和乙车在行驶中发生碰撞，导致损失如下：

甲车为全部损失，出险时实际价值为20万元，车上一位乘客和驾驶人李某受伤，支付医疗费用2万元；乙车为部分损失，实际修复费用为7万元，驾驶人丁某死亡，丧葬费用及死亡补偿费等合计20万元。经交通管理部门裁定，甲车负全部责任，乙车无责任。

请问应如何计算赔款？

赔款计算如下：

1. 甲车的交强险（由A保险公司承保）赔款

A保险公司的交强险负责甲车造成乙车损失应承担的赔偿责任。

因为甲车负全部责任属于有责，故应在12.2万元的责任限额内（死伤11万元 + 医疗1万元 + 财产0.2万元）予以赔偿。

乙车死亡伤残费用为20万元 > 分项限额11万元，应赔11万元。

乙车医疗费用为0 < 分项限额1万元，应赔0元。

乙车财产损失 = 乙车车辆损失 = 乙车实际修复费用7万元 > 分项限额0.2万元，应赔0.2万元。

A保险公司的交强险赔款 = 乙车死亡伤残费用 + 乙车医疗费用 + 乙车财产损失

$$= (11 + 0 + 0.2)万元 = 11.2万元$$

2. 乙车的交强险（由B保险公司承保）赔款

B保险公司的交强险负责乙车造成甲车损失应承担的赔偿责任。

因为乙车无责，故均应在1.21万的责任限额内（死伤1.1万元 + 医疗0.1万元 + 财产0.01万元）予以赔偿。

甲车死亡伤残费用为0 < 分项限额1.1万元，应赔0元。

甲车医疗费用为2万 > 分项限额0.1万元，应赔0.1万元。

甲车财产损失 = 甲车车辆损失 = 甲车出险时实际价值20万元 > 分项限额0.01万元，应赔0.01万元。

B保险公司的交强险赔款 = 甲车死亡伤残费用 + 甲车医疗费用 + 甲车财产损失

$$= (0 + 0.1 + 0.01)万元 = 0.11万元$$

3. 甲车的机动车损失保险（由A保险公司承保）赔款

甲车已收到乙车交强险赔偿甲车的车辆损失赔款0.01万元。

甲车发生全部损失，故A公司的机动车损失保险赔款 = （保险金额 - 被保险人已从第三方获得的赔偿金额）×（1 - 事故责任免赔率）×（1 - 绝对免赔率之和）- 绝对免赔额

$$= (20 - 0.01)万元 × (1 - 20\%)$$

$$= 15.992万元$$

其中，甲车负全部事故责任，实行20%的事故责任免赔率。

4. 乙车的机动车损失保险（由B保险公司承保）赔款

乙车已收到甲车交强险赔偿乙车的车辆损失赔款0.2万元。

乙车发生部分损失，故B公司的机动车损失保险赔款 = （实际修复费用 - 被保险人已从第三方获得的赔偿金额）×（1 - 事故责任免赔率）×（1 - 绝对免赔率之和）- 绝对免赔额

$$= (7 - 0.2)万元 × (1 - 0\%) = 6.8万元$$

其中，乙车无责任，不实行事故责任免赔，故事故责任免赔率为0。

3. 施救费

施救的财产中，含有未保险的财产，应按保险财产的实际价值占总施救财产的实际价值比例分摊施救费用。

施救费用的赔偿是保险赔偿责任的一个组成部分，是在施救费用核定的基础上进行计算的。通常保险人只承担为施救、保护被保险机动车及其财物而支付的正常的、必要的、合理的费用，保险人在保险金额范围内按施救费赔偿；对于被保险机动车装载的货物、拖带的未保险机动车或其他拖带物的施救费用，被施救的财产中含有保险合同未承保财产的，按被保险机动车与被施救财产价值的比例分摊施救费用。

计算公式为：

被保险机动车施救费 = 总施救费 × 保险金额/（保险金额 + 其他被施救财产价值）

例 7-7　某被保险机动车的保险金额为 30000 元，车上载运货物价值为 20000 元，发生属保险责任范围内的单方事故，保护与施救费用共支出 1000 元。试计算应赔偿的施救费用。

解： 被保险机动车施救费赔款 = 1000 元 × [30000/(30000 + 20000)] = 600 元

*** **单元二　机动车第三者责任保险** ***

一、机动车第三者责任保险概述

汽车造成的责任事故是巨大的，对公众的人身和财产安全构成了巨大的威胁。因此无论是肇事的一方还是受害的一方，都迫切需要寻找一个可以转移由于交通事故所致的损失风险的方法，机动车第三者责任保险由此应运而生。

（一）机动车第三者责任保险的概念

机动车第三者责任保险一般简称为商业三者险或第三者责任险，是指保险期间内被保险人或其允许的驾驶人在使用被保险机动车过程中发生意外事故，致使第三者遭受人身伤亡或者财产的直接损毁，对第三者依法应负的赔偿责任转由保险人代为负责赔偿的一种保险。 消费者购买这种保险的目的是转嫁自己对第三者的损害赔偿的经济负担，当然在此过程中产生的其他法律责任是不在保险人的承保范围内的。第三者责任保险以被保险人依法应承担的经济赔偿责任为保险标的，以第三者向被保险人提出赔偿请求为保险事故。

在保险合同法律关系中，**保险人是第一者，被保险人或使用被保险机动车的人是第二者，除保险人与被保险人或使用保险车辆的人之外的其他人是第三者。** 在我国目前的险种体系中，第三者责任保险承保被保险人对车辆以外的受侵害人员和财产的赔偿责任，而对车上人员和财产所承担的赔偿责任则由车上责任险予以承保，从这个意义上说第三者责任保险可以看作是"车下责任险"。

（二）机动车第三者责任保险的种类

机动车第三者责任保险有法定保险和商业保险之分，目前，大多数国家均采用强制或法定保险方式承保的机动车第三者责任保险。具体而言，有两种施行制度：一是强制要求必须购买商业保险公司推出的商业机动车第三者责任保险产品，可以选择但必须购买；二是政府另行颁布单独的强制第三者责任保险产品，商业保险公司推出的商业第三者责任保险产品是前者的补充。2004 年 5 月 1 日我国施行的《道路交通安全法》中规定我国实行机动车第三者责任强制保险制度。2006 年 7 月 1 日《机动车交通事故责任强制保险条例》正式施行，由此以后，在我国的保险市场上商业第三者责任保险和强制第三者责任保险同时独立存在，前者是后者的补充。我国日常生活中，第三者责任保险一般专指商业机动车第三者责任保险，强制机动车第三者责任保险一般指交强险。

（三）机动车第三者责任保险的特点

1. 保险标的

与一般的财产保险和人身保险不同，机动车第三者责任保险的承保标的不是有形的，而是对第三者依法应承担的民事损害赔偿责任。但并非所有的损害赔偿责任都可以作为机动车第三者责任保险标的，而应该是可以用货币衡量的民事损害赔偿责任。对某些无直接财产内容的人身权利（如肖像权、荣誉权等）的侵害所需承担的非财产的民事责任，则由被保险人自己负责，如赔礼道歉、恢复名誉等，刑事责任不在保险人的承保责任范围之内。

2. 保险事故

构成机动车第三者责任保险的保险事故要同时满足以下两个要件：一是被保险人对于第三者依法应负民事损害赔偿责任；二是第三者向被保险人提出赔偿的请求。

因此，机动车第三者责任保险虽以被保险人对于第三者的民事损害赔偿责任为标的，但如果该项赔偿责任虽已发生，第三者却并没有向被保险人提出赔偿请求，则被保险人仍无损失，保险人也不必对此负赔偿责任。所以，只有当第三者向被保险人提出赔偿请求时，保险人才对被保险人负有赔偿责任。

3. 责任限额的确定

一般财产保险的保险标的价值是可以确定的，并作为确定保险金额的依据。但是机动车第三者责任保险承担的是被保险人对第三者依法应负的损害赔偿责任，而非被保险人的财产或者利益的实际损失。这种赔偿责任具有不确定性且没有固定的价值依据，无法在保险单中确定其保险金额，因此在实务中采取的做法是在订立责任保险合同时约定保险人承担赔偿责任的最高限额，称为责任限额，以此代替保险金额。

4. 赔偿对象

在一般的财产保险或人身保险中，当被保险人的保险财产遭受损失或人身遭到伤害时，保险人直接将赔款或保险金支付给被保险人或受益人，均不会涉及第三者。

机动车第三者责任保险直接补偿对象是与保险人签订责任保险合同的被保险人，间接补偿对象是不确定的第三者（即受害者），保险人支付的保险金依法最终到达受害方手中。因此一些国家在保险法中规定，责任保险人的赔款既可以支付给被保险人也可以直接支付给受害人，这实质上是对被保险人之外的受害者（即任何第三者）进行补偿。因此机动车第三者责任保险是由保险人直接保障被保险人利益，间接保障受害第三者利益的一种双重保障机制。

5. 赔偿处理

机动车第三者责任保险的赔偿比一般财产保险和人身保险业务要复杂得多，具有鲜明特色和自身特有的规律。每一起机动车第三者责任保险赔案的出现，均以被保险人对第三者的损害并依法应承担经济赔偿责任为前提条件。这必然要涉及受害的第三者，而不像一般财产保险和人身保险赔案只是投保双方的事情。由于机动车第三者责任保险的承保以法律制度的规范为基础，所以第三者责任保险的赔案处理也是以法院的判决或执法部门的裁决为依据，从而需要更全面地运用法律制度。

二、机动车第三者责任保险的保险责任

对于机动车第三者责任保险的保险责任，国内各家保险公司的表述大致相同，即保险期间内，被保险人或其允许的驾驶人在使用被保险机动车过程中发生意外事故，致使第三者遭受人身伤亡或财产直接损毁，依法应当对第三者承担的损害赔偿责任，且不属于免除保险人责任的范围，保险人依照相关的法律、法规和保险合同的约定，对于超过机动车交通事故责任强制保险各分项责任限额的部分负责赔偿。但因事故产生的善后工作，保险人不负责处理。

保险人依据被保险机动车一方在事故中所负的事故责任比例，承担相应的赔偿责任。

被保险人或被保险机动车一方根据有关法律、法规规定可选择自行协商或由公安机关交通管理部门处理事故。未确定事故责任比例的，按照下列规定确定事故责任比例：被保险机动车一方负主要事故责任的，事故责任比例为70%；被保险机动车一方负同等事故责任的，事故责任比例为50%；被保险机动车一方负次要事故责任的，事故责任比例为30%。

涉及司法或仲裁程序的，以法院或仲裁机构最终生效的法律文书为准。

对于机动车第三者责任保险的保险责任，应作如下理解：

1. 机动车第三者责任保险实行过错责任原则

汽车发生意外事故造成他人财产损失和人身伤害，属于侵权行为，其所承担的责任属于侵权的民事责任。民事责任包括过错责任和无过错责任，其中过错责任包括"故意"和"过失"两种情况，无论驾驶人是由于故意还是过失引起交通事故，在法律上都应当承担相应的民事赔偿责任。但对于机动车第三者责任保险而言，其保险责任仅限于驾驶人在使用被保险机动车过程中由于过失而依法承担的民事赔偿责任，因此机动车第三者责任保险实行过错责任原则，即"按事故责任理赔"。也就是说，发生交通事故后，驾驶人有过错负有责任时，被保险人才能得到机动车第三者责任保险人的赔偿，如果被保险人没有过错责任，则不构成保险意义上的第三者责任，保险人不予负责。对于故意责任因其属于道德风险当然排除在保险责任之外，而无过失责任则是交强险的承保范畴。

2. 驾驶人和被保险机动车状态要符合规定

首先强调发生事故时是被保险人或其允许的驾驶人在使用被保险机动车。被保险人允许的驾驶人，是指持有驾驶执照的被保险人本人、配偶及他们的直系亲属或被保险人的雇员，或驾驶人使用被保险机动车在执行被保险人委派的工作期间或被保险人与使用被保险机动车的驾驶人具有营业性的租赁关系。

其次强调发生事故时保险车辆处于使用状态，包括行驶和停放两种状态。

3. 车辆使用中发生的意外事故

车辆使用中发生的意外事故是指不是行为人出于故意，而是行为人不可预见的以及不可抗拒的并造成人员伤亡或财产损失的突发事件。车辆使用中发生的意外事故分为：

（1）道路交通事故　凡在道路上发生的交通事故属于道路交通事故，即被保险机动车在公路、城市街道、胡同（里巷）、公共广场、公共停车场发生的意外事故。道路即《中华人民共和国道路交通安全法》所规定的：公路、城市道路和虽在单位管辖范围但允许社会机动车通行的地方，包括广场、公共停车场等用于公众通行的场所。

（2）非道路事故　被保险机动车在铁路道口、渡口、机关大院、农村场院、乡间小道等处发生的意外事故。

在我国，道路交通事故一般由公安交通管理部门处理。但对被保险机动车在非道路地点发生的非道路事故，公安交通管理部门一般不予受理。这时可请出险当地政府有关部门根据道路交通事故处理规定研究处理，但应参照相应法规规定的赔偿范围、项目和标准以及保险合同的规定计算保险赔款金额。事故双方或保险双方当事人对公安交通管理部门或出险当地政府有关部门的处理意见有严重分歧的案件，可提交法院处理解决。

4. 第三者

在保险合同中，保险人是第一方，又称第一者；被保险人或使用被保险机动车的致害人是第二方，又称第二者；第三者是指因被保险机动车发生意外事故遭受人身伤亡或者财产损失的人，但不包括被保险机动车本车车上人员、被保险人。其中的车上人员是指发生意外事故的瞬间，在被保险机动车车体内或车体上的人员，包括正在上、下车的人员。

同一被保险人的车辆之间发生意外事故，相对方均不构成第三者。

综上所述，机动车第三者责任保险中第三者的判断标准有：

1）被保险机动车本车车上人员都不属于第三者。

2）第三者一定是被保险机动车本车的车下人员，但车下人员不一定都是第三者。

3）被保险人无论在车上还是车下均不属于第三者。

4）在以上前提下，被保险机动车本车车上人员在下车后即变为第三者。

【案例链接7-1】　弟弟算不算第三者？

【案情】 陈某是一家私营企业的老板，与弟弟5年前就分家了。因经营需要，陈某购买了一辆面包车，并且投保了某保险公司的机动车第三者责任保险，责任限额为10万元。三个月后的一天，陈某正开车在路上正常行驶，途经他弟弟工作的工厂门口时，恰好陈某的弟弟出门，一眼看到哥哥开车经过，就想搭乘哥哥的车进城办事。他一边喊哥哥一边迎着车跑过来，陈某虽然紧急制动却没能及时停下来，一下撞到弟弟身上。后来经过抢救，弟弟终于脱离危险，陈某共花掉医疗费近20万元。同时，弟弟的价值6000元的手机也完全摔坏了。但当陈某向保险公司索赔时被拒绝了，因为保险公司认为陈某撞伤的是他的弟弟，不属于"第三者"，所以不能理赔。

【分析】 本案的关键在于如何理解陈某的弟弟是否属于第三者。机动车第三者责任保险中的第三者是指因被保险机动车发生意外事故遭受人身伤亡或者财产损失的人，但不包括被保险机动车本车车上人员、被保险人。

2014版机动车商业保险示范条款规定：

1）被保险人及其家庭成员、被保险人允许的驾驶人及其家庭成员所有、承租、使用、管理、运输或代管的财产的损失，以及本车车上财产的损失，属于责任免除。

2）被保险人、被保险人允许的驾驶人、本车车上人员的人身伤亡，属于责任免除。

所以出险时不在被保险机动车上的被保险人及其允许的驾驶人的家庭成员的人身伤亡是属于机动车第三者责任保险责任范围的。

根据以上规定可以得出3点结论：

一是被保险人和被保险人允许的驾驶人无论在被保险机动车车上还是车下，其人身伤亡或者财产损失均属于责任免除。

二是本车车上人员的人身伤亡以及本车车上财产的损失，均属于责任免除。

三是在保险理赔实践中，本着以人为本的原则，一般将被保险人及其允许的驾驶人各自的家庭成员的人身伤亡也列入第三者责任范围，给予赔偿；而其财产损失仍然为责任免除范围，不予赔偿。

结合本案分析：

首先，陈某弟弟在事故发生时位于被保险机动车下，不属于被保险机动车本车车上人员；其次，案件的焦点在于陈某弟弟是否属于被保险人的家庭成员。判断受到伤害的一方是不是属于"家庭成员"非常关键，如果属于"家庭成员"，那肯定不是"第三者"，反之，就应该是。这里要把握一个基本原则，即保险公司支付的保险金最终不能落到被保险人的手中。之所以将家庭成员列入机动车第三者责任保险的责任免除，主要目的就是为了防止骗保。因为保险公司不能判断驾驶车辆撞伤自己的家庭成员和撞毁自有财产是否存在故意，虽然认定当事人是否有骗保行为可以通过公安机关进行调查，但时间长，手续复杂，因此，许多保险公司在保险合同中开列出了排除名单。2014版机动车商业保险示范条款中明确规定了家庭成员指配偶、子女、父母。因此，陈某弟弟不属于被保险人陈某的家庭成员。

本案结论如下：

1）陈某弟弟属于第三者。

2）陈某弟弟的人身伤亡属于第三者责任范围，但20万的医疗费用超过10万元责任限额，故保险公司只赔偿10万元，其余10万元由陈某自负。

3）陈某弟弟的财产损失属于第三者责任范围，故6000元手机损失属于第三者责任，由保险公司赔偿。

如果本案中陈某撞到的不是弟弟而是妻子，保险处理结果会有所不同吗？

如果受害人变成了妻子，本案的结论将产生变化如下：

1）妻子属于家庭成员，不属于第三者。

2）妻子的人身伤亡属于第三者责任范围，但20万的医疗费用已超过10万元责任限额，故保险公司只赔偿10万元，其余10万元由陈某自负。

3）妻子的财产损失属于第三者责任免除范围，故6000元手机损失由自己负责，保险公司不予赔偿。

5. 损害赔偿

保险事故的损害赔偿可分为人身伤害赔偿和财产损坏赔偿两部分。

人身伤害赔偿包括经济损失赔偿和精神损害赔偿两种情况。经济损失是指由于事故使受害第三者增加支出或减少收入，前者如医疗费、护理费、交通费、住宿费、误工费、死亡补偿费等，后者如缺勤薪金损失等。对交通事故人身损害的精神赔偿，国外已实施多年，我国正在逐渐普及，但目前一般的保险单都将其列为责任免除，被保险人需要投保特别的附加险来获得此项保障。

财产损坏赔偿包括直接财产损毁和间接损失两部分。直接财产损毁是指被保险机动车发生意外事故，直接造成事故现场他人现有财产的实际损毁，第三者责任保险只承担直接财产损毁，对间接损失不予负责。

6. 仅对超过交强险各分项责任限额的部分进行赔偿

交强险的保险责任范围包含且大于机动车第三者责任保险，在赔偿的顺序上是由交强险在各分项责任限额先予赔偿，超出部分由机动车第三者责任保险进行补充赔偿。

7. 善后工作

善后工作是指民事赔偿责任以外对事故进行妥善料理的有关事项。例如被保险机动车对他人造成伤害所涉及的抢救、医疗、调解、诉讼等具体事宜。

三、第三者责任保险的责任免除

下列情况下，不论任何原因造成的人身伤亡、财产损失和费用，保险人均不负责赔偿：

1）事故发生后，被保险人或其允许的驾驶人故意破坏、伪造现场、毁灭证据。

2）驾驶人有下列情形之一者。

① 事故发生后，在未依法采取措施的情况下驾驶被保险机动车或者遗弃被保险机动车离开事故现场。

② 饮酒、吸食或注射毒品、服用国家管制的精神药品或者麻醉药品。

③ 无驾驶证，驾驶证被依法扣留、暂扣、吊销、注销期间。

④ 驾驶与驾驶证载明的准驾车型不相符合的机动车。

⑤ 实习期内驾驶公共汽车、营运客车或者执行任务的警车、载有危险物品的机动车或牵引挂车的机动车。

⑥ 驾驶出租机动车或营业性机动车无交通运输管理部门核发的许可证书或其他必备证书。

⑦ 学习驾驶时无合法教练员随车指导。

⑧ 非被保险人允许的驾驶人。

3）被保险机动车有下列情形之一者。

① 发生保险事故时被保险机动车行驶证、号牌被注销，或未按规定检验或检验不合格。

② 被扣押、收缴、没收、政府征用期间。

③ 在竞赛、测试期间，在营业性场所维修、维护、改装期间。

④ 全车被盗窃、被抢劫、被抢夺、下落不明期间。

下列原因导致的人身伤亡、财产损失和费用，保险人不负责赔偿：

1）地震及其次生灾害、战争、军事冲突、恐怖活动、暴乱、污染（含放射性污染）、核反应、核辐射。

2）第三者、被保险人或其允许的驾驶人的故意行为、犯罪行为，第三者与被保险人或其他致害人恶意串通的行为。

3）被保险机动车被转让、改装、加装或改变使用性质等，被保险人、受让人未及时通知保险人，且因转让、改装、加装或改变使用性质等导致被保险机动车危险程度显著增加。

下列人身伤亡、财产损失和费用，保险人不负责赔偿：

1）被保险机动车发生意外事故，致使单位或个人停业、停驶、停电、停水、停气、停产、通信或网络中断、电压变化、数据丢失造成的损失以及其他各种间接损失。

2）第三者财产因市场价格变动造成的贬值，修理后因价值降低引起的减值损失。

3）被保险人及其家庭成员、被保险人允许的驾驶人及其家庭成员所有、承租、使用、管理、运输或代管的财产的损失，以及本车上财产的损失。

4）被保险人、被保险人允许的驾驶人、本车车上人员的人身伤亡。

5）停车费、保管费、扣车费、罚款、罚金或惩罚性赔款。

6）超出《道路交通事故受伤人员临床诊疗指南》和国家基本医疗保险同类医疗费用标准的费用部分。

7）律师费，未经保险人事先书面同意的诉讼费、仲裁费。

8）投保人、被保险人或其允许的驾驶人知道保险事故发生后，故意或者因重大过失未及时通知，致使保险事故的性质、原因、损失程度等难以确定的，保险人对无法确定的部分，不承担赔偿责任，但保险人通过其他途径已经及时知道或者应当及时知道保险事故发生的除外。

9）因被保险人违反约定（因保险事故损坏的第三者财产，应当尽量修复。修理前，被保险人应当会同保险人检验，协商确定修理项目、方式和费用。对未协商确定的，保险人可以重新核定），导致无法确定的损失。

10）精神损害抚慰金。

11）应当由交强险赔偿的损失和费用。

保险事故发生时，被保险机动车未投保交强险或交强险合同已经失效的，对于交强险责任限额以内的损失和费用，保险人不负责赔偿。

四、机动车第三者责任保险的责任限额

责任限额是保险人计算保险费的依据，也是保险人承担第三者责任保险每次事故赔偿的最高限额。之所以不规定保险金额而称责任限额，原因在于责任保险承保的是被保险人对第三者的赔偿责任，而非有固定价值的标的，被保险人的赔偿责任的发生与否、赔偿责任的大小均取决于多种偶然因素，这就决定了保险人不可能确切预测保险合同约定的保险事故所造成损害的大小，也不可能承诺被保险人造成多大损害就赔偿多少。因此，不论何种责任保险，均无保险金额的规定，而是采用在承保时由保险双方约定责任限额的方式来确定保险人承担的责任限额，凡超过责任限额的索赔仍需由被保险人自行承担。

目前，我国的机动车第三者责任保险采用的是每次事故最高责任限额责任方式，即只规定每次事故和同一原因引起的一系列责任事故的责任限额，而不规定累计责任限额。机动车第三者责任保险的责任限额由投保人和保险人在签订保险合同时约定，保险公司一般都提供固定的几个数额的档次（一般设置为 5 万元、10 万元、15 万元、20 万元、30 万元、50 万元、100 万元等），投保人根据自己的需要选择适当的责任限额，如果投保人有特殊要求也可与保险公司协商。

主车和挂车连接使用时视为一体，发生保险事故时，在主车和挂车责任限额之和内承担赔偿责任。主车保险人和挂车保险人按照保险单上载明的第三者责任保险责任限额的比例分摊赔款。

五、机动车第三者责任保险的保险费

机动车第三者责任保险按照车辆种类及使用性质，选择不同的责任限额档次，收取固定保险费，而非与普通财产保险一样需要根据费率和保险金额计算保险费。

目前我国已经逐步与国际接轨，摒弃了以前那种僵化的固定费率模式，将责任保险的保费与被保险机动车的违章次数、索赔记录等挂钩，更好地体现了保险费公平的原则。

机动车第三者责任保险费率表（山东省）见表 7-7，可按照被保险机动车辆种类、使用性质、责任限额等直接查询基准纯风险保险费。

表 7-7　机动车第三者责任保险费率表（山东省）　　　　　（单位：元）

车辆使用性质	车辆种类	第三者责任保险						
		5 万	10 万	15 万	20 万	30 万	50 万	100 万
家庭自用汽车	6 座以下	461.50	666.90	759.85	825.50	932.10	1 118.65	1 457.30
	6～10 座	428.35	603.20	681.20	735.15	822.90	979.55	1 275.95
	10 座以上	428.35	603.20	681.20	735.15	822.90	979.55	1 275.95
企业非营业客车	6 座以下	492.70	693.55	783.90	845.65	946.40	1 127.10	1 467.70
	6～10 座	474.50	675.35	766.35	828.75	931.45	1 112.15	1 448.20
	10～20 座	549.90	784.55	890.50	964.60	1 084.85	1 296.75	1 689.35
	20 座以上	619.45	912.60	1 047.15	1 145.30	1 300.65	1 569.75	2 044.90
党政机关事业团体非营业客车	6 座以下	415.35	585.00	661.70	713.05	798.85	950.95	1 238.25
	6～10 座	397.80	560.30	633.75	682.50	765.05	910.65	1 186.25
	10～20 座	474.50	667.55	755.90	814.45	912.60	1 086.15	1 414.40
	20 座以上	653.25	919.75	1 040.00	1 121.25	1 255.15	1 494.35	1 946.10
非营业货车	2 吨以下	520.00	731.90	828.10	892.45	999.70	1 190.15	1 550.25
	2～5 吨	683.80	988.65	1 127.10	1 225.25	1 383.85	1 660.65	2 162.55
	5～10 吨	812.50	1 158.95	1 314.95	1 424.15	1 600.30	1 912.95	2 490.80
	10 吨以上	1 069.90	1 507.35	1 704.30	1 837.55	2 057.90	2 450.50	3 190.20
	低速载货汽车	441.35	622.05	703.95	758.55	848.90	1 012.05	1 317.55
出租、租赁营业客车	6 座以下	1 121.25	1 691.95	1 966.25	2 152.15	2 496.65	3 163.55	4 160.65
	6～10 座	1 099.80	1 660.10	1 929.20	2 110.55	2 449.20	3 103.75	4 082.65
	10～20 座	1 162.85	1 783.60	2 083.90	2 292.55	2 673.45	3 406.00	4 479.80
	20～36 座	1 563.90	2 469.35	2 912.65	3 233.10	3 803.80	4 888.65	6 429.80
	36 座以上	2 416.70	3 732.95	4 371.90	4 819.75	5 633.55	7 190.30	9 458.80
城市公交营业客车	6～10 座	1 033.50	1 559.35	1 812.85	1 983.15	2 301.00	2 916.55	3 836.30
	10～20 座	1 151.15	1 737.45	2 018.90	2 209.35	2 563.60	3 248.70	4 273.10
	20～36 座	1 595.75	2 453.75	2 869.10	3 157.70	3 685.50	4 697.55	6 179.55
	36 座以上	2 120.95	3 350.10	3 952.00	4 386.20	5 161.00	6 631.95	8 723.00
公路客运营业客车	6～10 座	1 011.40	1 526.85	1 774.50	1 941.55	2 252.90	2 854.15	3 755.05
	10～20 座	1 127.10	1 700.40	1 976.65	2 162.55	2 509.00	3 179.15	4 182.75
	20～36 座	1 657.50	2 501.85	2 908.10	3 182.40	3 691.35	4 678.70	6 153.55
	36 座以上	2 393.30	3 612.05	4 199.00	4 594.20	5 330.00	6 754.80	8 884.85
营业货车	2 吨以下	837.20	1 305.20	1 535.95	1 691.95	1 991.60	2 496.55	3 261.05
	2～5 吨	1 347.45	2 101.45	2 472.60	2 722.20	3 205.15	4 017.65	5 247.45
	5～10 吨	1 547.00	2 412.15	2 838.55	3 125.20	3 679.00	4 613.05	6 024.85
	10 吨以上	2 119.00	3 305.25	3 888.95	4 281.55	5 041.40	6 319.00	8 255.00
	低速载货汽车	711.75	1 109.55	1 305.85	1 437.80	1 692.60	2 121.60	2 770.95

注：1. 座位和吨位的分类都按照"含起点、不含终点"的原则解释。

2. 挂车根据实际的使用性质并按照对应吨位货车的30%计算。

3. 如果责任限额为100万元以上，则基准纯风险保险费 $=A+0.9\times N\times(A-B)$，式中 A 指同档次限额为100万元时的基准纯风险保险费，B 指同档次限额为50万元时的基准纯风险保险费；$N=($ 限额 -100 万元 $)/50$ 万元，限额必须是50万元的整数倍。

例7-8　某5座家庭自用汽车投保汽车第三者责任保险，拟投保的责任限额为30万元，在费率表上查得对应的保费为932.10元。如果责任限额变为50万元，则该车辆的保费为1118.65元。

另外，保险公司还根据不同的因素对费率进行了调整，以保证费率的公平。这些因素包括赔款记录、客户忠诚度、行驶里程、行驶区域、驾驶人性别和驾龄等。费率调整的内容与汽车损失保险相同，请参看前文相关内容。

六、机动车第三者责任保险的保险期间

机动车第三者责任保险的保险期间通常为一年，以保险单的起止时间为准。除法律另有规定外，保险合同期间不足一年的，应按照短期月费率计收保险费。

七、机动车第三者责任保险的赔偿处理

（一）被保险人提出索赔

发生保险事故时，被保险人或其允许的驾驶人应当及时采取合理的、必要的施救和保护措施，防止或者减少损失，并在保险事故发生后48h内通知保险人。

被保险人索赔时，应当向保险人提供与确认保险事故的性质、原因、损失程度等有关的证明和资料，包括提供保险单、损失清单、有关费用单据、被保险机动车行驶证和发生事故时驾驶人的驾驶证等（图7-3）。属于道路交通事故的，被保险人应当提供公安机关交通管理部门或法院等机构出具的事故证明、有关的法律文书（判决书、调解书、裁定书和裁决书等）及其他证明。被保险人或其允许的驾驶人根据有关法律法规选择自行协商方式处理交通事故的，被保险人应当提供依照《道路交通事故处理程序规定》签订记录交通事故情况的协议书。

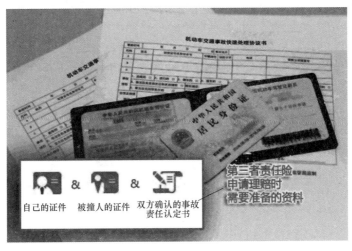

图7-3　机动车第三者责任保险索赔材料

（二）免赔的规定

根据《示范条款》的规定，保险人按照下列方式免赔。

保险人在依据本保险合同约定计算赔款的基础上，在保险单载明的责任限额内，按照下列方式免赔：

1）被保险机动车一方负次要事故责任的，实行5%的事故责任免赔率；负同等事故责任的，实行 10% 的事故责任免赔率；负主要事故责任的，实行 15% 的事故责任免赔率；负全部事故责任的，实行 20% 的事故责任免赔率。

2）违反安全装载规定的，实行 10% 的绝对免赔率。

（三）赔款计算

被保险机动车发生第三者责任事故时，应按法规、条例规定的赔偿范围、项目和标准以及保险合同的规定进行处理，在保险单载明的责任限额内核定、计算赔偿金额，对未经保险人书面同意，被保险人自行承诺或支付的赔偿金额，保险人有权重新核定。不属于保险人赔偿范围或超出保险人应赔偿金额的，保险人不承担赔偿责任。

保险人对被保险人给第三者造成的损害，可以直接向该第三者赔偿。被保险人给第三者造成损害，被保险人对第三者应负的赔偿责任确定的，根据被保险人的请求，保险人应当直接向该第三者赔偿。被保险人怠于请求的，第三者有权就其应获赔偿部分直接向保险人请求赔偿。被保险人给第三者造成损害，被保险人未向该第三者赔偿的，保险人不得向被保险人赔偿。

根据合同约定的责任限额核定赔款数额的计算方法如下。

1）当依合同约定核定的第三者损失金额减去交强险的分项赔偿限额与事故责任比例的乘积等于或高于每次事故赔偿限额时，

$$赔款 = 每次事故赔偿限额 \times (1 - 事故责任免赔率) \times (1 - 绝对免赔率之和)$$

2）当依合同约定核定的第三者损失金额减去交强险的分项赔偿限额与事故责任比例的乘积低于每次事故赔偿限额时，

$$赔款 = (依合同约定核定的第三者损失金额 - 交强险的分项赔偿限额) \times 事故责任比例 \times$$
$$(1 - 事故责任免赔率) \times (1 - 绝对免赔率之和)$$

例 7-9 同时投保交强险和机动车第三者责任保险的赔偿处理（双方有责）。

已知甲、乙两车分别向 A、B 两家保险公司投保了机动车第三者责任保险，责任限额均为 10 万元。

保险期间内，甲车和乙车在行驶中发生碰撞，导致损失如下：

甲车全部损失，出险时实际价值为 20 万元，车上一位乘客和驾驶人李某受伤，支付医疗费用 2 万元；乙车部分损失，实际修复费用为 7 万元，驾驶人丁某死亡，丧葬费用及死亡补偿费等合计 20 万元。经交通管理部门裁定，甲车负主要责任，承担 70% 责任，乙车负次要责任，承担 30% 责任，同时裁定乙车违反安全装载规定。

请问保险公司应如何赔偿？

赔款计算如下：

1. 甲车的交强险（由 A 保险公司承保）赔款

A 保险公司的交强险负责甲车造成乙车损失应承担的赔偿责任。

因为甲车承担 70% 责任，属于有责，故应在 12.2 万元的责任限额内（死伤 11 万元 + 医疗 1 万元 + 财产 0.2 万元）予以赔偿。

乙车死亡伤残费用为 20 万元，大于分项限额 11 万元，应赔 11 万元。

乙车医疗费用为 0 元，小于分项限额 1 万元，应赔 0 元。

乙车财产损失 = 乙车车辆损失 = 乙车实际修复费用 = 7 万元 > 分项限额 0.2 万元，应赔 0.2 万元。

A 保险公司的交强险赔款 = 乙车死亡伤残费用 + 乙车医疗费用 + 乙车财产损失

$$= (11 + 0 + 0.2) 万元 = 11.2 万元$$

2. 乙车的交强险（由 B 保险公司承保）赔款

B 保险公司的交强险负责乙车造成甲车损失应承担的赔偿责任。

因为乙车承担 30% 责任，属于有责，故应在 12.2 万元的责任限额内（死伤 11 万元 + 医疗 1 万元 + 财产 0.2 万元）予以赔偿。

甲车死亡伤残费用为 0 元，小于分项限额 11 万元，应赔 0 元。

甲车医疗费用为 2 万元，大于分项限额 1 万元，应赔 1 万元。

甲车财产损失 = 甲车车辆损失 = 甲车出险时实际价值 = 20 万元 > 分项限额 0.2 万元，应赔 0.2 万元。

B 保险公司的交强险赔款 = 甲车死亡伤残费用 + 甲车医疗费用 + 甲车财产损失

$$= (0 + 1 + 0.2) 万元 = 1.2 万元$$

3. 甲车的第三者责任保险（由 A 保险公司承保）赔款

根据合同约定的责任限额核定赔款数额的计算方法如下：

甲车依合同约定核定的应对乙车所承担的第三者损失金额 = 乙车死亡伤残费用 + 乙车医疗费用 + 乙车财产损失 = (20 + 7) 万元 = 27 万元。

A 保险公司已替甲车支付的交强险赔款 11.2 万元。

所以，（依合同约定核定的第三者损失金额 − 交强险的分项赔偿限额）× 事故责任比例 = (20 + 7 − 11.2) 万元 × 70% = 11.06 万元 > 责任限额 10 万元。

第三者责任保险赔款 = 每次事故赔偿限额 × （1 − 事故责任免赔率）× （1 − 绝对免赔率之和）= 10 万元 × (1 − 15%) = 8.5 万元。

其中，甲车负主要事故责任（70%），实行 15% 的事故责任免赔率。

4. 乙车的第三者责任保险（由 B 保险公司承保）赔款

根据合同约定的责任限额核定赔款数额的计算方法如下：

乙车依合同约定核定的应对甲车所承担的第三者损失金额 = 甲车死亡伤残费用 + 甲车医疗费用 + 甲车财产损失 = （20 + 2）万元 = 22 万元。

B 保险公司已替乙车支付的交强险赔款 1.2 万元。

所以，（依合同约定核定的第三者损失金额 − 交强险的分项赔偿限额）× 事故责任比例 = (20 + 2 − 1.2) 万元 × 30% = 6.24 万元 < 责任限额 10 万元。

第三者责任保险赔款 = （依合同约定核定的第三者损失金额 − 交强险的分项赔偿限额）× 事故责任比例 × (1 − 事故责任免赔率) × (1 − 绝对免赔率之和) = (20 + 2 − 1.2) 万元 × 30% × (1 − 5%) × (1 − 10%) = 5.3352 万元。

其中，乙车负次要事故责任，实行 5% 的事故责任免赔率；违反安全装载规定，实行 10% 的绝对免赔率。

✦✦✦　单元三　其他汽车保险产品　✦✦✦

一、机动车全车盗抢保险

本险种为主险，可独立投保。

（一）保险责任

保险期间内，被保险机动车的下列损失和费用，且不属于免除保险人责任的范围，保险人依照本保险合同的约定负责赔偿：

1）被保险机动车被盗窃、抢劫、抢夺，经出险当地县级以上公安刑侦部门立案证明，满60天未查明下落的全车损失。

2）被保险机动车全车被盗窃、抢劫、抢夺后受到损坏，或车上零部件、附属设备丢失需要修复的合理费用。

3）被保险机动车在被抢劫、抢夺过程中，受到损坏需要修复的合理费用。

（二）责任免除

在保险责任范围内，下列情况下，不论任何原因造成被保险机动车的任何损失和费用，保险人均不负责赔偿：

1）被保险人索赔时未能提供出险地县级以上公安刑侦部门出具的盗抢立案证明。

2）驾驶人、被保险人和投保人故意破坏现场、伪造现场、毁灭证据。

3）被保险机动车被扣押、罚没、查封、政府征用期间。

4）被保险机动车在竞赛、测试期间，在营业性场所维修、养护、改装期间，被运输期间。

下列损失和费用，保险人不负责赔偿：

1）地震及其次生灾害导致的损失和费用。

2）战争、军事冲突、恐怖活动、暴乱导致的损失和费用。

3）因诈骗引起的任何损失，因投保人、被保险人与他人的民事、经济纠纷导致的任何损失。

4）被保险人或其允许的驾驶人的故意行为、犯罪行为导致的损失和费用。

5）非全车遭盗窃，仅车上零部件或附属设备被盗窃或损坏。

6）新增设备的损失。

7）遭受保险责任范围内的损失后，未经必要修理并检验合格继续使用，致使损失扩大的部分。

8）被保险机动车被转让、改装、加装或改变使用性质等，导致被保险机动车危险程度显著增加而发生保险事故，且被保险人、受害人未及时通知保险人。

9）投保人、被保险人或其允许的驾驶人知道保险事故发生后，故意或者因重大过失未及时通知，致使保险事故的性质、原因和损失程度等难以确定的，保险人对无法确定的部分不承担赔偿责任，但保险人通过其他途径已经及时知道或者应当及时知道保险事故发生的除外。

10）因被保险机动车修理前被保险人未与保险人协商确定，导致无法确定的损失。

（三）保险金额

机动车全车盗抢保险的保险金额在投保时被保险机动车的实际价值内协商确定。

投保时被保险机动车的实际价值由投保人与保险人根据投保时的新车购置价减去折旧金额后的价格协商确定或其他市场公允价值协商确定。折旧金额可根据保险合同列明的参考折旧系数表确定。

全车盗抢保险的保险金额的确定方法与车辆损失险相同，实务中二者的保险金额数额也应保持一致。

（四）保险费

机动车全车盗抢保险费率表（山东省）见表 7-8，可根据车辆使用性质、车辆种类直接查询基础纯风险保险费和纯风险费率。保险费的计算公式为

$$基础纯风险保险费 = 基础纯风险保险费 + 保险金额 \times 纯风险费率$$

表 7-8　机动车全车盗抢保险费率表（山东省）

车辆使用性质	车辆种类	全车盗抢保险	
		基础纯风险保险费/元	纯风险费率（%）
家庭自用汽车	6 座以下	78.00	0.3185
	6～10 座	91.00	0.2860
	10 座以上	91.00	0.2860
企业 非营业客车	6 座以下	78.00	0.2925
	6～10 座	84.50	0.2990
	10～20 座	84.50	0.2925
	20 座以上	91.00	0.2535
党政机关、事业团体 非营业客车	6 座以下	71.50	0.2730
	6～10 座	78.00	0.2795
	10～20 座	78.00	0.2795
	20 座以上	84.50	0.2340
非营业货车	2 吨以下	84.50	0.3250
	2～5 吨	84.50	0.3250
	5～10 吨	84.50	0.3250
	10 吨以上	84.50	0.3250
	低速载货汽车	84.50	0.3250
出租、租赁 营业客车	6 座以下	65.00	0.2990
	6～10 座	58.50	0.2795
	10～20 座	58.50	0.2730
	20～36 座	52.00	0.2665
	36 座以上	52.00	0.2665
城市公交 营业客车	6～10 座	39.00	0.2990
	10～20 座	58.50	0.2795
	20～36 座	58.50	0.2860
	36 座以上	58.50	0.2860
公路客运 营业客车	6～10 座	39.00	0.3055
	10～20 座	58.50	0.2925
	20～36 座	52.00	0.2340
	36 座以上	52.00	0.2600
营业货车	2 吨以下	84.50	0.3250
	2～5 吨	84.50	0.3250
	5～10 吨	84.50	0.3250
	10 吨以上	84.50	0.3250
	低速载货汽车	84.50	0.3250

注：1. 座位和吨位的分类都按照"含起点、不含终点"的原则解释。

　　2. 挂车根据实际的使用性质并按照对应吨位货车的 50% 计算。

（五）免赔规定

保险人在依据保险合同约定计算赔款的基础上，按照下列方式免赔：

1）发生全车损失的，绝对免赔率为20%。

2）发生全车损失，被保险人未能提供机动车行驶证、机动车来历凭证的，每缺少1项，增加1%的绝对免赔率。

（六）赔偿处理

第一，被保险机动车全车被盗抢的，被保险人知道保险事故发生后，应在24h内向出险当地公安刑侦部门报案，并通知保险人。

第二，被保险人索赔时，必须提供保险单、损失清单、有关费用单据、"机动车登记证书"、机动车来历凭证以及出险当地县级以上公安刑侦部门出具的盗抢立案证明。

第三，因保险事故损坏的被保险机动车，应当尽量修复。修理前，被保险人应当会同保险人检验，协商确定修理项目、方式和费用。对未协商确定的，保险人可以重新核定。

第四，保险人按下列方式赔偿：

1）被保险机动车全车被盗抢的，按以下方法计算赔款。

$$赔款 = 保险金额 \times （1 - 绝对免赔率之和）$$

2）被保险机动车在全车被盗窃、抢劫、抢夺过程中及其后受到损坏，或车上零部件、附属设备丢失需要修复的合理费用，保险人按实际修复费用在保险金额内计算赔偿。

$$赔款 = 实际修复费用 \times （1 - 绝对免赔率）$$

第五，保险人确认索赔单证齐全、有效后，被保险人签具权益转让书，保险人赔付结案。

第六，被保险机动车发生本保险事故，导致全部损失，或一次赔款金额与免赔金额之和达到保险金额，保险人按本保险合同约定支付赔款后，本保险责任终止，保险人不退还全车盗抢保险及其附加险的保险费。

【案例链接7-2】　　　　　　被盗车辆碰伤行人谁负责

【案情】某年3月12日周某将自己驾驶的家用汽车向保险公司投保机动车全车盗抢保险，保险期间为1年。当年7月20日凌晨某盗贼将停放在住宅小区内的该车盗走，因夜深人静并未被发现，不料盗贼在驾驶该车途中，碰伤行人刘某，肇事后盗贼弃车而逃。刘某的家属找到车主周某，要求其承担赔偿责任，周某当即向保险公司报案。保险公司认为根据保险条款，不属于保险责任，拒绝赔偿。

【分析】对于这起交通事故，行人是无辜的，而车主本身也是受害者，那保险公司是否应该负责赔偿？

机动车全车盗抢保险仅对被保险机动车全车被盗窃、被抢劫、被抢夺，以及在此次期间受到损坏或车上零部件、附属设备丢失导致的车辆损失及修复费用负责，属于典型的物质财产保险，因此本起事故不属于全车盗抢险的责任范围。保险公司拒赔事出有因。

保险公司是否可以先赔偿后追偿呢？回答是否定的。因为只有在保险责任范围内的事故，同时也是肇事者的责任时，保险公司才可以先赔偿被保险人，再向肇事者追偿。

对本起事故直接承担赔偿责任的，既不是车主周某，也不应是保险公司，而是肇事的盗车贼。

二、机动车车上人员责任保险

本险种为主险，可独立投保，一般简称为车上人员责任保险。

(一) 保险责任

保险期间内，被保险人或其允许的驾驶人在使用被保险机动车过程中发生意外事故，致使车上人员遭受人身伤亡，且不属于免除保险人责任的范围，依法应当对车上人员承担的损害赔偿责任，保险人依照保险合同的约定负责赔偿。

保险人依据被保险机动车一方在事故中所负的事故责任比例，承担相应的赔偿责任。

被保险人或被保险机动车一方根据有关法律法规选择自行协商或由公安机关交通管理部门处理事故未确定事故责任比例的，按照下列规定确定事故责任比例：

被保险机动车一方负主要事故责任的，事故责任比例为70%。

被保险机动车一方负同等事故责任的，事故责任比例为50%。

被保险机动车一方负次要事故责任的，事故责任比例为30%。

涉及司法或仲裁程序的，以法院或仲裁机构最终生效的法律文书为准。

◀╟ 特别提醒

有人身意外保险，还用投保车上人员责任保险吗？二者有什么区别？

简单地说，人身意外保险是记名的，谁投保就保谁；而车上人员责任保险则跟车走，乘坐投保车辆的人员都算是被保险人，因此范围更广泛。另外，赔偿范围不同，人身意外保险的赔偿范围稍窄，基本上针对被保险人死亡、残疾和个别的医疗费；而车上人员责任保险的赔偿范围则较宽，不仅涵盖意外伤害的赔偿项目，也包括误工、护理等费用。

(二) 责任免除（图7-4）

1. 下列情形不论任何原因造成人身伤亡、财产损失和费用，保险人均不负责赔偿

(1) 事故发生后，被保险人或其允许的驾驶人故意破坏、伪造现场、毁灭证据

(2) 驾驶人有下列情形之一者

1）事故发生后，在未依法采取措施的情况下驾驶被保险机动车或者遗弃被保险机动车离开事故现场。

2）饮酒、吸食或注射毒品、服用国家管制的精神药品或者麻醉药品。

3）无驾驶证，驾驶证被依法扣留、暂扣、吊销、注销期间。

4）驾驶与驾驶证载明的准驾车型不相符合的机动车。

5）实习期内驾驶公共汽车、营运客车或者执行任务的警车、载有危险物品的机动车或牵引挂车的机动车。

6）驾驶出租机动车或营业性机动车无交通运输管理部门核发的许可证书或其他必备证书。

7）学习驾驶时无合法教练员随车指导。

8）非被保险人允许的驾驶人。

(3) 被保险机动车有下列情形之一者

1）发生保险事故时被保险机动车行驶证、号牌被注销，或未按规定检验或检验不

合格。

2）被扣押、收缴、没收、政府征用期间。

3）在竞赛、测试期间，在营业性场所维修、养护、改装期间。

4）全车被盗窃、被抢劫、被抢夺、下落不明期间。

2. 下列原因导致的人身伤亡、财产损失和费用，保险人不负责赔偿

1）地震及其次生灾害、战争、军事冲突、恐怖活动、暴乱、污染（含放射性污染）、核反应、核辐射。

2）被保险机动车被转让、改装、加装或改变使用性质等，被保险人、受让人未及时通知保险人，且因转让、改装、加装或改变使用性质等导致被保险机动车危险程度显著增加。

3）被保险人或驾驶人的故意行为。

3. 下列人身伤亡、财产损失和费用，保险人不负责赔偿

1）被保险人及驾驶人以外的其他车上人员的故意行为造成的自身伤亡。

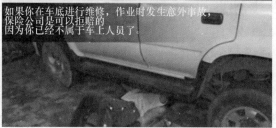

图 7-4 车上人员责任险的责任免除

2）车上人员因疾病、分娩、自残、斗殴、自杀、犯罪行为造成的自身伤亡。

3）违法、违章搭乘人员的人身伤亡。

4）罚款、罚金或惩罚性赔款。

5）超出《道路交通事故受伤人员临床诊疗指南》和国家基本医疗保险同类医疗费用标准的费用部分。

6）律师费，未经保险人事先书面同意的诉讼费、仲裁费。

7）投保人、被保险人或其允许的驾驶人知道保险事故发生后，故意或者因重大过失未及时通知，致使保险事故的性质、原因、损失程度等难以确定的，保险人对无法确定的部分，不承担赔偿责任，但保险人通过其他途径已经及时知道或者应当及时知道保险事故发生的除外。

8）精神损害抚慰金。

9）应当由交强险赔付的损失和费用。

（三）责任限额

驾驶人每次事故责任限额和乘客每次事故每人责任限额，由投保人和保险人在投保时协商确定。投保乘客座位数按照被保险机动车的核定载客数（驾驶人座位除外）确定。

（四）保险费

机动车车上人员责任保险费率表（山东省）见表 7-9，可根据车辆使用性质、车辆种类、驾驶人/乘客查询纯风险费率。保险费计算公式为

驾驶人基准纯风险保险费 = 每次事故责任限额 × 纯风险费率

乘客基准纯风险保险费 = 每次事故每人责任限额 × 纯风险费率 × 投保乘客座位数

表 7-9　机动车车上人员责任保险费率表（山东省）

车辆使用性质	车辆种类	车上人员责任保险费率（%）	
		驾驶人	乘客
家庭自用汽车	6 座以下	0.2730	0.1755
	6～10 座	0.2600	0.1690
	10 座以上	0.2600	0.1690
企业非营业客车	6 座以下	0.2730	0.1690
	6～10 座	0.2535	0.1495
	10～20 座	0.2600	0.1560
	20 座以上	0.2730	0.1690
党政机关、事业团体非营业客车	6 座以下	0.2600	0.1625
	6～10 座	0.2405	0.1430
	10～20 座	0.2470	0.1495
	20 座以上	0.2535	0.1560
非营业货车	2 吨以下	0.3055	0.1885
	2～5 吨	0.3055	0.1885
	5～10 吨	0.3055	0.1885
	10 吨以上	0.3055	0.1885
	低速载货汽车	0.3055	0.1885
出租、租赁营业客车	6 座以下	0.3250	0.2015
	6～10 座	0.2600	0.1560
	10～20 座	0.2730	0.1690
	20～36 座	0.2730	0.1690
	36 座以上	0.2730	0.1690
城市公交营业客车	6～10 座	0.2730	0.1625
	10～20 座	0.2860	0.1755
	20～36 座	0.3250	0.2015
	36 座以上	0.3250	0.2015
公路客运营业客车	6～10 座	0.2730	0.1625
	10～20 座	0.2860	0.1755
	20～36 座	0.3250	0.2015
	36 座以上	0.3250	0.2015
营业货车	2 吨以下	0.5005	0.3120
	2～5 吨	0.5005	0.3120
	5～10 吨	0.5005	0.3120
	10 吨以上	0.5005	0.3120
	低速载货汽车	0.5005	0.3120

注：座位和吨位的分类都按照"含起点不含终点"的原则解释。

（五）免赔规定

保险人在依据保险合同约定计算赔款的基础上，在保险单载明的责任限额内，按照下列方式免赔：被保险机动车一方负次要事故责任的，实行 5% 的事故责任免赔率；负同等事故责任的，实行 10% 的事故责任免赔率；负主要事故责任的，实行 15% 的事故责任免赔率；负全部事故责任或单方肇事事故的，实行 20% 的事故责任免赔率。

（六）赔款计算

被保险机动车发生车上人员伤亡责任事故时，应按法规、条例规定的赔偿范围、项目和标准以及保险合同的规定进行处理，在保险单载明的责任限额内核定、计算赔偿金额，对未经保险人书面同意，被保险人自行承诺或支付的赔偿金额，保险人有权重新核定。不属于保险人赔偿范围或超出保险人应赔偿金额的，保险人不承担赔偿责任。

根据合同约定的责任限额核定赔款数额的计算方法为：

1）对每座的受害人，当（依合同约定核定的每座车上人员人身伤亡损失金额 – 应由交强险赔偿的金额）× 事故责任比例高于或等于每次事故每座赔偿限额时

$$赔款 = 每次事故每座赔偿限额 \times (1 – 事故责任免赔率)$$

2）对每座的受害人，当（依合同约定核定的每座车上人员人身伤亡损失金额 – 应由交强险赔偿的金额）× 事故责任比例低于每次事故每座赔偿限额时

$$赔款 = （依合同约定核定的每座车上人员人身伤亡损失金额 – 应由交强险赔偿的金额）$$
$$\times 事故责任比例 \times (1 – 事故责任免赔率)$$

车上人员责任保险与人身意外伤害保险的区别见表 7-10。

表 7-10　车上人员责任保险与人身意外伤害保险的区别

对比项目	车上人员责任险	人身意外伤害保险
保障对象	指定座位上的人员，为不确定的人	一般为确定的人
事故范围	使用车辆时，发生的意外伤害事故	所有意外伤害事故
赔偿范围	属于被保险人需要负担的丧葬费、伤亡赔偿、医疗费和误工费等项目	身故、残疾和医疗费用，部分还包括紧急救援和费用垫付等增值服务
价格水平	驾驶人座位每万元约 30 元，其他座位每万元约 20 元	每万元约 10 元
适合状况	车辆经常由不同人驾驶或搭载不同人员	车辆主要由固定家庭成员使用

三、玻璃单独破碎险

本险种为附加险，不能独立投保，只有投保了机动车损失保险的机动车才可投保本附加险。本附加险不适用主险中的各项免赔规定。机动车保险产品体系见表 7-11。

表 7-11　机动车保险产品体系一览表

主险	机动车损失保险	机动车第三者责任保险	机动车车上人员责任保险	机动车全车盗抢保险
附加险	玻璃单独破碎险 自燃损失险 新增加设备损失险 车身划痕损失险 发动机涉水损失险（仅适用于家庭自用汽车、党政机关、事业团体用车、企业非营业用车） 修理期间费用补偿险 不计免赔率险 机动车损失保险无法找到第三方特约险 指定修理厂险	车上货物责任险 精神损害抚慰金责任险 不计免赔率险	精神损害抚慰金责任险 不计免赔率险	不计免赔率险

（一）保险责任

保险期间内，被保险机动车风窗玻璃或车窗玻璃的单独破碎，保险人按实际损失金额赔偿。

玻璃单独破碎是指未发生被保险机动车其他部位的损坏，仅发生被保险机动车前、后风窗玻璃和左、右车窗玻璃的损坏（图7-5）。

这个险是针对小偷敲碎玻璃偷车里的物品，或是路上小石子打碎玻璃但车辆其他部件未受损，只有玻璃损坏时赔付玻璃的险种，但是这个险是没有不计免赔的。

图7-5　玻璃单独破碎险的保险责任

（二）责任免除（图7-6）

安装、维修机动车过程中造成的玻璃单独破碎，责任免除。

车停在路上或者非事故中玻璃被砸坏是可以用玻璃单独破碎险理赔的。

天窗损坏是不能通过玻璃单独破碎险进行理赔的。

图7-6　玻璃单独破碎险

（三）投保方式

投保人与保险人可协商选择按进口或国产玻璃投保。保险人根据协商选择的投保方式承担相应的赔偿责任。

（四）保险费

玻璃单独破碎险费率表（山东省）见表 7-12，可根据车辆使用性质、车辆种类、投保国产/进口玻璃直接查询纯风险费率。保险费计算公式为

$$基准纯风险保险费 = 新车购置价 \times 纯风险费率$$

表 7-12　玻璃单独破碎险费率表（山东省）

车辆使用性质	车 辆 种 类	玻璃单独破碎险费率（%）	
		国产玻璃	进口玻璃
家庭自用汽车	6 座以下	0.1235	0.2015
	6～10 座	0.1235	0.1950
	10 座以上	0.1430	0.2340
企业非营业客车	6 座以下	0.0845	0.1560
	6～10 座	0.0845	0.1560
	10～20 座	0.0975	0.1820
	20 座以上	0.1040	0.1885
党政机关、事业团体非营业客车	6 座以下	0.0845	0.1560
	6～10 座	0.0845	0.1560
	10～20 座	0.0975	0.1820
	20 座以上	0.1040	0.1885
非营业货车	2 吨以下	0.0715	0.1040
	2～5 吨	0.0715	0.1040
	5～10 吨	0.0715	0.1040
	10 吨以上	0.0715	0.1040
	低速载货汽车	0.0715	0.1040
出租、租赁营业客车	6 座以下	0.1235	0.2015
	6～10 座	0.1235	0.2015
	10～20 座	0.1365	0.2275
	20～36 座	0.1625	0.2795
	36 座以上	0.1820	0.3120
城市公交营业客车	6～10 座	0.1235	0.2015
	10～20 座	0.1365	0.2275
	20～36 座	0.1690	0.2860
	36 座以上	0.1885	0.3185
公路客运营业客车	6～10 座	0.1235	0.2015
	10～20 座	0.1365	0.2275
	20～36 座	0.1690	0.2925
	36 座以上	0.1885	0.3185

（续）

车辆使用性质	车辆种类	玻璃单独破碎险费率（%）	
		国产玻璃	进口玻璃
营业货车	2吨以下	0.0780	0.1170
	2~5吨	0.0780	0.1170
	5~10吨	0.0780	0.1170
	10吨以上	0.0780	0.1170
	低速载货汽车	0.0780	0.1170

注：座位和吨位的分类都按照"含起点不含终点"的原则解释。

特别提醒

附加险条款与主险条款相抵触之处，以附加险条款为准，附加险条款未尽之处，以主险条款为准。

四、自燃损失险

本险种为附加险，不能独立投保，只有投保了机动车损失保险的机动车才可投保本附加险。车辆燃烧事故种类如图7-7所示。

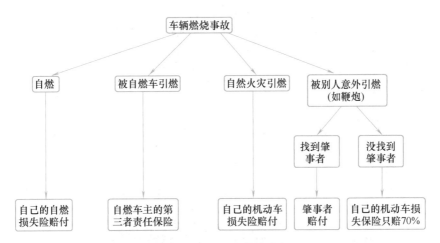

图7-7 车辆燃烧事故种类

（一）保险责任

1）指保险期间内，在没有外界火源的情况下，由于本车电器、电路、供油系统、供气系统等被保险机动车自身原因或所载货物自身原因起火燃烧造成的本车损失。

2）发生保险事故时，被保险人为防止或者减少被保险机动车的损失所支付的必要的、合理的施救费用，由保险人承担；施救费用数额在被保险机动车损失赔偿金额以外另行计算，最高不超过本附加险保险金额的数额。

（二）责任免除

1）自燃仅造成电器、电路、油路、供油系统、供气系统的损失。

2）由于擅自改装、加装电器及设备导致被保险机动车起火造成的损失。

3）被保险人在使用被保险机动车过程中，因人工直接供油、高温烘烤等违反车辆安全操作规程造成的损失。

本附加险每次赔偿实行 20% 的绝对免赔率，不适用主险中的各项免赔规定。

（三）保险金额

保险金额由投保人和保险人在投保时被保险机动车的实际价值内协商确定。

（四）保险费

自燃损失险根据车辆使用性质、车辆使用年限查找纯风险费率（表 7-13），其保费的计算公式为

$$基准纯风险保险费 = 保险金额 \times 纯风险费率$$

表 7-13　自燃损失险费率表

险　　种		保险费费率（%）			
车辆使用性质		车辆使用年限			
		2 年以内	2～4 年	4～6 年	6 年以上
自燃损失险	家庭自用汽车	0.0780	0.1300	0.1950	0.3250
	企业非营业客车	0.0780	0.1300	0.1950	0.3250
	党政机关、事业团体非营业客车	0.0780	0.1300	0.1950	0.3250
	非营业货车	0.0780	0.1300	0.1950	0.3250
	出租、租赁营业客车	0.1300	0.1950	0.2925	0.3900
	城市公交营业客车	0.1300	0.1950	0.2925	0.3900
	公路客运营业客车	0.1300	0.1950	0.2925	0.3900
	营业货车	0.1300	0.1950	0.2925	0.3900

（五）赔偿处理

全部损失，在保险金额内计算赔偿；部分损失，在保险金额内按实际修理费用计算赔偿。

五、新增设备损失险

本险种为附加险，不能独立投保，只有投保了机动车损失保险的机动车才可投保（图 7-8）。

加装的后排显示屏

如果加装了CD及电视录像设备、真皮或者电动座椅等，建议购买新增设备损失险。

图 7-8　新增设备损失险

（一）保险责任

保险期间内，投保了本附加险的被保险机动车因发生机动车损失保险责任范围内的事故，造成车上新增加设备的直接损毁，保险人在保险单载明的本附加险的保险金额内，按照实际损失计算赔偿。

（二）责任免除

本附加险每次赔偿的免赔规定以机动车损失保险条款规定为准。

（三）保险金额

保险金额根据新增加设备投保时的实际价值确定。新增加设备的实际价值是指新增加设备的购置价减去折旧金额后的金额。

（四）保险费

新增设备损失险的保险费计算公式为

基准纯风险保险费＝保险金额×机动车损失保险基础纯风险保险费／机动车损失保险保险金额

六、车身划痕损失险

本险种为附加险，不能独立投保，只有投保了机动车损失保险的机动车才可投保本附加险。其具体理赔范围如图 7-9 所示。

（一）保险责任

保险期间内，投保了本附加险的机动车在被保险人或其允许的驾驶人使用过程中，发生无明显碰撞痕迹的车身划痕损失，保险人按照保险合同约定负责赔偿。

（二）责任免除

1）被保险人及其家庭成员、驾驶人及其家庭成员的故意行为造成的损失。

2）因投保人和被保险人与他人的民事、经济纠纷导致的任何损失。

3）车身表面自然老化、损坏、腐蚀造成的任何损失。

本附加险每次赔偿实行 15% 的绝对免赔率，不适用主险中的各项免赔规定。

图 7-9　车身划痕损失险

（三）保险金额

保险金额为 2000 元、5000 元、10000 元或 20000 元，由投保人和保险人在投保时协商确定。

（四）保险费

根据车辆使用年限、新车购置价、保险金额所属档次直接查询基准纯风险保险费，费率表见表 7-14。

表 7-14　车身划痕损失险费率表

险　　别		保额/元	保费计算		
	车辆使用年限		新车购置价/元		
			30万以下	30～50万	50万以上
车身划痕损失险	2年以下	2000	260.00	380.25	552.50
		5000	370.50	585.00	715.00
		10000	494.00	760.50	975.00
		20000	741.00	1157.00	1462.50
	2年及以上	2000	396.00	585.00	715.00
		5000	552.50	877.50	975.00
		10000	845.00	1170.00	1300.00
		20000	1235.00	1690.00	1950.00

（五）赔偿处理

1）在保险金额内按实际修理费用计算赔偿。

2）在保险期间内，累计赔款金额达到保险金额，本附加险保险责任终止。

七、发动机涉水损失险

本附加险仅适用于家庭自用汽车、党政机关及事业团体用车、企业非营业用车，且只有在投保了机动车损失保险才可投保本附加险。

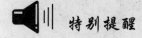 特别提醒

汽车全险不含发动机涉水损失险

不少车主认为，为爱车上了全险自然也包括发动机涉水损失险。其实，发动机涉水损失险是一个单独险种，并不在全险范围内。

发动机涉水损失险是车辆涉水行驶损失险，是专门针对因水淹导致的发动机损失进行赔偿的一个险种，是车主为发动机购买的附加险。多数保险公司销售的机动车损失保险，包括车辆涉水造成损坏的基本理赔，但不包括因涉水而造成汽车发动机进水后导致发动机故障的维修费用。车辆被水浸泡过后，发生发动机损坏或者行驶在水中时发动机熄火损坏，基本的机动车损失保险对此类"事故"不予理赔。

想购买发动机涉水损失险的车主也应注意，有些保险公司在发动机涉水损失险理赔范围中设置免责条款，即在车辆被水淹后，车主仍然强行起动发动机而造成的损害，保险公司不予以赔偿。据了解，发动机涉水损失险的保费通常在百元左右，如果车辆发动机因进水而损坏需要大修，则费用可能高达万元以上，保险公司出于自身效益考虑，所以设置了一些免责条款。专家建议，在投保涉水损失险前，需要仔细阅读相关条款。

来源：新晚报

（一）保险责任

保险期间内，投保了本附加险的被保险机动车在使用过程中，因发动机进水后导致的发动机直接损毁，保险人负责赔偿。其具体理赔范围如图7-10所示。

图 7-10 发动机涉水损失险的理赔范围

发生保险事故时，被保险人为防止或者减少被保险机动车的损失所支付的必要的、合理的施救费用，由保险人承担；施救费用数额在被保险机动车损失赔偿金额以外的另行计算，最高不超过保险金额的数额。

（二）责任免除

本附加险每次赔偿均实行 15% 的绝对免赔率，不适用主险中的各项免赔规定。

机动车损失保险和发动机涉水损失险的区别见表 7-15。

表 7-15 机动车损失保险和发动机涉水损失险的区别

险种 项目	机动车损失保险	发动机涉水损失险
包含涉水理赔	渗水或者被水泡之后，车辆除发动机故障之外的一切故障维修费用	只包含渗水、泡水后由于发动机进水导致的故障
责任免除	渗水或者被水浸泡之后，尝试起动发动机造成的发动机故障	

（三）保险费

发动机涉水损失险的保险费计算公式如下：

基准纯风险保险费 = 机动车损失保险基准纯风险保险费 × 费率

（四）赔偿处理

在发生保险事故时被保险机动车的实际价值内计算赔偿，发动机涉水损失险的赔偿处理如图 7-11 所示。

八、修理期间费用补偿险

只有在投保了机动车损失保险的基础上才可投保本附加险，机动车损失保险责任终止时，本保险责任同时终止。

（一）保险责任

保险期间内，投保了本附加险的机动车在使用过程中，发生机动车损失保险责任范围内

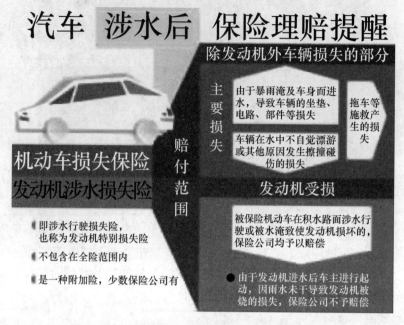

图7-11 发动机涉水损失险的赔偿处理

的事故，造成车身损毁，致使被保险机动车停驶，保险人按保险合同约定在保险金额内向被保险人补偿修理期间费用，作为代步车费用或弥补停驶损失。

（二）责任免除

下列情况下，保险人不承担修理期间费用补偿：

1）因机动车损失保险责任范围以外的事故而导致被保险机动车的损毁或修理。

2）不在保险人指定的修理厂修理时，因车辆修理质量不符合要求而造成的返修。

3）被保险人或驾驶人拖延车辆送修期间。

4）本保险每次事故的绝对免赔额为1天的赔偿金额，不适用主险中的各项免赔规定。

（三）保险金额

本附加险保险金额＝补偿天数×日补偿金额

补偿天数及日补偿金额由投保人与保险人协商确定并在保险合同中载明，保险期间内约定的补偿天数最高不超过90天。

（四）保险费

修理期间费用补偿险的保险费计算公式如下：

基准纯风险保险费＝约定的最高赔偿天数×约定的最高日责任限额×纯风险费率

（五）赔偿处理

全车损失，按保险单载明的保险金额计算赔偿；部分损失，在保险金额内按约定的日赔偿金额乘以从送修之日起至修复之日止的实际天数计算赔偿，实际天数超过双方约定修理天数的，以双方约定的修理天数为准。

保险期间内，累计赔款金额达到保险单载明的保险金额，本附加险保险责任终止。

九、车上货物责任险

本险种为附加险，不能独立投保，只有投保了机动车第三者责任保险的机动车才可投保本附加险。

（一）保险责任

保险期间内，发生意外事故致使被保险机动车所载货物遭受直接损毁，依法应由被保险人承担的损害赔偿责任，保险人负责赔偿。

（二）责任免除

1）偷盗、哄抢、自然损耗、本身缺陷、短少、死亡、腐烂、变质、串味、生锈、动物走失、飞失、货物自身起火燃烧或爆炸造成的货物损失。

2）违法、违章载运造成的损失。

3）因包装、紧固不善，装载、遮盖不当导致的任何损失。

4）车上人员携带的私人物品的损失。

5）保险事故导致的货物减值、运输延迟、营业损失及其他各种间接损失。

6）法律、行政法规禁止运输的货物的损失。

本附加险每次赔偿实行20%的绝对免赔率，不适用主险中的各项免赔规定。

（三）责任限额

责任限额由投保人和保险人在投保时协商确定。

（四）保险费

车上货物责任险根据营业货车、非营业货车查询纯风险费率。保险费计算公式如下：

$$基准纯风险保险费 = 责任限额 \times 纯风险费率$$

（五）赔偿处理

被保险人索赔时，应提供运单、起运地货物价格证明等相关单据。保险人在责任限额内按起运地价格计算赔偿。

十、精神损害抚慰金责任险

本险种为附加险，不能独立投保，只有在投保了机动车第三者责任保险或机动车车上人员责任保险的基础上才可投保本附加险。

在投保人仅投保机动车第三者责任保险的基础上附加本附加险时，保险人只负责赔偿第三者的精神损害抚慰金；在投保人仅投保机动车车上人员责任保险的基础上附加本附加险时，保险人只负责赔偿车上人员的精神损害抚慰金。

（一）保险责任

保险期间内，被保险人或其允许的驾驶人在使用被保险机动车的过程中，发生投保的主险约定的保险责任内的事故，造成第三者或车上人员的人身伤亡，受害人据此提出精神损害赔偿请求，保险人依据法院判决及保险合同约定，对应由被保险人或被保险机动车驾驶人支付的精神损害抚慰金，在扣除交强险应当支付的赔款后，在本保险责任限额内负责赔偿。

（二）责任免除

1）根据被保险人与他人的合同协议，应由他人承担的精神损害抚慰金。

2）未发生交通事故，仅因第三者或本车人员的惊恐而引起的损害。

3）怀孕妇女的流产发生在交通事故发生之日起30天以外的。

本附加险每次赔偿实行 20% 的绝对免赔率，不适用主险中的各项免赔规定。

（三）责任限额

本保险每次事故责任限额由保险人和投保人在投保时协商确定。

（四）保险费

精神损害抚慰金责任险的保险费计算公式如下：

$$基准纯风险保险费 = 每次事故责任限额 \times 纯风险费率$$

（五）赔偿处理

本附加险赔偿金额依据人民法院的判决在保险单所载明的责任限额内计算赔偿。

十一、不计免赔率险

投保了任一主险及其他设置了免赔率的附加险后，均可投保本附加险（图 7-12）。

图 7-12　不计免赔率险

（一）保险责任

经特别约定，保险事故发生后，按照对应投保的险种规定的免赔率计算的、应当由被保险人自行承担的免赔金额部分，保险人负责赔偿。

（二）责任免除

下列情况下，应当由被保险人自行承担的免赔金额，保险人不负责赔偿：

1）机动车损失保险中应当由第三方负责赔偿而无法找到第三方的。

2）因违反安全装载规定而增加的。

3）发生机动车全车盗抢保险规定的全车损失保险事故时，被保险人未能提供《机动车登记证书》、机动车来历凭证的，每缺少 1 项而增加的。

4）机动车损失保险中约定的每次事故绝对免赔额。

5）可附加本条款但未选择附加本条款的险种约定的。

6）不可附加本条款的险种约定的。

（三）保险费

不计免赔率险根据适用的险种查找费率。保险费计算公式如下：

$$基准纯风险保险费 = 适用本条款的险种基准纯风险保险费 \times 费率$$

不计免赔率险费率表见表 7-16，不计免赔率险费率表适用险种一栏中未列明的险种，不可投保不计免赔率险。

表 7-16 不计免赔率险费率表

	适用险种	费率（%）
不计免赔率险	机动车损失保险	15
	机动车第三者责任保险	15
	机动车车上人员责任保险	15
	机动车全车盗抢保险	20
	自燃损失险	20
	新增加设备损失险	15
	车身划痕损失险	15
	发动机涉水损失险	15
	车上货物责任险	20
	精神损害抚慰金责任险	20

十二、机动车损失保险无法找到第三方特约险

投保了机动车损失保险后，可投保本附加险。

（一）保险责任

投保了本附加险后，对于机动车损失保险所列明的被保险机动车损失应当由第三方负责赔偿，但因无法找到第三方而增加的由被保险人自行承担的免赔金额，保险人负责赔偿。

（二）保险费

保险费计算公式为

$$基准纯风险保险费 = 机动车损失保险基准纯风险保险费 × 费率$$

 **特别提醒**

无法找到第三方的车辆损失

2011 年 3 月，翁先生驾车在外行驶时，车辆被一伙身份不明的人员砸坏。出险后，翁先生向当地派出所报警，并于 4 月向保险公司提供了派出所案件未侦破证明材料，要求保险公司赔偿他的车辆损失 1.52 万元。对此，保险公司表示，根据保险合同关于保险责任的约定，在车辆受到碰撞、倾覆、坠落等情形时将予以赔付，不过翁先生的车辆是被砸，并不在约定赔偿范围之内，因此拒绝赔偿。翁先生无奈之下，一纸诉状将保险公司告上法庭。

法院审理后认为，保险条款中规定，"碰撞""外界物体坠落"造成机动车损失属于保险范围。"碰撞"的解释，是指被保险机动车与外界物体直接接触并发生意外撞击，产生撞击痕迹的现象。翁先生的车辆损失系"被砸"造成，砸车的物体属于外界物体，砸车的过程属于外界物体与车辆发生碰撞的过程。而且，翁先生的车辆被砸对于他个人来说是意外。

按照这个认定，法院最后判定：翁先生的车辆被砸属于机动车损失保险的保险范围，保险公司理应赔偿翁先生的损失。但根据保险条款的规定，车辆损失应当由第三方负责赔偿，无法找到第三方的，保险公司有权扣除 30% 的免赔率，向车主赔偿 70% 的损失。由于翁先生的车被砸最终并没有找到砸车的相关责任人，保险公司只承担七成的责任。

来源：法制日报案苑

十三、指定修理厂险

投保了机动车损失保险的机动车，可投保本附加险。

（一）保险责任

投保人在投保时选择本附加险，并增加支付本附加险的保险费的，机动车损失保险事故发生后，被保险人可指定修理厂进行修理。

由于定损和维修直接决定机动车损失保险理赔额的高低，这一环节往往也成为保险双方利益冲突的焦点。一般汽车 4S 店的维修价格要比普通修理厂高出很多，因此很多保险公司考虑到成本问题往往希望客户去普通修理厂修车，而客户为了放心则希望去 4S 店修理。这样的矛盾，在机动车损失保险理赔过程中，保险公司与投保人之间时有发生。为了解决这个问题，保险公司使用指定修理厂险及费率，化解了那些愿意自己多出保险费到 4S 店维修的高档机动车车主和保险公司之间的矛盾。客户一旦附加投保指定修理厂险，可在车辆出险后自主选择有资质的汽车维修企业进行修理，不用先行垫付维修费用，修理费用由保险公司承担；而未投保的则没有自主选择权，需要和保险公司协商确定修理方式和费用，若一定要自主选择维修企业，那么超出估价范围的部分需要自行承担。投保该附加险，相应的机动车损失保险保险费会有所上浮。

（二）保险费

指定修理厂险根据国产/进口车，对机动车损失保险基准纯风险保险费进行相应的调整。保险费计算公式为

$$基准纯风险保险费 = 机动车损失保险基准纯风险保费 × 费率$$

国产机动车的费率一般为 10% ~ 30%，进口机动车的费率一般为 15% ~ 60%。

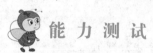

能 力 测 试

一、单选题

1. 汽车损失保险的保险费计算公式为（　　　）。

A. 保险金额×费率　　　　　　　　　B. 基准保险费 + 保险金额×费率

C. 基准保费×费率调整系数　　　　　D. 基准保险费 + 新车购置价×费率

2. 实际价值是指新车购置价减去折旧金额后的价格。按照条款规定，最高折旧金额不得超过投保时被保险机动车新车购置价的（　　　）。

A. 80%　　　　　B. 90%　　　　　C. 70%　　　　　D. 60%

3. 以下属于机动车第三者责任保险中的第三者的是（　　　）。

A. 正在上下车的本车乘客　　　　　B. 被保险人

C. 被保险机动车上的乘客　　　　　D. 对方车上的乘客

4. 投保了机动车全车盗抢险的被保险机动车，在停放中被窃，经出险当地县级以上公安刑侦部门立案证明，满（　　　）天未查明下落的，保险人负责赔偿。

A. 30　　　　　B. 45　　　　　C. 90　　　　　D. 60

5. 新增设备损失险的保险金额根据新增加设备（　　　）确定。

A. 投保时的购置价　　　　　　　　B. 投保时的约定价值

C. 投保时的实际价值　　　　　　　D. 出险时的实际价值

二、多选题

1. 被保险机动车出险后，关于施救费表述正确的有（　　）。

A. 机动车损失保险和机动车第三者责任保险的施救费都有一个单独的赔偿限额

B. 被保险机动车为进口车或特种车，保险人同意的移送费用属于修理费

C. 因抢救被保险机动车而损坏他人的财产，如果应由被保险人赔偿的，可在施救费项目中计赔

D. 施救过程中，抢救人员个人物品的丢失，可以赔偿

2. 投保不计免赔率险的，下列（　　）情况下，应由被保险人自行承担的免赔金额，保险人不负责赔偿。

A. 因违反安全装载规定而增加的

B. 保险期内多次事故而增加的

C. 投保时约定行驶区域，事故发生在约定行驶区域以外的

D. 机动车全车盗抢保险条款约定的免赔率

3. 下列属于 2014 版《机动车辆商业保险示范条款》中独立主险的是（　　）。

A. 机动车全车盗抢保险　　　　　　　B. 机动车损失保险

C. 机动车第三者责任保险　　　　　　D. 机动车车上人员责任保险

4. 投保了机动车损失保险的机动车才可投保的附加险包括（　　）。

A. 玻璃单独破碎险　　　　　　　　　B. 车身划痕损失险

C. 发动机涉水损失险　　　　　　　　D. 车上货物责任险

5. 下列属于机动车全车盗抢保险责任的是（　　）。

A. 被保险机动车被盗窃、抢劫、抢夺，经出险当地县级以上公安刑侦部门立案证明，满 60 天未查明下落的全车损失

B. 被保险机动车全车被盗窃、抢劫、抢夺后受到损坏，或车上零部件、附属设备丢失需要修复的合理费用

C. 被保险机动车在被抢劫、抢夺过程中，受到损坏需要修复的合理费用

D. 新增设备的损失

三、综合案例题

甲车向 A 保险公司投保交强险和机动车损失保险，其中机动车损失保险按实际价值确定保险金额为 50 万元；乙车向 B 保险公司投保交强险和机动车第三者责任保险，其中机动车第三者责任保险的赔偿限额为 20 万元。后两车发生碰撞，甲车车辆全损，出险时实际价值为 40 万元，一名乘客死亡，人身伤亡补偿费合计 20 万元；乙车发生部分损失，实际修理费共计 30 万元，驾驶人受伤，医疗费合计 5 万元，车上货物损失 15 万元。经交通管理部门裁定，甲、乙两车各负 50% 的同等责任，已知 A、B 两公司的保险条款均规定负主要责任、同等责任和次要责任的绝对免赔率分别为 15%、10% 和 5%。

注：我国交强险责任限额为 12.2 万元，其中死亡伤残赔偿限额为 11 万元、医疗费用赔偿限额为 1 万元、财产损失赔偿限额为 2000 元，无责任的赔偿限额分别为 1.1 万元、1000 元和 100 元。请问：

1）A 保险公司应赔偿多少保险金？

2）B 保险公司应赔偿多少保险金？

模块四

汽车保险实务

学习任务八　汽车保险合同的签订

知识目标：

1. 了解汽车保险合同的概念、性质和法律特征。
2. 正确描述汽车保险合同的主要内容。
3. 简单叙述购买汽车保险的程序。
4. 正确描述保险买卖双方的权利和义务。
5. 掌握汽车保险合同的订立与效力变更。
6. 了解汽车保险合同的争议处理方法。

能力目标：

1. 会正确解释汽车保险合同的条款。
2. 学会正确填制投保单和保险单。
3. 会正确设计一份保险合同。

✱✱✱　单元一　汽车保险合同概述　✱✱✱

一、汽车保险合同的概念和性质

【法理链接】

《保险法》第十条规定："保险合同是投保人与保险人约定保险权利和义务关系的协议。投保人是指与保险人订立保险合同，并按照保险合同负有支付保险费义务的人。保险人是指投保人订立保险合同，并按照合同约定承担赔偿或给付保险金责任的保险公司。汽车保险合同是投保人与保险人约定保险权利和义务关系的协议。

　　汽车保险合同是财产保险合同的一种，财产保险合同是指保险双方当事人为了实现保险经济保障的目的，明确双方权利与义务，确立、变更和终止这种权利与义务关系的协议。汽车保险合同**是指以汽车及其有关利益作为保险标的的保险合同**。由于汽车保险业务在财产保险公司的所有业务中占据绝对地位，因而汽车保险合同是财产保险公司经营过程中的重要合同。

在财产保险中，可以分为狭义财产保险和广义财产保险。狭义财产保险是指财产损失保险，即以财产物质以及相关的利益损失为标的的保险；广义财产保险除了狭义财产保险外，还包括责任保险、信用保险等人身保险以外的一切保险业务。

由于现行的汽车保险合同涉及的标的不仅仅局限于狭义财产保险范畴，如基本险条款中机动车损失保险部分的标的涉及狭义财产保险的范畴，而机动车第三者责任保险部分的保险标的则涉及责任保险的范畴，所以汽车保险合同属于综合性财产保险合同。

二、汽车保险合同的法律特征

1. 汽车保险合同是有名合同

法律尚未确定名称和规范的合同是无名合同，法律直接赋予某种合同以名称并规定了调整规范的合同是有名合同。保险合同是有名合同，汽车保险也不例外。例如：根据我国的《机动车保险条例》，我国的**汽车保险被赋予"机动车保险"的名称**，它是保险合同中的一种重要合同。

2. 汽车保险合同是射幸合同

射幸合同是一种机会性的合同，射幸就是碰运气、赶机会的意思。所谓射幸性特点是指，保险合同履行的结果建立在事件可能发生，也可能不发生的基础之上。在合同有效期内，假如保险标的发生损失，则被保险人从保险人那里得到的赔偿金额可能远远超出其所支出的保险费；反之，如果无损失发生，则被保险人付出了保险费而没有得到任何货币补偿。保险人的情况则正好与此相反。当保险事故发生时，它所赔付的金额可能大于它所收缴的保费；而如果保险事故没有发生，则它只有收取保险费的权利，而无赔付的责任。

汽车保险合同的射幸性表现为投保人以支付保险费为代价，买到了一个将来的可能补偿的机会。如果在保险期内被保险机动车发生保险责任事故造成了损失，被保险人在保险人处得到的赔偿就可能远远超过投保人所支付的保险费；如果在保险期内没有保险事故发生，则被保险人支付保险费而没有任何收入。对于保险人来说，情况正好相反，当发生较大的保险事故时，其所赔付的保险金可能远远大于所收取的保险费；如果没有保险事故发生，则其有收取保险费的权利而没有赔付的义务。

汽车保险合同的射幸性特征，即机会性特征，是由汽车保险责任事故发生的偶然性决定的。这种射幸性仅局限于单个汽车保险合同。对于保险人全部承保的汽车保险合同而言，保险人所收到的保险费的总额，原则上应当等于所付的赔偿债务和运营支出之和。因此，对于保险人的整个汽车保险业务而言是不存在机会性和偶然性的。

3. 汽车保险合同是保障合同

经济合同一般分为交换性合同和保障性合同两类。交换性合同是指合同一方给予对方的报偿都假定有相等或相近的价值，如买卖合同和租赁合同等。汽车保险合同是保障性合同，在合同的有效期内，当保险标的发生保险事故而造成损失时，被保险人所得到的赔付金额远远超过其所付的保险费；而当无损失发生时，被保险人付出保险费而没有任何收入。

从保险汽车的个体上来看，发生保险事故具有偶然性，因此保险合同的保障性是相对的；而从保险人所承保的所有保险汽车而言，汽车保险事故发生和支付被保险人的赔款是不可避免的，保险合同的保障性是绝对的。因此，汽车保险合同的保障性是保险人和被保险人签订保险合同的基本特性。

4. 汽车保险合同是诚信合同

汽车保险遵守最大诚信原则，这就决定了汽车保险合同具有诚信性。最大诚信原则是约束当事人双方的，但实际上更多地用于约束被保险人，因为保险标的处于被保险人使用和监管之下，保险人无法控制事故风险。如果被保险人申报不实且有明显的欺骗行为，则保险人可以依据保险合同的诚信性解除合同。

5. 汽车保险合同是双务合同

任何合同对双方当事人都是法律行为，都有义务履行合同，所以是双务合同，当事人双方的义务与享有的权利是互为联系、互为因果的，缴纳保险费是保险合同生效的先决条件。投保人在承担支付保险费的义务以后，汽车保险合同生效，被保险人在保险汽车发生保险事故时，依据保险合同享有请求保险人支付保险金或补偿损失的权利。同样，保险人在收取投保人保险费以后，就必须履行保险合同所规定的赔偿损失的义务。因此，保险人和投保人或被保险人的权利与义务互为因果，汽车保险合同是双务合同。

6. 汽车保险合同是有偿合同

订立保险合同是双方当事人有偿的法律行为，因而保险合同是有偿合同。保险合同的一方享有合同的权利，必须为对方付出一定的代价，这种相互的报偿关系称为对价。汽车保险合同以投保人支付保险费作为对价换取保险人来承担风险。投保人的对价是支付保险费，保险人的对价是承担保险事故风险，并在保险事故发生时承担给付保险金或赔偿损失的义务，这种对价是相互的和有偿的。

7. 汽车保险合同是非要式合同

要式合同是指法律要求必须具备一定形式和手续的合同，非要式合同是指法律不要求必须具备一定形式和手续的合同，两者的区别在于是否以一定的形式作为合同成立和生效的条件。对于要式合同，当形式要件属于成立要件时，如果当事人未根据法律的规定采用一定的形式，那么合同就不能成立；当形式要件属于生效要件时，如果当事人不依法采取一定的形式，那么已成立的合同就不能生效。非要式合同可由当事人自由决定合同形式，但是无论采用何种形式都不影响合同的成立和生效。

在保险活动中，各国保险立法和惯例均要求将汽车保险合同制成保险单证，采用证据要件的书面形式，这是由它的射幸性和保障性决定的。此外，汽车保险合同的单证还有特殊的用途，例如：在很多国家和地区，汽车没有保险就不能上路或无法年检；当发生保险事故时，汽车保险合同是投保人与保险人约定保险权利和义务关系的协议。近年来，随着我国汽车保险业务的逐渐扩大，汽车保险合同纠纷的案例越来越多，其焦点多集中在保险人与投保人或被保险人的责任及责任大小、保险合同是否成立与生效以及保险人是否应承担责任和承担多少责任等问题。掌握汽车保险合同的特征和订立与履行过程中涉及的原则问题，对解决围绕汽车保险合同的纠纷具有十分重要的意义。

保险单证可以确保受害人得到及时的救治，有保险单证还可以预防保险诈骗。因此，作为非要式合同，虽然汽车保险合同不以书面形式作为成立的条件，但采用证据要件的书面形式有利于保障交易的稳定与安全。

8. 汽车保险合同是附和合同（格式合同）

附和合同不是通过双方当事人充分商议而订立的，是由合同一方当事人事先拟制好标准合同条款，以供另一方当事人考虑接受还是拒绝的合同。附和合同往往由制订合同的一方当事人事先印制成固定格式。汽车保险合同是典型的附和合同。

2002 年以前，我国的机动车保险合同条款由保监会统一制订；2003 年后，由各家保险公司自行制订。投保人对这些条款只能表示接受与否，当投保人有特殊的要求时，也只能在保险人提供的附加条款中选择。

由于机动车辆保险需求的特点之一是面广量大，投保人对机动车保险的需求基本相同，因此保险人完全可以在充分调查和研究的基础上了解投保人的需要，以此为依据制订格式合同。汽车保险合同是附和合同的特点，决定了保险人与投保人之间签订的汽车保险合同很难体现双方当事人意思表示一致的结果。因此，各国在法律实践中，当双方当事人对汽车保险合同出现争议与分歧时，为保护投保人的利益，法院和仲裁机关通常会做出有利于被保险人的解释。

9. 汽车保险合同是对人的合同

在汽车保险中，保险车辆的过户、转让或者出售，必须事先通知保险人，经保险人同意并将保险单或保证凭证批改后方可生效，否则从保险车辆过户、转让或者出售时起，保险责任即行终止。保险车辆的过户、转让和出售行为是其所有权的转移，必然带来被保险人的变更，而过户、转让或者出售汽车的原被保险人在其投保前已经履行了告知义务，承担了支付保险费等义务，保险人对其资信情况也有一定了解，如果被保险人的汽车发生所有权转移，势必导致保险人对新的车辆所有者的资信情况一无所知。众所周知，在汽车保险中，保险事故的发生除了客观自然因素外，还与投保人、被保险人的责任心及道德品质有关，倘若汽车新的所有者妄想以保险图取索赔，那么汽车保险事故就成为一种必然危险。因此，保险车辆的所有权转移行为必须通知保险人，否则保险人有据此解除保险合同关系的权利。

三、汽车保险合同的特征

汽车保险合同除了具有一般合同的上述特征之外，还有其自身的特征。

1. 汽车保险合同的可保利益较大

对于汽车保险，不仅被保险人使用保险汽车时拥有保险利益，对于被保险人允许的驾驶人使用保险汽车，也应有保险利益。

2. 汽车保险合同是包含财产保险和责任保险的综合保险合同

汽车保险标的可以是汽车本身，还可以是当保险汽车发生保险事故后被保险人依法应承担的民事赔偿责任，除了涉及投保人和被保险人之外，还有第三者受害人。

3. 汽车保险合同属于不定值保险合同

由于汽车保险合同是给付性的保险合同，其保险金额的确定具有不定值的特点。在我国现行的汽车保险条款中，明确规定了汽车保险合同是不定值保险合同。

不定值保险合同是保险当事人在订立保险合同时，对保险标的不约定保险价值的合同。合同中只列明保险金额，作为赔偿的最高限额。保险事故发生时，需要核定保险标的当时的实际价值，作为保险价值。

在不定值保险中，保险金额与保险价值确定的时间不一致，客观上可能造成保险金额与保险价值的不一致。发生保险事故时，分析保险金额与保险价值的差异对赔付十分重要。足额保险应该足额赔偿；不足额保险应该以保险金额为限度进行赔偿；如果是超额保险，那么就只能以保险价值作为赔偿上限。

机动车损失保险之所以确定为不定值保险，其依据是"损失补偿原则"。机动车在使用过程中的折旧，以及机动车价格的波动，使机动车的价值无法在投保时完全确定。对于价格下跌中的受损机动车按照投保时的价值赔偿，被保险人实际获得的赔偿就会超过该车辆的实际价值，显然这是违背损失补偿原则的。

4. 汽车保险合同确保保险人具有对第三者责任的追偿权

当保险汽车发生保险责任事故时，尽管保险汽车的损失是由第三者责任引起的，被保险人还是可以从保险人处取得赔款，但应该将向第三者的追偿权让与保险人，以防被保险人获得双重的经济补偿。对于人身保险，当因第三者原因导致保险责任事故时，被保险人在获得保险人的赔偿以后，还可以向第三者请求赔偿。基于人的生命的无价性，被保险人允许获得双重的经济补偿，保险人不存在代位追偿的问题。

✲✲✲　单元二　汽车保险合同的内容及形式　✲✲✲

一、汽车保险合同的内容

基本条款包括以下内容：

【法理链接】

《保险法》第十八条规定："保险合同应当包括下列事项：①保险人名称和住所；②投保人、被保险人姓名和住所，以及人身保险的受益人的名称和住所；③保险标的；④保险责任和责任免除；⑤保险期间和保险责任开始时间；⑥保险金额；⑦保险费以及支付办法；⑧保险金赔偿或者给付办法；⑨违约责任和争议处理；⑩订立合同的年、月、日。"因此，有关这些内容的条款属于法定条款。

汽车保险合同的内容主要用来规定保险当事双方所享有的权利和承担的义务，它通过保险条款的形式使权利和义务具体化，包括基本条款和特约条款。

1. 当事人的姓名和住所

它包括当事人（保险人和投保人）、关系人（被保险人）的名称和住址。当事人是保险合同权利和义务的直接享有者和承担者，他们的行为使保险合同得以生效，所以保险合同应该首先载明当事人（保险人和投保人）的姓名和住所，被保险人是保险合同保障的对象，无论与投保人是否为同一人，都应该在合同中载明其姓名和住所。投保人如果是单位，则载明单位全称（与公章名称一致）；如果是个人，则载明姓名。

2. 保险标的

保险标的是作为保险对象的财产及其有关的利益，是保险利益的载体。汽车保险合同承保的标的一般包括汽车、电车、电动车、各种专用机械车、特种车等。

3. 保险责任

保险责任就是保险人所承担的具体风险项目，也就是保险人承担经济赔偿责任的风险事故范围。机动车保险合同中的保险责任采用列明方式，具体列明保险人承担哪些保险（责任）事故引起的损失赔偿（或责任赔偿），以及施救、救助、诉讼等费用负担的规定。

4. 责任免除

责任免除也称为除外责任，是指根据法律给定或合同约定，保险人对某些风险造成的损失补偿不承担赔偿保险金的责任。责任免除条款适当限制了保险人承担的保险责任范围，意味着被保险人也要对某些风险自行承担责任。在保险合同中明确列出责任免除条款，对保险人和被保险人都十分重要。保险人在与投保人订立保险合同时，应当以十分明确的语言向投保人指明和解释责任免除条款，不得隐瞒或含糊其词。

【法理链接】

《保险法》第十七条明确规定："对保险合同中免除保险人责任的条款，保险人在订立合同时应当在投保单、保险单或者其他保险凭证上作出足以引起投保人注意的提示，并对该条款的内容以书面或者口头形式向投保人作出明确说明；未作提示或者明确说明的，该条款不产生效力。"

机动车保险合同中的责任免除一般包括特殊风险、道德风险和保险车辆内在缺陷等。

5. 保险期间和保险责任开始的时间

保险合同的保险责任开始时间和终止时间是保险合同的起讫期限，保险责任开始到保险责任终止期间称为保险期间。保险人对保险期间发生的保险事故承担责任。

保险责任开始时间也称为保险合同生效时间，即保险人开始负责对被保险人发生的保险事故引起的损失赔偿的时间。例如：2013 年 3 月 18 日签订的保险合同，生效时间定于 2013 年 3 月 19 日 0 时 0 分，保险人从这个时间开始承担保险责任，在保险责任终止前发生的保险事故引起的损失，保险公司负责赔偿；如果没有发生保险事故，则保险公司不必赔偿，但承担了保险责任。

机动车保险的保险期间一般是 1 年，如 2013 年 3 月 19 日 0 时 0 分生效的保险合同，终止时间一般为 2014 年 3 月 18 日 24 时整。如果另有约定，则保险期间也可以长于 1 年或短于 1 年。

6. 保险金额

保险金额是保险合同中确定保险保障的货币额度，是计算保险费的依据，也是保险人履行赔偿责任的最高限额。

一般的财产保险中，保险金额由投保人与保险人协商，以保险价值为基础确定。因为机动车损失保险是不定值保险，所以机动车损失保险金额可以由投保人和保险人协商确定，但不能超过机动车的实际价值。由于机动车第三者责任保险中可能涉及人身伤害事故赔偿的处理，而人的生命价值无法用货币度量，因此只能由投保人与保险人在订立机动车第三者责任保险时协商确定保险金额，作为发生保险事故时保险人赔偿（第三者人身伤亡和财产毁损）的限额。

7. 保险费以及支付办法

保险费是投保人为了请求保险人对于投保标的及其利益承担风险而支付的与所需要保障的保险责任相适应的价金。支付保险费是保险合同生效的一个基本条件。

保险人向投保人收取保险费，建立起保险基金，使保险人能够承担起保险责任，即对被保险人发生保险事故的损失进行赔偿。因此，保险人必须用科学的方法计算保险费，使保险费的多少与保险人承担的责任匹配。投保人向保险人支付保险费，是投保人与保险人订立保险合同应尽的首要义务，在保险合同中要明确规定保险费的数目，并明确投保人支付保险费的方式，是一次付清还是分期支付，是现金支付还是用其他手段支付。

8. 损失赔偿

汽车保险合同的被保险人在保险标的由于列明的保险责任而导致损失时，必须具备索赔资格才可向保险人提出索赔请求。具体要求：①保险单、证有效且完整；②保险金请求权有效且合法；③保险标的的原始资料与损失发生过程的记录资料齐全。

保险人在受理被保险人的索赔请求后，先应审查被保险人的索赔资格，后根据保险合同规定的条件和保险公司受理索赔案件的内部工作程序进行业务处理。

赔偿的处理方式有以下 3 种：

1）货币方式。通过转账或支付现金的方式赔偿被保险人的经济损失。

2）修复方式。通过对损失的保险标的进行修复的方式来赔偿被保险人的损失，汽车保险常采用此种方式。

3）置换方式。通过更换受损标的的方式赔偿被保险人的损失。在实际工作中，保险人的赔偿处理方式通常在保险合同中列明，或由保险人决定赔偿处理方式。

9. 违约责任和争议处理

违约责任是指合同当事人违反合同义务时应当承担的民事责任。我国《合同法》第一百零七条规定："当事人一方不履行合同义务或者履行合同义务不符合约定的，应当承担继续履行、采取补救措施或者赔偿损失等违约责任。"因而，当事人一方违约，另一方没有违约的当事人有权要求违约方继续履行合同义务，或者要求采取其他补救措施，或者要求损失赔偿。损失赔偿过程中的争议处理是指保险人和被保险人就保险标的的赔偿处理产生争议时采取的处理方式，主要有协商处理、仲裁处理和诉讼处理 3 种。

一般情况下，双方当事人发生争议或纠纷时应先采取协商的办法，在互谅的基础上寻找共同可以接受的条件，以达成和解协议，消除争议。在协商不成的情况下，可以请第三方出面调解，请仲裁机构仲裁，直到法院诉讼。

特约条款是投保人和保险人在基本条款规定的保险合同事项外，就与保险有关的其他事项做出的约定。附加特约条款一般有两种情况：一是扩大或限制保险责任，二是约束投保人或保险人的行为。

10. 订立合同的年、月、日

订立合同的年、月、日是指保险合同双方就主要条款达成一致协议，标志保险人认可投保人对保险标的具有保险利益，了解被保险人的风险状况，确认其符合保险条件，投保人接受保险人提出的保险条件，从而使保险合同成立的具体时间。保险合同成立的日期并不等于合同生效的日期，保险合同生效还要以某些附加条件的满足为依据。

二、汽车保险合同的形式

汽车保险合同是一种非要式合同，只要保险人和投保人就保险条款达成一致，合同就生效，保险人就应该按照约定承担保险责任，而不以保险人是否签发了保险单或其他保险凭证作为合同生效的前提。由于汽车保险时间较长，双方的权利和义务复杂，为了避免产生争议，汽车保险合同一般采用书面文件形式，这些书面文件可以统称为"凭证"。汽车保险合同的凭证除了保险单外，还包括正式订立合同前的辅助性文件，如投保单、暂保单和批单等。

1. 投保单

投保单也称为要保书，是投保人要求获得商业保险保障的申请书，也是保险人审查并决定是否接受投保申请的书面文件。投保单通常由保险人缮制，经投保人如实填写后交给保险人，是投保人表示愿意同保险人订立保险合同的书面要约。其中的保险费条款最关键，如果投保人填写的投保单上没有保险费和保险费率记载，就不是一个完整的要约。投保单经过保险人的核保后，就成为保险合同的组成部分。

投保单基本内容及填写的基本要求如下。

（1）投保人　投保人是指投保单位或个人的称谓。单位填写全称（与公章名称一致），个人填写本人姓名。

投保人称谓应与车辆行驶证相符。使用人或所有人的称谓与行驶证上的称谓不相符，或车辆是合伙购买与经营时，应在投保单特别约定栏内注明，以便登录在保险单上。

（2）厂牌型号

（3）车辆类型　根据车辆管理部门核发的行驶证上注明的种类填写。如果投保单上未设立此栏目，则应在投保单厂牌型号栏内加注。

（4）号牌号码　填写车辆管理部门核发的号牌号码，并要注明号牌底色。

（5）发动机号码及车架号码

（6）吨位或座位　根据车辆管理部门核发车辆行驶证注明的吨位或座位填写。货车填写吨位，如"5/"表明吨位为5t。客车填写座位，如"/20"表明座位为20座。客货两用车填写吨位/座位，如"1.75/5"表明吨位为1.75t和座位为5座。

（7）行驶证初次登记年月　按车辆管理部门核发的车辆行驶证上"登记日期"中的年月填写。初次登记年月是理赔时确定保险车辆实际价值的重要依据。

（8）保险价值（新车购置价）　由于机动车损失保险是不定值保险，因此在投保单中填写的保险价值不是严格意义上的保险价值。在实务操作中，按保险合同签订时，在合同签订地购置与保险车辆同类型的新车价格与车辆购置附加税之和填写。

免税车、易货贸易、赠送车辆的保险价值对照合同签订地同类车型新车价格与午辆购置税之和计算。但必须与投保人约定车辆实际价值，实际价值按该车购买时的发票价格为计算基础，并在特别约定栏内约定。

（9）机动车损失保险保险金额的确定方式　填写"按照保险价值确定"或"按照实际价值确定"，或按保险人与投保人商定的方式确定，但不应超过投保时的保险价值。

（10）第三者责任保险的赔偿限额

（11）附加险的保险金额或赔偿限额

（12）车辆总数　投保人投保的车辆较多时，除写明车辆总数外，还应该加填"机动车投保单附表"，在附表上逐辆填写所有投保车辆的有关内容，并在投保单特约栏处填写"其他投保车辆详见附表"字样。

（13）保险期限

（14）地址、邮政编码、电话、联系人、开户银行、银行账号　此栏应注明保险合同的未尽事宜，由保险人和投保人协商后填写。特别约定内容不得与法律法规相抵触。

（15）投保人签章

2. 保险单

保险单是保险人与投保人之间订立保险合同的正式法律文件，也是正式的保险合同文书。保险单上列明了全部的保险条件和与该项保险业务有关的全部内容。保险单由保险公司出具，主要载明保险人与被保险人之间的权利和义务关系。它是被保险人向保险人进行索赔的凭证。

保险单内容：

1）保险项目。保险项目包括保险合同当事人及关系人（如被保险人、受益人）的姓名或名称，保险标的的种类，保险金额、保险期限、保险费的确定和支付方式，以及有关其他承保事项的声明等。

2）保险责任。

3）责任免除。

4）附注条件。附注条件是指保险合同双方当事人履行享有的权利和应尽的义务的规定，如保险人的义务、被保险人的义务和保险单的变更、转让、终止，以及索赔期限、索赔手续、争议处理等。

汽车保险单一式三联，分正本和副本。正本一张，是白色的。副本两张，一张粉红色，一张浅蓝色。有的保险公司只发给保户一张"机动车保险凭证"，它包含的项目有保险证号、被保险人、车辆厂牌型号、牌照号码等以及续保记录、赔款记录、变更记录、备注等，效力等同于保险单。

3. 暂保单

暂保单也称为临时保险条款，是保险人在签发正式保险单之前为了满足投保人的保险需要而临时出具的保险证明文件。暂保单只注明基本的保险条件，其有效期限相对较短，通常以30天为限。投保人所支付的保险费并不一定必须按照暂保单的有效期限来确定，仍可以按照投保单所注明的保险期限计算保险费。保险人对暂保单上注明的保险标的在规定的暂保单有效期内承担保险责任。

一般在下列情况下使用暂保单：

1）当保险人的分支机构受经营权限和经营程序的限制，需要上级公司的批准才能签发保险单时，一般在接受投保人的要保申请后，签发暂保单。

2）当保险代理人或保险经纪人在争取到保险业务后，在未向保险人办妥保险单前，要向投保人签发暂保单。

3）在保险人原则上已经承保，但由于保险双方对保险单尚未记载的事项没有完全协商一致时，保险人需要向投保人签发暂保单。

4）对于需要再保险的场合，尚未安排好再保险时，需要签发暂保单。

4. 保险凭证

保险凭证也称为保险卡，是被保险人所持有的已经获得某项保险保障的证明文件，是一种简化了的保险单，具有与保险单相同的作用和效力。

在使用时，如果保险凭证上所列项目过于简单，不能全面反映保险条件，要以原始保险单为准；如果保险凭证上已经有保险人的特别说明，该份保险凭证就具有了批单的意义，在与原始保险单的保险条件发生矛盾时，以保险凭证为准。

5. 批单

在保险合同有效期间，可能发生需要部分变更的情况，这时要求对保险单进行批改。保险单的批改应该根据不同的情况采用统一和标准措辞的批单。

批改的性质：保险单批改在一定意义上等同于保险合同的变更，尤其是对保险单重要内容的批改，所以，应当予以充分的重视和严格的管理。

批单是保险合同双方当事人对于保险合同内容进行变更的证明文件。批单通常在两种情况下使用：

1）对于已经印制好的标准保险单所做的部分修正。该修正并不改变保险单的基本保险条件，或是缩小保险责任范围，或是扩大保险责任范围。

2）在保险单已经生效后对某些保险项目进行的调整。该调整一般是在不改变保险单所规定的保险责任和免除责任项目的前提下，对其他保险项目进行的修正和更改。

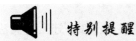

特别提醒

批单应该加贴在原保险单正本和副本背面，并加盖骑缝章，使其成为保险合同的一部分。在多次批改的情况下，最近一次批改的效力优于之前的批改，手写批改的效力优于打印批改。

批单一旦签发，就自动成为保险单的一个重要组成部分，当批单的内容与保险单所涉及的内容相矛盾时，以批单的内容为准。

✶✶✶　单元三　汽车保险合同的一般性法律规定　✶✶✶

一、汽车保险合同的订立、成立与生效

1. 汽车保险合同的订立

汽车保险合同的订立是指被保险人与保险公司就汽车保险合同的内容进行协商，达成一致的过程。汽车保险合同的订立包括要约和承诺两个阶段。

（1）要约阶段　保险合同是要约式合同，要约阶段是投保人向保险人提出保险要求的意思表示。要约可以口头表示，也可以书面形式表示。发出要约的人称为要约人，接受要约的人称为受约人。要约生效后，具有一定的法律意义，要约人不得中途撤回或变更要约。

投保人的要约是保险合同订立的必需和首要程序，投保人的要约是书面要约形式，即投保单。投保单是保险人事先制订的，其内容包括保险合同的基本条款和承保的项目，投保人按照投保单所列举的内容逐一填写。投保人在填写保险单时，必须如实填写，这是《保险法》规定的，如果填写不实，则将导致保险合同无效，保险人也可以据此解除保险合同或在保险事故发生后拒绝承担保险责任。

（2）承约阶段　承约阶段是保险人同意投保人提出的保险要求的意思表示。也就是说，保险人认可和接受了投保人在投保单上提出的所有条件，并同意在双方合意的条件下承担保险责任。保险人承约可以由保险人自己做出，也可以由保险代理人做出。

保险合同在订立过程中，一般来说，投保人是要约人，保险人是承约人。从投保人填写投保单到保险人出具保险单就完成了合同订立的一个要约与承约的过程，即投保人与保险人就保险合同条款达成协议，因此保险合同就成立了。但有的时候，保险人在同意承保的同时，又向投保人提出一些附加条件，这种附加条件称为新的要约。投保人只有接受这种新要约，保险合同才成立。

2. 汽车保险合同的成立与生效

在保险合同中，保险人对投保人已经填好的投保单审阅后，在投保单上签章就表示已经接受投保人投保（即承约），**保险合同成立。**

保险合同的生效是指保险合同对当事人双方发生约束力，即合同条款产生法律效力。一般来说，合同成立即生效。但是，保险合同多为附条件合同，以缴纳保险费为合同生效的条件。同时，我国保险实务中普遍实行"零点起保"，所以保险合同是在合同成立后的某一时间生效。保险合同生效前发生的保险事故，保险人不承担保险责任。投保人与保险人可在保险合同中约定，保险合同一经成立就发生法律效力。保险合同的要约与承诺必须采取书面形式。

二、汽车保险合同的变更

保险合同的变更是指在保险合同有效期内，投保人和保险人通过协商，在不违反有关法律法规的情况下，变更保险合同的内容。保险合同的变更方式主要有如下几种。

1. 保险合同的主体变更

主体变更不会改变合同的权利、义务和客体，其变更对象主要是投保人、被保险人或受益人。

（1）保险人变更　一般情况下，保险人变更是不会发生的。但是，当出现保险人破产、被责令停业、被撤销保险业经营许可等情况时，会导致保险人变更；保险公司的合并或分立，也可能导致保险人变更。

（2）被保险人变更　当保险车辆发生转卖、转让、赠送他人时，被保险人需要变更。

【法理链接】

《保险法》第四十九条规定："保险标的转让的，被保险人或受让人应当及时通知保险人，但货物运输保险合同和另有约定的合同除外。"

2. 保险合同客体的变更

保险合同客体的变更是指在保险合同的有效期内，投保人和保险人通过协商，变更保险标的的保险范围。保险合同客体通常是因保险标的价值变化而引起保险利益的变化。必须指出的是，保险合同客体的变更是在保险标的不发生更换的前提下，保险标的的范围发生部分变更。例如：

1）保险车辆变更使用性质，增、减危险程度。

2）增、减投保车辆。

3）增、减或变更约定驾驶人。

【法理链接】

《保险法》第五十二条第一款规定："在合同有效期内，保险标的的危险程度显著增加的，被保险人应当按照合同约定及时通知保险人，保险人可以按照合同约定增加保险费或者解除合同。"

3. 保险合同内容的变更

保险合同内容的变更是指当事人双方权利和义务的合同条款的变更。当投保人或被保险人提出增加或减少保险费、改变保险费的支付方式、扩大或缩小保险责任范围和条件、扩大或缩小责任免除范围和条件、延长或缩短保险期限等要求时，就会导致保险合同内容的变更。保险合同客体变更时，也往往引起保险合同内容的变更。例如：

1）调整保险金额或责任限额。

2）保险责任变更。保险责任变更是指保险人承担的保险责任范围的扩大或缩小等。如果投保人或被保险人有变更保险责任条款的需要，经过双方协商可以约定变更。

3）保险期间变更。

4. 保险合同变更的形式

批单是汽车保险实务中保险合同变更时必须使用的书面凭证。在批单中，需要列明变更条款的内容。保险合同一经变更，变更的那一部分内容即取代了原合同中被变更的内容，与原合同中未变更的内容一起构成了一个完整的合同。保险双方应以变更后的合同履行各自的义务。保险合同的变更没有溯及既往的效力，即对合同变更前已经履行的部分没有约束力，任何一方都不能因为保险合同的变更而单方面要求另一方按照变更后的内容改变已经履行的保险内容。

在实际操作中可能出现一份保险单多次变更的情况，在这种情况下就会出现变更效力的问题，即在多次变更或者多份批单的情况下，出现优先适用的问题。通常，在合同进行多次变更时，对于适用、顺序或者效力采用两种标准：一是时间标准，即最近一次批改的效力优于之前的批改；二是批改方式标准，即手写批改的效力优于打字批改。图8-1所示为某保险

机动车保险批单

中国保险监督管理委员会监制　　　　　　　　　限在××省(市、自治区)

———————————————————————————

　　　　　×××××保险公司机动车保险批单(正本)　　　NO. 京.

　　保险单号：　　　　　　　　　　　　　　批单号：

　　被保险人：　　　　　　　　　　　　　　批改日期：

　　批文：

———————————————————————————

第三联被保险人留存联

　　保险人签章：　　　　　　　　　　　　　年　月　日

———————————————————————————

　　备注：

———————————————————————————

图8-1　某保险公司的机动车保险批单

公司的机动车保险批单。

5. 保险合同变更的办理

保险车辆在保险期间内，发生上述变更事项时，应办理保险合同变更手续。

保险合同变更的程序一般是投保人或被保险人向保险人提出变更保险合同的书面申请。保险人审核变更请求后，做出相应的决定，需增加保险费的，投保人应按规定补缴，应减少保费的，保险人必须返还。保险人签发批单，保险合同变更生效。

保险合同的具体变更流程：投保人提出书面变更申请→业务人员接到投保人提出的书面变更申请后，对原保险单和有关情况进行核对，按照有关规定验车并提出处理意见→业务人员将变更申请及初步处理意见提交核保部→核保人员审核签署意见→核保通过后，进行收、付费处理→对保险合同进行变更→清理有关单、证并归档。

保险合同变更时使用的书面凭证即批单，其主要内容包括：

1）保险单号码。登录原保险单号码。

2）批单号码。以年度按顺序连贯编号。

3）被保险人。填写被保险人称谓，应与原保险单相符。

4）批文。批文按规定的格式填写。其内容通常包括变更的要求、变更前的内容、变更后的内容、是否增收（退还）保险费、增收（退还）保险费的计算公式、增收（退还）保险费的金额、变更起始时间以及明确除本变更外原保险合同的其他内容不变。

例如：

① 保险车辆转卖、转让、赠送他人的批文内容。

根据被保险人申请，因＿＿＿＿（牌照号）保险车辆已转给＿＿＿＿＿＿＿＿，自＿＿＿年＿＿＿月＿＿＿日时起该车的被保险人变更为＿＿＿＿＿＿＿＿，直至保险期满。其他事项不变。

特此批改。

② 车辆的使用性质变更，并涉及增/退费的批文内容。

根据被保险人申请，因＿＿＿＿＿＿＿＿（牌照号）保险车辆的使用性质已由＿＿＿＿＿＿＿变更为＿＿＿＿＿＿＿＿，变更时间自＿＿＿＿＿年＿＿＿＿＿＿月＿＿＿＿＿＿日＿＿＿＿＿＿时起至保险期满，应增收（退还）保险费人民币（大写）＿＿＿＿＿＿＿元（计算公式＿＿＿＿＿＿＿＿）。其他事项不变。

特此批改。

③ 调整保险金额/责任限额的批文内容。

根据被保险人申请，＿＿＿＿＿＿＿＿（牌照号）保险车辆因＿＿＿＿＿＿＿，保险金额由＿＿＿＿＿＿（元）调整为＿＿＿＿＿＿，（元），变更时间自＿＿＿＿＿＿＿年＿＿＿＿＿月＿＿＿＿＿日＿＿＿＿＿时起至保险期满，应增收（退还）保险费人民币（大写）＿＿＿＿＿＿＿元（计算公式＿＿＿＿＿＿）。其他事项不变。

特此批改。

对于变更保险合同需要办理增、退费的，由经办人员填制保险费收据一式三联，随批单一起送财务部门核收、退保险费。变更申请、批单、保险费收据等有关单、证的清分和归档与保险单、证的清分和归档的方法及要求相同。

三、保险合同的解除

保险合同的解除是指在保险合同有效期间内，当事人双方依法或根据保险合同的约定解除保险合同的行为。保险合同的解除分为投保人解除和保险人解除。

1. 投保人解除保险合同

保险合同是合意合同，因此保险合同只要不是《保险法》规定的不得解除合同的险种，投保人在保险合同有效期内可以随时解除保险合同。

【法理链接】

《保险法》第五十条规定："货物运输保险合同和运输工具航程保险合同，保险责任开始后，合同当事人不得解除合同。"

2. 保险人解除保险合同

为保证被保险人或受益人的权利，《保险法》有明确的规定，保险人不得随意解除保险合同，只有在投保人、被保险人或受益人有违约或违法行为时，保险人才能解除保险合同。《保险法》规定保险人可以解除保险合同的情况主要有如下几种。

（1）投保人不履行如实告知义务　《保险法》第十六条还规定了保险人对故意不履行和过失不履行两种情形不同的解除保险合同的方法。

【法理链接】

《保险法》第十六条规定："投保人故意或者因重大过失未履行前款规定的如实告知义务，足以影响保险人决定是否同意承保或者提高保险费率的，保险人有权解除合同。"这条规定说明，只要投保人存在不履行如实告知义务事实，不管是故意还是过失，都有可能导致保险人解除保险合同。

1）投保人故意不履行如实告知义务的，保险人对于保险合同解除前发生的保险事故，不承担赔偿或者给付保险金的责任，并不退还保险费。

2）投保人因过失未履行如实告知义务，对保险事故的发生有严重影响的，保险人对于保险合同解除前发生的保险事故，不承担赔偿或者给付保险金的责任，但可以退还保险费。

（2）被保险人或受益人谎称发生保险事故骗保　《保险法》第二十七条规定："未发生保险事故，被保险人或受益人谎称发生了保险事故，向保险人提出赔偿或者给付保险金请求的，保险人有权解除保险合同，并不退还保险费。"此条款规定了保险人解除保险合同的两个条件：一是谎称发生了保险事故，二是提出了索赔。这两个条件缺一不可，否则保险人不得解除保险合同。

（3）投保方故意制造保险事故　《保险法》第二十七条规定："投保人、被保险人故意制造保险事故的，保险人有权解除保险合同。"这条规定明确指出，只要投保方有故意制造保险事故的事实，不管其是否进一步提出索赔请求，保险人即可解除保险合同。

（4）投保方不履行安全责任　《保险法》第五十一条规定："投保人、被保险人未按照约定履行其对保险标的的安全应尽责任的，保险人有权要求增加保险费或解除合同。"在保险合同中，投保人或被保险人对保障保险标的的安全有明确的责任条款的，如果投保人或被保险人不履行这些责任条款，则保险人有权要求增加保险费，甚至可以解除保险合同。

（5）保险标的危险程度增加 《保险法》第五十二条规定："在合同有效期内，保险标的的危险程度显著增加的，被保险人应当按照合同约定及时通知保险人，保险人可以按照合同约定增加保险费或者解除合同。"这条规定说明，被保险人将保险标的的危险程度增加的事实及时通知了保险人，保险人也要视保险标的的危险程度增加的大小，决定以后的行为。如果保险标的的危险程度增加不大，则可以默认或提出增加保险费；如果保险标的的危险程度增加太大，即风险太大，则可以解除保险合同。

（6）被保险人年龄不实并超过年龄限制 《保险法》第三十二条规定："投保人申报的被保险人年龄不真实，并且其真实年龄不符合合同约定的年龄限制的，保险人可以解除合同，并按照合同约定退还保险单的现金价值。"这条规定说明，投保人违反了上述这一点，保险人可以解除合同。

3. 保险合同解除的程序

保险合同解除的程序是先由解约方向对方发出解约通知书，然后经双方协商一致后解除合同，如果协商不一致，则可通过仲裁或诉讼解决。

四、保险合同的终止

保险合同的终止是指保险合同双方当事人中止保险合同确定的权利和义务的行为。当合同终止后，保险合同的法律效力就终止了，当事人双方失去各自享有的权利，也不用履行其应承担的责任。

1. 保险合同终止的几种情况

（1）自然终止 保险合同的自然终止是指保险合同期限届满而即刻终止。这是保险合同终止最普遍、最基本的方式。保险期间未发生任何保险事故，期满后保险合同自然终止。保险期间发生保险事故，保险人赔付保险金后，但不是全部保险金额时，合同将继续有效，这种情况在汽车保险中最常见，直至保险期满而自然终止。

（2）义务履行而终止 义务履行而终止是指保险事故发生后，保险人履行了赔付保险金的全部责任，导致合同终止。这里的全部责任，是指发生了保险人应当按约定的保险金额全部赔付的保险事故。保险人承担了保险合同约定的应承担的全部责任，因此因保险人履行了全部义务而导致合同终止。

（3）当事人行使终止权而终止 当事人行使终止权是指保险标的发生部分受损，在保险人赔偿后，双方当事人都可以终止合同的情况。如果是投保人终止合同，则必须在保险人赔偿后30天内提出。除合同约定不得终止合同之外，保险人也可以终止合同，但应当提前15天通知被保险人，并在将保险标的未损部分的保险费扣除已经给予保障期间的应收部分后，退还给投保人。

（4）解除合同而终止 解除保险合同就是提前终止合同，合同双方当事人失去保险合同约定的权利和义务。

2. 合同终止通知

根据《保险法》和保险惯例，合同除自然终止外，终止合同时，承保方均应发出书面通知（或出具批单代替）。举例如下：

1）保险车辆因报废、转让、赠予他人等原因中途终止合同的批文（通知）内容。

_____（牌照号）保险车辆，因封存（或报废、转让、赠送他人），自_____

年_____月_____日零时起终止保险责任，应退保险费人民币（大写）_____元（计算公式_____）。

特此批改（通知）。

2）保险车辆由于发生全损保险事故，合同终止的批文（通知）内容。

_____（牌照号）保险车辆因发生全损保险事故，我公司已按照合同约定履行了保险赔偿义务。因此，有关该车辆的_____（保险单号）保险合同自_____年_____月_____日零时终止。

特此批改（通知）。

3. 合同终止退费

1）保险责任开始前，投保人要求解除合同的，保险费全额退还，但需扣减手续费。

【法理链接】

《保险法》第五十四条规定："保险责任开始前，投保人要求解除合同的，应当按照合同约定向保险人支付手续费，保险人应当退还保险费。"

2）在下列情况下，合同终止，但不办理退费手续。

① 保险车辆由于发生保险事故造成全损或推定全损，保险人依约履行了赔偿义务后保险合同终止的。

② 保险合同有效期届满而自然终止的。

③ 投保人在签订保险合同时，故意隐瞒事实，不履行如实告知义务，足以影响保险人决定是否承保的，保险人提出解除合同的。

【法理链接】

《保险法》第十六条规定："投保人故意不履行如实告知义务的，保险人对于合同解除前发生的保险事故，不承担赔偿或者给付保险金的责任，并不退还保险费。"

④ 被保险人在未发生保险事故的情况下，谎称发生了保险事故，保险人提出解除合同的。

【法理链接】

《保险法》第二十七条第一款规定："未发生保险事故，被保险人或者受益人谎称发生了保险事故，向保险人提出赔偿或者给付保险金请求的，保险人有权解除保险合同，并不退还保险费。"

⑤ 投保人、被保险人故意制造保险事故，保险人提出解除合同的。

【法理链接】

《保险法》第二十七条第二款规定："投保人、被保险人故意制造保险事故的，保险人有权解除保险合同，不承担赔偿或者给付保险金的责任；除本法第四十三条规定外，不退还保险费。"

3）在其他情况下，合同终止时按照未了责任期计算退还保险费。未了责任期应退还保险费的计算方法根据合同终止的原因和所属保险公司的不同有所差异。

五、保险合同的履行

在保险合同的有效期内，当事人双方都必须履行自己在保险合同中约定的义务，以保证对方行使自己的权利。保险合同的履行分为投保方履行和保险人履行两种。

1. 投保人义务的履行

（1）履行缴纳保险费义务　向保险人缴纳保险费是投保人最基本的义务，投保人必须按照保险合同约定的缴费期限、保险费数额和缴纳方式履行自己的缴费义务。投保人未能履行缴纳保险费义务时，保险人可以中止甚至终止保险合同，也可以拒绝承担保险责任。在财产保险合同中，一般要求投保人一次性缴清保险费。在人身保险合同中，合同约定一次性缴纳时，投保人必须一次性把保险费缴清；合同约定分期缴纳时，投保人必须按时缴纳。在这种分期缴纳保险费的人身保险合同中，投保人按时缴纳保险费是保险合同持续有效的根本条件。

（2）履行维护保险标的安全义务　保险合同生效后，投保人或被保险人必须切实履行根据法律、合同约定的维护保险标的的义务。同时，在合同有效期内，投保人或被保险人还要随时接受保险人对保险标的的检查，对保险人提出的安全建议必须采取有效的整改措施。如果投保人或被保险人未履行上述义务，则保险人有权要求增加保险费或解除合同。

（3）履行保险标的危险程度增加通知保险人义务　保险标的的危险程度增加是指在保险合同有效期内，保险标的出现了订立保险合同时双方当事人未曾估计到的危险情况。例如：在人身保险合同中被保险人的工作改为危险性大的工作，在财产保险合同中保险标的的用途改变等。保险标的的这些变化，都有可能增加保险标的的危险程度，也可以说保险人的承保风险增加。当保险标的的危险程度增加后，投保人或被保险人应及时通知保险人，这是投保人或被保险人的义务。如果投保人或被保险人没有把保险标的的危险程度增加通知保险人，那么因保险标的的危险程度增加而发生的保险事故，保险人不承担赔偿责任。

（4）履行出险通知义务　出险通知是指在保险合同约定的保险事故发生后，被保险人应及时通知保险人。履行出险通知义务，是为了便于保险人及时采取施救措施，避免保险事故的扩大和损失的增加；也有利于保险人保护现场，能更好地、公平地核定损失和事故责任。保险合同一般都有约定投保人或被保险人履行出险通知义务的期限，如果超过了期限，由此造成的损失扩大，保险人将不承担扩大部分的保险责任；有些合同甚至规定，若投保人或被保险人未及时履行出险通知义务，则保险人可拒绝承担保险责任。

（5）履行积极施救义务　当保险事故发生后，被保险人应尽可能积极采取施救措施，防止危险事故扩大，尽量减少损失；否则，因此而扩大的保险标的的损失，保险人有权拒绝承担赔付责任。

2. 保险人义务的履行

（1）履行赔付保险金义务　履行赔付保险金义务是保险人在保险合同中最基本的义务，也是保险最基本的目的。保险合同既是特殊的有偿合同，又是射幸合同；投保人支付保险费，向保险人购买保险，目的就是一旦保险事故发生，被保险人或受益人可从保险人那里获得数倍保险费的赔偿。因此，保险事故一旦发生并经确定，保险人应该及时、迅速、准确、合理地履行赔付保险金义务；否则，由此造成被保险人或受益人损失的，保险人除赔付保险金外，还要承担违约责任。

（2）履行承担施救及其他合理费用义务　当保险事故发生后，为降低事故损失，减少保险人的赔付保险金额，投保人采取施救措施，是投保人的义务；但承担在施救过程中的费用及其他费用是保险人必须履行的义务。这些费用一般包括：

1）施救过程中的费用。在保险事故发生时，为阻止事故的继续和扩大，减少保险标的的损失，投保人或被保险人履行施救义务而采取施救措施，必然会付出各种施救费用，只要这种费用是必需的、合理的，保险人就应当全额承担。

2）保险事故发生后支出的费用。保险事故发生后，为保护好事故现场，等待事故性质的鉴定，妥善处理损失或未遭损失的保险标的，被保险人也要付出一定的费用，这部分费用应由保险人承担。

3）核定事故性质和评估保险标的损失的费用。这部分费用主要是指用于核定事故的性质、原因所支付的勘察及鉴定费用，评估保险标的损失程度而支付的费用等。

4）仲裁或诉讼等其他费用。如果保险事故是由第三者造成的，投保人或被保险人为了保险人利益，向第三者索赔时需要仲裁或诉讼所支付的费用，保险人应承担这部分费用。

六、汽车保险合同争议处理

《合同法》对合同争议的处理方式做出了明确规定。《合同法》第一百二十八条规定："当事人可以通过和解或者调解解决合同争议。当事人不愿和解、调解或者和解、调解不成的，可以根据仲裁协议向仲裁机构申请仲裁。涉外合同的当事人可以根据仲裁协议向中国仲裁机构或其他仲裁机构申请仲裁。当事人没有订立仲裁协议或者仲裁协议无效的，可以向人民法院起诉。当事人应当履行发生法律效力的判决、仲裁裁决、调解书；拒不履行的，对方可以请求人民法院执行。"因此，保险合同争议可以采用和解、调解、仲裁和诉讼等方式解决。

1. 和解

和解是指在无第三人参加的情况下，由合同当事人双方在互谅互让的基础上，就争议内容进一步协商，寻求一致意见达成协议的方法。当被保险人和保险人发生意见分歧时，和解一般是首选解决纠纷的方法，因为这种方法不仅节约费用，而且不伤和气，有利于继续履行合同。

2. 调解

调解是指在第三人主持下，合同当事人双方依据自愿合法的原则，在明辨是非、分清责任的基础上达成协议，从而解决纠纷的方法。

如果第三人是合同当事人双方共同选择的，则由其主持进行调解的方法称为自愿调解。自愿调解达成的协议不具有强制执行的效力，一方当事人不执行调解协议，另一方当事人只能将争议提交仲裁委员会或向人民法院起诉，无权要求人民法院强制执行自愿调解的协议。如果是在司法机构或仲裁机关的主持下双方当事人就争议内容达成一致意见，则称为司法调解。司法调解达成的和解协议，一旦生效就具有强制执行的效力，只要一方不执行协议，另一方就可以申请法院强制执行。

3. 仲裁

仲裁是指双方当事人在发生争议之前或者发生争议之后，把争议事项递交给仲裁机关进行裁决，从而解决争议的法律制度。

仲裁是解决保险合同争议的重要方法，遵照我国仲裁法的程序和原则进行。仲裁以自愿为基本原则，以仲裁协议为基础。只有合同双方当事人就以仲裁的方法解决纠纷达成一致意见时，才可以将双方的争议提交仲裁，而一旦选择仲裁作为解决双方争议的方式，就不能再向法院提起诉讼。

仲裁采取一裁终局制度，仲裁机关做出仲裁裁决之后，生效的仲裁裁决对争议双方具有法律约束力，每一方都必须执行，任何一方当事人都不得要求重新仲裁，或者向人民法院起诉，只有当某一方没有执行仲裁决议时，另一方才可以申请法院强制其执行。

【案例8-1】以仲裁方式解决车辆保险消费纠纷

2012年6月22日，申请人将自己的爱车在保险公司投保机动车损失保险、机动车第三者责任保险和不计免赔率险，保险期间为2012年6月23日至2013年6月22日。保险合同约定解决争议的方式为××市仲裁委员会仲裁。2012年10月15日，申请人驾驶的车辆在×××绕城公路与张某驾驶的汽车发生追尾，造成两车损坏，经交警处理认定，申请人负事故的全部责任，张某无责任。经交警处理达成协议，申请人车损自己负责，申请人赔偿张某车损，施救费由申请人负担。后因双方对车损数额有争议，双方经××市物价局鉴定车损，申请人以物价鉴定报告数额57259元给付张某。后申请人向保险公司理赔遭到拒绝，在屡次交涉后，申请人的损失一直未得到补偿。因在投保时，申请人与保险公司将争议解决方式约定为××市仲裁委员会仲裁，遂申请人向××市仲裁委员会申请了仲裁。××市仲裁委员会经审查后认为符合立案条件，一边做立案程序上的工作，一边积极地与保险公司进行沟通。在申请人递交材料后第8天，在仲裁委员会的积极工作下，申请人与保险公司达成了调解，及时地解决了理赔纠纷。

解析：

近年来，汽车已经悄然走进寻常百姓家庭，随之而来的车辆保险理赔难等问题，给车主留下了"投保容易理赔难"的阴影。导致理赔难的原因是多方面的，除去极少数保险公司的因素外，消费者对保险理赔知识的不了解，没有选择好争议解决方式也是重要原因之一。

选择并通过仲裁方式解决纠纷有以下几个特点：第一，充分尊重当事人意愿。仲裁采取自愿原则，以当事人自愿为前提的，包括自愿决定采用仲裁方式解决争议、自愿决定解决争议的事项、选择仲裁机构等，当事人还有权在仲裁委员会提供的名册中选择其所信赖的人士来处理争议。第二，裁决具有法律效力。《中华人民共和国仲裁法》第六十二条规定："当事人应当履行裁决。一方当事人不履行的，另一方当事人可以依照民事诉讼法的有关规定向人民法院申请执行。受申请的人民法院应当执行"。一裁终局，即裁决一经做出，就发生法律效力，并且当事人对仲裁裁决不服是不可以就同一纠纷再向仲裁委员会申请仲裁或向法院起诉的，仲裁也没有二审、再审等程序。第三，"不公开审理"对公司而言是一个很好的方式。《中华人民共和国仲裁法》第四十条规定："仲裁不公开进行。"

由于仲裁具有上述特点，因而也产生了收费较低、结案较快、程序较简单、气氛较宽松、当事人意愿能得到广泛尊重的优点。针对车辆保险理赔难的问题，应该提醒当事人，在签订合同时，就争议的解决可约定选择仲裁方式进行。

 能 力 测 试

一、选择题

1. 与一般经济合同相比，保险合同的特殊性在于（　　　）。

　A. 附和性和射幸性　　　　　　　　　　B. 诚信性与法律性

　C. 公平性与自愿性　　　　　　　　　　D. 互利性与保障性

2. 投保人与保险人约定权利义务关系的协议称为（　　　）。

　A. 买卖合同　　　　B. 保险合同　　　　C. 商品合同　　　　D. 保险代理合同

3. 保险人最基本的权利是（　　　）。

　A. 收取保险费　　　　　　　　　　　　B. 保险赔偿

　C. 要求危险增加通知　　　　　　　　　D. 说明保险条款

4. 投保人的基本义务是（　　　）。

　A. 如实告知　　　　B. 交付保险费　　　　C. 损失施救　　　　D. 协助追偿

5. 保险合同的基本条款由保险人事先拟定并经监管部门审批，这说明保险合同是（　　　）。

　A. 保障合同　　　　　B. 附和合同　　　　C. 最大诚信合同　　　D. 双务合同

6. 合同当事人一方并不是必然履行给付义务，而只有当合同中约定的条件具备或合同约定的事件发生时才履行，说明保险合同是（　　　）。

　A. 双务合同　　　　　B. 附和合同　　　　C. 射幸合同　　　　　D. 有偿合同

7. 按照合同的性质分类，保险合同可以分为（　　　）。

　A. 补偿性保险合同与给付性保险合同　　B. 定值保险合同与不定值保险合同

　C. 财产保险合同与人身保险合同　　　　D. 不足额保险合同与超额保险合同

8. 从某种意义上，共同保险合同与重复保险合同的承保方式属于（　　　）。

　A. 定值保险合同　　　　　　　　　　　B. 不定值保险合同

　C. 足额保险合同　　　　　　　　　　　D. 原保险合同

9. 保险合同的主体包括保险合同的当事人和关系人，保险合同的当事人是（　　　）。

　A. 投保人和受益人　　　　　　　　　　B. 投保人和被保险人

　C. 投保人和保险人　　　　　　　　　　D. 被保险人和受益人

10. 财产或者人身受保险合同保障，享有保险金请求权的人是（　　　）。

　A. 投保人　　　　B. 受益人　　　　C. 保险人　　　　D. 被保险人

11. 保险合同的客体是（　　　）。

　A. 保险利益　　　　B. 保险标的　　　　C. 保险条款　　　　D. 保险价值

12. 保险利益的载体是（　　　）。

　A. 保险利益　　　　B. 保险内容　　　　C. 保险标的　　　　D. 保险主体

13. 保险合同当事人之间由法律确认的权利和义务及相关事项是（　　　）。

　A. 保险合同的主体　　　　　　　　　　B. 保险合同的内容

　C. 保险合同的客体　　　　　　　　　　D. 保险合同的事项

14. 按照保险标的分类，保险可分为（　　　）。

A. 财产保险和人身保险　　　　　　　　B. 财产保险和人寿保险

C. 意外保险和健康保险　　　　　　　　D. 车辆保险和人身保险

15. 保险人与投保人直接订立的保险合同，合同保障的对象是被保险人，这是（　　　）。

A. 原保险合同　　　B. 再保险合同　　　C. 共同保险合同　　　D. 重复保险合同

16. 保险合同中载明的对于保险标的在约定的保险事故发生时，保险人应承担的经济赔偿和给付保险金的责任称为（　　　）。

A. 保险保障　　　　B. 保险赔偿　　　　C. 保险责任　　　　D. 保险条件

17. 投保人对保险标的所享有的保险利益在经济上用货币估计的价值额称为（　　　）。

A. 保险利益　　　　B. 保险价值　　　　C. 保险价格　　　　D. 保险金额

18. 保险人与投保人在平等自愿的基础上就保险合同的主要条款经过协商最终达成协议的法律行为称为（　　　）。

A. 保险合同的订立　　　　　　　　　　B. 保险合同的生效

C. 保险合同的要约　　　　　　　　　　D. 保险合同的承诺

19. 保险人签发正式保险单之前发出的临时凭证是（　　　）。

A. 保险单　　　　　B. 暂保单　　　　　C. 保险凭证　　　　D. 投保单

20. 投保人为订立保险合同而向保险人提出书面要约的形式是（　　　）。

A. 暂保单　　　　　B. 保险凭证　　　　C. 投保单　　　　　D. 保险单

21. 投保人与保险人就合同的条款达成协议，保险合同即（　　　）。

A. 成立　　　　　　B. 订立　　　　　　C. 成交　　　　　　D. 生效

22. 投保人没有民事行为能力或对投保标的不具有保险利益引起的保险合同无效属于（　　　）。

A. 内容不合法　　　B. 主体不合格　　　C. 损害国家利益　　　D. 违反公共利益

23. 保险合同约定的全部权利和义务自始至终不产生法律效力是（　　　）。

A. 全部无效　　　　B. 部分无效　　　　C. 相对无效　　　　D. 无效

24. 我国对投保人告知义务的履行实行（　　　）原则。

A. 无限告知　　　　B. 询问告知　　　　C. 广义告知　　　　D. 狭义告知

25.《保险法》规定，投保人、被保险人未按约定维护保险标的的安全的，保险人可以（　　　）。

A. 变更保险合同　　　　　　　　　　　B. 要求减少保险费

C. 退还保险费　　　　　　　　　　　　D. 解除保险合同

26. 订立保险合同时，保险人应当向投保人对责任免除条款（　　　）。

A. 明确说明　　　　B. 明确列明　　　　C. 明确写明　　　　D. 明确告知

二、简述题

1. 简要介绍保险合同的要素。

2. 保险合同条款的特征和类型有哪些？

3. 保险合同包括哪些形式？

4. 保险合同的订立程序如何？

5. 保险合同在什么情况下需要变更？

学习任务九 汽车保险的承保

知识目标：

1. 熟悉汽车保险核保的基本内容与流程。
2. 了解汽车保险核保的意义与制度。
3. 熟悉汽车保险单证的缮制与签发。

能力目标：

1. 会进行承保单证的整理与装订。
2. 会对案卷进行整理与保管。

✳✳✳ 单元一 汽车保险的承保与核保制度 ✳✳✳

汽车保险的承保是指保险公司接到投保人的申请以后，考察被保险人的投保资格以及投保风险的性质，然后做出是否可以向被保险人发放保险单的决定。

1. 汽车承保工作流程

保险公司汽车承保业务的工作流程如图9-1所示，一般包括以下主要步骤：

1）保险人向投保人介绍保险条款，履行明确说明义务。

2）依据保险标的的性质和投保人的特点制订保险方案。

3）保险人计算保险费，提醒投保人履行如实告知义务。

4）保险人提供投保单，投保人填写投保单。

5）业务人员检验保险标的，确保其真实性。

6）将投保信息录入业务系统（系统产生投保单号），复核后通过网络提

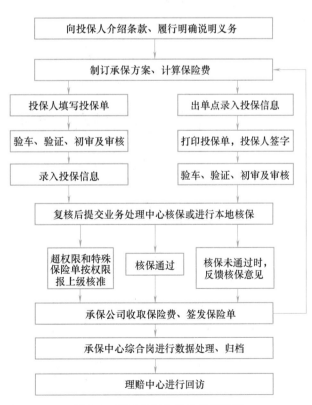

图9-1 汽车承保业务的工作流程

交核保人员投保。

7）核保人员根据公司核保规定，并通过网络将核保意见反馈给承保公司，核保通过后，业务人员收取保险费、出具保险单，需要送单的由送单人员递送保险单及相关单、证。

8）承保完成后，进行数据处理和客户回访。

2. 特殊车辆的承保

对于不同风险的车辆来说，各保险公司有着不同的承保策略。各家保险公司认为风险较大的不愿意承保车型主要有以下几种：

1）营运大货车（营运大货车经常存在超载、超速运货、昼夜行驶、野蛮驾驶等不安全驾驶行为，出险率高）。

2）易被盗抢车型。

3）车价便宜、配件贵的新车。

4）市场占有率较少的老旧车型。

3. 保险车辆的承保软件操作案例

图9-2所示为保险车辆的承保软件操作界面。

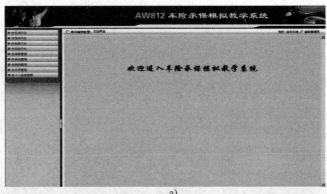

a)

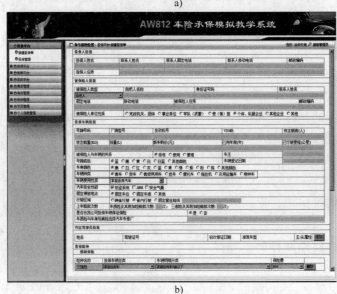

b)

图9-2　保险车辆的承保软件操作界面

c)

图9-2　保险车辆的承保软件操作界面（续）

✦✦✦　单元二　汽车保险核保的管理　✦✦✦

一、核保的概念

核保（Underwrite）是保险经营过程中最重要的环节之一，是指保险公司的专业技术人员对投保人的申请进行风险评估，决定是否接受这一风险，并在决定接受风险的情况下，确定承保的条件，包括使用的条款和附加条款、确定费率和免赔额等。

核保是保险公司在业务经营过程中的一个重要环节，它直接影响保险公司的经营状况。因此，长期以来一些保险业发达国家的保险公司均十分注重对于核保工作的管理，建立了以加强核保工作为目的的核保制度，这个制度包括建立核保人制度、确定核保的原则和选择核保的模式等。实践证明，核保制度对于控制经营风险，确保保险业务的健康发展起到了十分重要的作用。

1. 汽车保险核保的意义

核保制度是保险公司稳定保户，防范、避免和解决因拓展新的业务领域及开发一些不甚成熟的新险种和签署一些未经详细论证的保险协议，而导致风险因素增加等现象的产生，以及强化经营风险控制的重要手段。通过建立核保制度，将展业和承保分离，实行专业化管理，严格把好承保关，可以确保保险公司实现经营的稳定。核保意义如下：

（1）提供高质量的专业服务　核保工作的核心是对承保风险的专业评估，因而保险公司可以为客户提供全面、专业的风险管理的意见和建议，如提供汽车安全和防盗技术帮助，设计风险处理的最佳方案等。

（2）保持市场的领先　通过核保制度的建立和运行，能够及时了解市场发展的动态，不断提高和完善对于风险评估和保险方案确定的技术，保持其在市场的竞争优势和领先地位。

（3）建立和完善保险中介市场　核保制度是对中介业务质量控制的重要手段。保险公司核保制度的建立和完善是配合保险中介市场建立和完善的必要前提条件。

（4）获得再保险市场的支持　只有核保工作能够有效地控制承保风险，确保一定的承保利润，才可能获得再保险市场的支持。

2. 核保的依据

核保工作的主要依据是核保手册，因为核保手册已经将在进行机动车保险业务过程中可能涉及的所有文件、条款、费率、规定、程序和权限等全部包含其中。

但是，在进行核保过程中还可能遇到一些核保手册没有明确规定的问题，在这种情况下，二级和一级核保人员应当注意运用保险的基本原理、相关的法律法规和自己的经验，通过研究分析来解决这些特殊的问题，必要时应请示上级核保部门。

3. 核保的具体方式

核保的具体方式应当根据公司的组织结构和经营情况进行选择和确定，通常将核保的方式分为标准业务核保和非标准业务核保、计算机智能核保和人工核保、集中核保和远程核保、事先核保和事后核保等。

（1）标准业务核保和非标准业务核保　标准业务是指常规风险的机动车保险业务，这类风险的特点是其基本符合机动车保险险种设计所设定的风险情况，按照核保手册能够对其进行核保。非标准业务是指风险具有较大特殊性的业务，这种特殊性主要体现为高风险、风险特殊和保险金额巨大等需有效控制的业务，而核保手册对于这类业务没有明确规定。

标准业务可以依据核保手册的规定进行核保，通常是由三级核保人员完成标准业务的核保工作；非标准业务无法完全依据核保手册进行核保，应由二级或者一级核保人员进行核保，必要时核保人应当向上级核保部门进行请示。

机动车保险非标准业务主要有：

1）保险价值浮动超过核保手册规定范围的业务。

2）特殊车型业务。

3）军牌和外地牌照业务。

4）高档车辆的盗抢险业务。

5）统保协议。

6）代理协议。

（2）计算机智能核保和人工核保　计算机技术的飞速发展和广泛应用给核保工作带来了革命性的变化。从目前计算机技术发展的水平看（尤其是智能化计算机的发展和应用），计算机已经完全可以胜任对标准业务的核保工作。在核保过程中，应用计算机技术可以大大缓解人工核保的工作压力，提高核保业务的效率和准确性，减少在核保过程中可能出现的人的负面因素。但是，计算机不可能解决所有的核保问题，至少在现阶段还需要人工核保的模式与之共存，来解决计算机无法解决的核保方面的问题。

（3）集中核保和远程核保　从核保制度发展的过程分析，集中核保的模式代表了核保技术发展的趋势。集中核保可以有效地解决统一标准和规范业务的问题，实现技术和经验最大限度的利用。但是，以往集中核保在实际工作中遇到的困难是经营网点的分散，缺乏便捷、高效的沟通渠道。

随着计算机技术的出现和广泛应用，尤其是互联网技术的出现带动了核保领域的革命性进步，远程核保的模式应运而生。远程核保就是建立区域性的核保中心，利用互联网等现代通信技术，对辖区内的所有业务进行集中核保。这种核保的方式较以往任何一种核保模式均具有不可比拟的优势，它不仅可以利用核保中心的人员技术优势，还可以利用中心庞大的数据库，实现资源的共享。同时，远程核保的模式还有利于对经营过程中的管理疏忽甚至道德风险实行有效的防范。

（4）事先核保与事后核保　事先核保是在核保工作中广泛应用的模式。它是指投保人提出申请后，核保人员在接受承保之前对标的的风险进行评估和分析，决定是否接受承保。在决定接受承保的基础上，根据投保人的具体要求确定保险方案，包括确定适用的条款、附加条款、费率、保险金额和免赔额等承保条件。

事后核保主要是针对标的金额较小、风险较低、承保业务技术比较简单的业务。这些业务往往是由一些偏远的经营机构或者代理机构承办的。保险公司从人力和经济的角度难以做到事先核保的，可以采用事后核保的方式，单笔保险费较少。因此，事后核保是对于事先核保的一种补救措施。

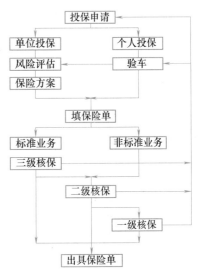

图9-3　核保的程序

4. 核保流程

核保的程序一般要包括审核投保单、查验车辆、核定保险费率、计算保险费和核保等步骤，具体如图9-3所示。

核保工作原则上采取两级核保体制。

初步审核：由保险展业人员（包括业务员、代理人和经纪人）在展业的过程中进行。

业务处理中心核保：将初步接受的业务交由专业核保人员根据各级核保权限进行审核，超过本级核保权限的，报上级公司核保，进而决定是否承保、承保条件及保险费率等。图9-4所示为车险业务的核保流程（针对已开出的保险单）。在核保流程中要经过两个程序。

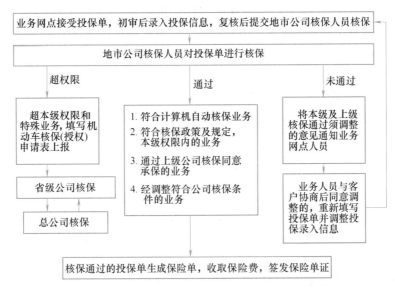

图9-4　车险业务的核保流程

（1）本级核保

1）审核保险单是否按照规定内容与要求填写，有无缺漏；审核保险价值与保险金额是否合理。对不符合要求的，退给业务人员指导投保人进行相应的更正。

2）审核业务人员或代理人是否验证和查验了车辆；是否按照要求向投保人履行了告知义务，对特别约定的事项是否在特约栏中注明。

3）审核费率标准和计收保险费是否正确。

4）对于高保额和投保盗抢险的车辆，审核有关证件、实际情况是否与投保单填写一致，是否按照规定拓印牌照存档。

5）对高发事故和风险集中的投保单位，提出限制性承保条件。

6）费率表中没有列明的车辆，包括高档车辆和其他专用车辆提出厘定费率的意见。

7）审核其他相关情况。

核保完毕，核保人应在投保单上签署意见。超出本级核保权限的，应上报上级公司核保。

（2）上级核保　上级公司接到请示公司的核保申请以后，应有重点地开展核保工作。

1）根据掌握的情况考虑可否接受投保人投保。

2）接受投保的险种、保险金额和赔偿限额是否需要限制与调整。

3）是否需要增加特别的约定。

4）协议投保的内容是否准确、完善，是否符合保险监管部门的有关规定。

上级公司审核完毕后，应签署明确的意见并立即返回请示公司。

核保工作结束后，核保人将投保单和核保意见一并转给业务内勤，据以缮制保险单证。

二、汽车保险核保的基本内容

1. 审核投保单

业务人员在收到投保单以后，首先根据保险公司内部制订的承保办法决定是否接受此业务。如果不属于拒保业务，则应立即加盖公章，载明收件日期，审查投保单所填写的各项内容是否完整、清楚、准确。核保所要审查投保单的项目包括以下几项。

（1）投保人资格　对于投保人资格进行审核的核心是认定投保人对保险标的拥有保险利益，在汽车保险业务中主要是通过核对行驶证来完成的。

（2）投保人或被保险人的基本情况　投保人或被保险人的基本情况主要是针对车队业务的。通过了解企业的性质、是否设有安保部门、经营方式和运行主要线路等，分析投保人或被保险人对车辆管理的技术管理状况，保险公司可以及时发现其可能存在的经营风险，采取必要的措施降低和控制风险。

（3）投保人或被保险人的信誉　投保人与被保险人的信誉是核保工作的重点之一。对于投保人和被保险人的信誉调查和评估逐步成为汽车核保工作的重要内容。评估投保人与被保险人信誉的一个重要手段是对其以往损失和赔付的情况进行了解，对保险车辆应尽可能采用"验车承保"的方式，即对车辆进行实际的检验，包括了解车辆的使用和管理情况，复印行驶证、购置车辆的完税费凭证，拓印发动机号与车架号，对于一些高档车还应当建立车辆档案。

（4）保险金额　保险金额的确定涉及保险公司及被保险人的利益，往往是双方争议的焦点，因此保险金额的确定是汽车保险核保中的一个重要内容。在具体的核保工作中，应当根据公司制订的汽车市场指导价格确定保险金额。对投保人要求按照低于这一价格投保的，应当尽量劝说并将理赔时可能出现的问题进行说明和解释。对于投保人坚持己见的，应当向投保人说明后果并要求其对自己的要求进行确认，同时在保险单的批注栏中明确。

（5）保险费　核保人员对于保险费的审核主要分为费率适用的审核和计算的审核。但是，对于计算机出单的，基本上不存在对保险费的审核问题，因为这种审核工作已经由计算机的智能化功能完成了。

2. 查验车辆

机动车保险主险的标的是车辆本身，车辆本身的风险一般由几个方面体现：第一，车辆本身的安全性能情况，有的车辆由于设计或者工艺方面的原因，存在安全隐患，这类车辆的事故率较高，保险公司通常是拒绝承保的。第二，车辆零配件的价格水平，有的车型在当地市场较为罕见，零配件供应较为困难且价格较高。还有一些车辆的生产厂家在经营策略上采取"低车价、高配件"的手段，车辆本身的价格并不高，但其零配件价格却远远高出其他同类车型。第三，对一些高档车的承保，高档车的风险较为集中，一方面高档车辆的修复费用较高，另一方面高档车的盗窃风险相对较高，尤其是对二手高档车的承保应特别谨慎。对于这些车辆，应尽可能采用"验车承保"的方式，即对车辆的状况进行实际的检验，包括了解车辆使用和管理的情况，复印行驶证、购置税证，拓印发动机号和车架号，对于一些高档车还应拍照建立车辆档案。

根据投保人提供的有关证件（如车辆行驶证、介绍信等），进行详细的审核。首先，确定投保人称谓与其签章是否一致，如果投保人称谓与投保车辆的行驶证不符合，则要求投保人提供其对投保车辆拥有可保利益的书面证明。其次，检验投保车辆的行驶证与保险车辆是否吻合，投保车辆是否年检合格；核实投保车辆的合法性，确定其使用性质；检验车辆的牌照号码和发动机号是否与行驶证一致等。

根据投保单、投保单附表和车辆行驶证，对投保车辆进行实际查验。查验的具体内容包括：

1）确定车辆是否存在和有无受损，是否有消防和防盗设备等。

2）车辆本身的实际牌照号码、车型及发动机号码、车身颜色等是否与行驶证一致。

3）检查发动机、车身、底盘和电气设备等部分的技术情况。

根据检验结果，确定整车的新旧程度。对于私有车辆，一般要填具验车单，附在保险单副本上。

3. 核定保险费率

应根据投保单上所列的车辆情况和保险公司的机动车保险费率规章，确定投保车辆所适用的保险费率。

（1）确定车辆的使用性质　目前，各保险公司一般把车辆分为家庭自用车辆、非营业车辆和营业车辆3类。

1）家庭自用车辆。家庭自用车辆是指用作个人家庭代步的车辆。

2）非营业车辆。非营业车辆是指各级党政机关、社会团体、企事业单位自用的车辆。

3）营业车辆。营业车辆是指从事社会运输并收取运费的车辆。对于兼有不同类型使用性质的车辆，按高档费率计费。

（2）分清车辆种类　从中国境外直接进口的或经中国香港、澳门、台湾地区转口的整车以及全部由进口零配件组装的车辆，按进口车辆计费。

4. 缮制和签发保险单证

《保险法》第十三条规定："投保人提出保险要求，经保险人同意承保，保险合同成立。保险人应当及时向投保人签发保险单或者其他保险凭证。"

保险单或保险凭证是订立保险合同、载明保险合同双方当事人权利和义务的书面凭证，是被保险人向保险人索赔的主要依据。因此，缮制保险单证工作质量的优劣，直接影响机动车保险合同是否顺利履行。缮制和签发保险单证的流程：缮制保险单—复核保险单—收取保险费—签发保险单、保险标志、保险证—清分单、证—单、证归档。

（1）缮制保险单 业务内勤接到投保单及其附表以后，根据核保人员签署的意见，即可开展缮制保险单工作。

保险单原则上应由计算机出具，暂无计算机设备而只能由手工出具的营业单位，必须得到上级公司的书面同意。

1）计算机制单。将投保单有关内容输入保险单对应栏目内，在保险单"被保险人"和"厂牌型号"栏内登录统一规定的代码。录入完毕检查无误后，打印出保险单。

2）手工填写的保险单。手工填写的保险单必须是保险监督委员会统一监制的保险单，保险单上的印制流水号码即保险单号码。将投保单的有关部门内容填写在保险单对应栏内，要求字迹清晰、单面整洁。如果有涂改，则涂改处必须有制单人签章，但涂改不能超过3处。制单完毕后，制单人应在"制单"处签章。

缮制保险单时应注意的事项如下：

1）双方协商并在投保单上填写的特别约定内容，应完整地载明到保险单的对应栏目内。如果核保有新意见，则应根据核保意见修改和增加。

2）无论是主车和挂车在一起投保，还是挂车单独投保，挂车都必须单独出具有独立保险单号码的保险单。在填制挂车的保险单时，"发动机号码"栏统一填写"无"。当主车和挂车一起投保时，可以按照多车承保方式处理，给予一个合同号，以方便调阅。

3）特约条款和附加条款应印在或加贴在保险单正本背面，加贴的条款应加盖骑缝章。应注意，责任免除、被保险人义务和免赔等规定的印刷字体，应该与其他内容的字体不同，以方便调阅。

（2）复核保险单 复核中尤其应当认真审核特别约定的内容、保险期间起讫时间以及保险金额的确定是否符合规定，费率厘定是否合理、保险费计算是否正确等内容。

（3）收取保险费 保险费收据上的收款金额应与保险单上的总保险费一致，但分期交费的按实际收费数填写。投保人凭保险费收据办理交费手续。保险人在保险单"会计"处和保险费收据的"收款人"处签章，在保险费收据上加盖专用章。

（4）签发保险单、保险标志、保险证 投保人缴纳保险费后，业务人员签发保险单并根据保险单填制《机动车辆保险证》。行车保险合同实行一车一单（保险单）和一车一证（保险证）制度。投保人缴纳保险费后，业务人员必须在保险单上注明公司名称、详细地址、邮政编码及联系电话，加盖保险公司业务专用章，根据保险单填写《汽车保险证》并加盖业务专用章，所填内容应与保险单有关内容一致，险种一栏填写总颁险种代码，电话应填写公司报案电话，所填内容不得涂改。

签发单、证时，交由被保险人收执保存的单、证有保险单正本、保险费收据（保户留存联)、汽车保险证。

对已经同时投保交强险、机动车损失保险、机动车第三者责任保险、机动车车上人员责任保险、不计免赔特约险的投保人，还应签发事故伤员抢救费用担保卡，并做好登记。

(5) 保险单证的清分与归档　对投保单及其附表、保险单及其附表、保险费收据、保险证，应由业务人员清理归类。

投保单的附表要加贴在投保单的背面，保险单及其附表需要加盖骑缝章。清分时，应按照以下送达的部门清分。

① 业务部门留有的单证：保险费收据 (会计留存联)、保险单副本。

② 业务部门留存的单证：保险单副本、投保单及附表、保险费收据 (业务留存联)。

③ 留存部门留存的单证：应由专人保管并及时整理、装订、归档。每套承保单证应按照保险费收据、保险单副本、投保单及其附表、其他材料的顺序整理，按照保险单 (包括作废的保险单) 流水号码顺序装订成册，并在规定时间内移交档案部门归档。

(6) 承保及理赔档案的销毁和注销管理　根据各个公司的规定，对于车险业务一般保管期限为 3 年，对于超过保存期限的经内部人员和外勤人员共同确定确实失去保存价值的，要填具业务档案销毁登记清单，上报部门经理后可销毁。

单证收集的种类：

1) 理赔的基本单证。

① 机动车保险赔案审批表。

② 机动车保险报案记录 (代抄单)。

③ 机动车保险索赔申请书及索赔须知。

④ 机动车保险事故现场查勘记录及附页。

⑤ 机动车保险赔案计算书。

⑥ 事故责任认定书、事故调解书、判决书等证明文件。

⑦ 事故照片。

⑧ 机动车保险车辆损失情况确认书 (包括零部件更换项目清单、修理项目清单)。

⑨ 机动车保险财产损失确认书。

⑩ 机动车行驶证复印件和机动车驾驶证复印件。

⑪ 机动车保险领取赔款授权书。

⑫ 其他有关证明、费用单据及材料。

2) 机动车保险快捷案件涉及单证。

① 机动车保险快捷案件处理单。

② 机动车保险车辆损失情况简易确认书。

3) 重大、复杂案件涉及单证。

① 机动车保险事故现场查勘草图。

② 机动车保险事故现场查勘询问笔录。

③ 机动车保险增加修理项目申请单。

4) 人员伤亡案件涉及单证。

① 机动车保险人员伤亡费用清单或机动车保险医疗费用审核表。

② 机动车保险伤残人员医疗跟踪调查表。

③ 误工证明及收入情况证明。

④ 医疗诊断证明、医疗费用单据及明细。

⑤ 伤亡人员伤残鉴定书、死亡证明和户籍证明。

5）盗抢案件涉及单证。

① 公安刑侦部门出具的盗抢案件立案证明。

② 车辆停驶手续证明。

③ 机动车来历凭证。

④ 机动车行驶证（原件）。

⑤ 机动车登记证书（原件）。

⑥ 车辆购置税完税证明或免税证明（原件）。

6）救助案件涉及单证。

① 机动车救助调度记录清单。

② 机动车特约救助书。

③ 机动车救助特约条款赔款结算书。

5. 续保

保险期满以后，投保人在同一保险人处重新办理保险汽车的保险事宜称为续保。汽车保险业务中有相当大的比例是续保业务，做好续保工作对巩固保险业务来源十分重要。

在汽车保险实务中，续保业务一般在原保险期到期前一个月开始办理。为防止续保以后至原保险单到期期间发生保险责任事故，在续保通知书内应注明"出单前，如果有保险责任事故发生，则应重新计算保险费。如果全年无保险责任事故发生，可享受无赔款优待"等字样。

续保业务是保险公司业务的重要组成部分，在实务操作中应遵循下列制度。

（1）建立和完善续保档案　汽车保险业务承保后，保险人应建立和完善客户档案工作，特别是对投保车辆多、保费数额大的保户，要通过建立客户档案积累资料以跟踪服务，建立和稳定公司的基本客户群。

保险人根据事先排列的到期通知单，在每一保险单期满前一个月寄送被保险人，通知被保险人前来办理续保手续。发现有出险的客户，如果决定续保，则要解决以下问题：

1）查清保险车辆的出险原因。

2）保险车辆会不会再次发生同类事故。

3）增加特约条款，使被保险人采取预防措施。

（2）建立续保通知制度　汽车保险业务到期一个月前，保险人采取上门联系、电话或通过发续保业务联系函等方式，提请保户按时续保并提供及时的服务。

（3）续保检查制度　保险人应加强对汽车保险业务在续保方面的工作情况和成效的督促检查，加大对续保率的控制。

（4）核算续保率　汽车保险业务续保率能及时地反映业务连续程度和客户队伍稳定程度。续保率可以反映服务质量的水平，并将影响展业的费用成本。业务部门领导要指定专人，对业务续保率进行统计，并加强续保率的考核。

续保率的计算公式为

$$续保率 = 本期续保车辆数 / 上期同期承保车辆数$$

6. 无赔款优待

无赔款优待即如果投保车辆在上一年保险期限内保险人没有赔款，那么续保时可享受减收保险费的优待。

被保险人办理续保手续时，经办人员应查阅原保险单副本及赔款记录、出险记录、逐辆核实赔款及出险情况，经核实无误，对被保险人在原保险期限内或自原保险起期至续保之时无赔款且无已受理而未决赔案的车辆，则按辆以原保险所载应交保险费的**核定比例**，计算无赔款优待金额，出具批单及退费收据各一式三份，经复核与主管领导核准后，按支付流程办理付款、登录和归档。

被保险人投保车辆不止一辆的，无赔款优待分别按车辆计算。上年度投保的机动车损失保险、机动车第三者责任保险和附加险中任何一项发生赔款，续保时均不能享受无赔款优待。不续保者不享受无赔款优待。

上年度无赔款的汽车，如果续保的险种与上年度不完全相同，则无赔款优待以险种相同的部分为计算基础；如果续保的险种与上年度相同，但投保金额不同，则无赔款优待以本年度保险金额对应的应交保险费为计算基础。不论汽车连续几年无事故，无赔款优待一律为应交保险费的10%。

选择题

1. （　　）是保险人对愿意购买保险的单位或个人（即投保人）提出的投保申请进行审核，做出是否同意接受和如何接受的决定的过程。

A. 保险受理　　　　B. 保险承保　　　　C. 保险理赔　　　　D. 保险核保

2. （　　）是指保险公司在对投保标的的信息全面掌握、核实的基础上，对可保风险进行评判与分类，进而决定是否承保、以什么样的条件承保的过程。

A. 保险承保　　　　　　　　　　B. 保险鉴定

C. 保险核保　　　　　　　　　　D. 保险审核

3. 保险核保信息的来源主要有 3 个途径，即投保人填写的投保单、销售人员和投保人提供的情况和（　　）。

A. 保险报纸　　　　　　　　　　B. 监管信息

C. 代理公司　　　　　　　　　　D. 通过实际查勘获取的信息

4. 对于低于正常承保标准但不构成拒保条件的保险标的，保险公司通过增加限制性条件或加收附加保费的方式予以承保称为（　　）。

A. 优惠条件承保　　　　　　　　B. 有条件承保

C. 正常条件承保　　　　　　　　D. 限制条件承保

5. 下列各项不属于财产保险核保要素的有（　　）。

A. 划分风险单位　　　　　　　　B. 有无处于危险状态中的财产

C. 保险财产的占用性质　　　　　D. 调查被保险人的道德情况

6. （　　）是指一次风险事故可能造成保险标的损失的范围。

A. 风险划分　　　　B. 风险单位　　　　C. 风险范围　　　　D. 风险事故

7. （　　）由于保险标的之间在地理位置上相毗连，具有不可分割性，当风险事故发生时，承受损失的机会是相同的，那么这一整片地段就被算成一个风险单位。

A. 按投保单位划分风险单位　　　　　　B. 按标的划分风险单位

C. 按使用性质划分风险单位　　　　　　D. 按地段划分风险单位

8. 下列各项不属于影响死亡率的要素有（　　）。

A. 年龄和性别　　　　　　　　　　　　B. 职业、习惯嗜好及生存环境

C. 个人病史和家族病史　　　　　　　　D. 家庭经济状况

9. 人在健康和其他方面存在缺陷，致使他们的预期寿命低于正常的人。对他们应按照高于标准的费率予以承保，此风险属于（　　）。

A. 弱体风险　　　　B. 优质风险　　　　C. 不可保风险　　　　D. 标准风险

10. 保险人在保险标的发生风险事故后，对被保险人或受益人提出的索赔要求进行处理的行为是指（　　）。

A. 保险索赔　　　　B. 保险理赔　　　　C. 保险审请　　　　D. 保险查勘

11. 保险人应遵守条款，恪守信用，既不要任意扩大保险责任范围，也不要惜赔。在此过程中遵守的是（　　）原则。

A. 实事求是　　　　　　　　　　　　　B. 重合同、守信用

C. 主动、迅速、准确、合理　　　　　　D. 公平合理

12. 人身保险中被保险人在生存状态下的保险金给付申请，如伤残保险金给付、医疗保险（津贴）给付、重疾保险金案件，受益人为（　　）。

A. 保险公司　　　　B. 投保人　　　　C. 受益人　　　　D. 被保险人

13. 人寿保险的被保险人或者受益人对保险人请求给付保险金的权利，自其知道保险事故发生之日起（　　）不行使则消灭。

A. 5 年　　　　　　B. 2 年　　　　　　C. 3 年　　　　　　D. 4 年

14. 理赔计算中涉及扣款的项目有（　　）。

A. 预交保险费利差　　　　　　　　　　B. 未领取红利

C. 借款及应收利息　　　　　　　　　　D. 未领取满期保险金

15. 下列各项不属于复核内容的有（　　）。

A. 出险人的确认　　　　　　　　　　　B. 保险期间的确认

C. 出险事故原因及性质的确认　　　　　D. 赔付金领取时间

16. 在通常情况下，一个索赔案件的处理一般要经过接案、立案、初审、调查、（　　）、复核、审批，结案、归档共 7 个环节。

A. 受理　　　　　　B. 请示　　　　　　C. 核定　　　　　　D. 查勘

模块五

汽车保险事故的查勘与定损

学习任务十　道路交通事故的责任认定

知识目标：

1. 熟悉交通事故的定义。
2. 熟悉交通事故的分类。
3. 熟悉道路交通事故的处理程序。

能力目标：

能够初步进行交通事故的责任认定工作。

✦✦✦　单元一　道路交通事故　✦✦✦

一、交通事故定义

在我国，道路交通事故（以下简称交通事故）是指**车辆在道路上因过错或者意外造成的人身伤亡或者财产损失的事件。交通事故中的道路是指公路、城市道路和虽在单位管辖范围内，但允许社会机动车通行的地方，包括广场、公共停车场等用于公众通行的场所。**交通事故不仅是由特定的人员违反交通管理法规造成的，也可以是由地震、台风、山洪、雷击等不可抗拒的自然灾害造成的。

交通事故的构成要件通常包括客观要件（车辆要件和道路要件）、主观要件（过错或意外）、损害后果要件、过错或意外与损害后果之间的因果关系要件。任何一起交通事故都必须包括这4个要件，否则就不能构成一起交通事故。

1. 客观要件（车辆要件和道路要件）

交通事故必须是涉及车辆的事件，即交通事故当事人至少有一方是车辆，不涉及车辆的事件不能称为交通事故。《中华人民共和国道路交通安全法》（简称《道路交通安全法》）对车辆及其形态做了专门规定。交通事故必须是发生在道路上的事件，不发生在道路上的事件不能称为交通事故。《道路交通安全法》《公路工程技术标准》（JTG B01—2014）《城市道路交通规划设计规范》（GB 50220—1995）对道路的内涵和外延做了比较明确的规定。

2. 主观要件

交通事故必须是由于过错或意外造成的事件。

（1）过错 过错是指行为人的主观心态，包括故意和过失。故意是指行为人已经预见到自己行为可能造成的后果，但仍然积极地追求或者放任该后果的发生。过失是指行为人应当预见到自己的行为可能造成某种后果，因疏忽大意而没有预见或者预见后而轻信能够避免，以致发生这种后果的心理态度。对于交通事故而言，交通事故的当事人经常故意违反交通安全法规，但他们并不希望造成人员伤亡或财产损失。如果他们对事故的发生持有故意的主观心态，那么行为人的行为就可能构成故意伤害、故意杀人、诈骗等犯罪。

（2）意外 行为人主观上没有过错，即使交通意外事件的发生是由于不能抗拒或者不能预见的原因引起的，也要作为交通事故对待。《道路交通安全法》将意外引入交通事故的概念中，使得交通事故的范畴比以往扩大了许多。

（3）损害后果 交通事故必须有损害后果，即交通事故必须有人身损害或财产损失的后果。人身损害以《人体重伤鉴定标准》《人体轻伤鉴定标准（试行）》和《人体轻微伤鉴定标准》为依据。财产损失以交通事故现场的直接财产损失为依据。如果客观上没有损害后果的发生，则该事件不属于交通事故。

（4）行为与损害后果之间的因果关系 若当事人的过错或意外是交通事故损害后果出现的原因，交通事故损害后果是当事人的过错或意外事件的结果，则两者之间构成因果关系。若两者之间没有因果关系，则不构成交通事故。

二、交通事故的现象

交通事故的现象即前述的事态，基本可分为碰撞、碾压、刮擦、翻车、坠车、爆炸和失火7种。

1. 碰撞

碰撞是指交通强者（相对而言）的正面部分与他方接触。碰撞主要发生在机动车之间、机动车和非机动车之间、机动车与行人之间、非机动车之间、非机动车与行人之间以及车辆与其他物体之间。根据碰撞时的运动情况，机动车之间的碰撞可分为正面碰撞、正面与侧面相撞、追尾相撞、左转弯或右转弯相撞等情况。

2. 碾压

作为交通强者的机动车，对较弱者（如自行车或行人等）的推碾或压过称为碾压。虽然碾压以前大部分均有碰撞现象，但在习惯上一般都称为碾压。

3. 刮擦

作为交通强者的车辆，在行驶过程中发生侧面与他方接触，造成自身与对方车辆损坏称为刮擦。刮擦与碰撞的判断均以强者着眼，不管弱者：若有正面接触，则为碰撞；仅有违章车辆侧面接触的，则称为刮擦。

机动车之间的刮擦，可以根据运动情况分为会车刮擦和超车刮擦。

4. 翻车

由于自然灾害或者意外事故，造成本保险机动车翻倒，车身触地失去正常状态和行驶能力，不经施救不能恢复正常行驶，称为翻车，通常是车辆没有发生其他事态而造成的。车辆因碰撞或刮擦而造成的翻车应属于哪一类，目前还没有统一的规定。

翻车一般分为侧翻和滚翻两种。车辆两个车轮离开地面的称为侧翻，车辆4个车轮均离开地面的称为滚翻。

5. 坠车

坠车是指车辆腾空后下落，通常是指车辆坠入桥下或山涧等。颠覆不属于坠落。

6. 爆炸

指在极短时间内释放大量能量，产生高温并放出大量气体，在周围介质中造成高压的化学反应或状态变化，往往造成直接破坏。冲击波、火灾等形成的损失、按照近因原则应属于爆炸责任。

7. 失火

车辆在行驶过程中未有违章行为，而因人为的或车辆的原因引起火灾，称为失火。

三、交通事故的分类

1. 按交通事故的后果分类

公安部于（1991）113号通知中对事故等级作了如下规定：

轻微事故是指一次造成轻伤1~2人，或者财产损失机动车事故不足1000元，非机动车事故不足200元的事故。

一般事故是指一次造成重伤1~2人，或者轻伤3人以上，或者财产损失不足3万元的事故。

重大事故是指一次造成死亡1~2人，或者重伤3人以上10人以下，或者财产损失3万元以上不足6万元的事故。

特大事故是指一次造成死亡3人以上，或者重伤11人以上，或者死亡1人、同时重伤8人以上，或者死亡2人、同时重伤5人以上，或者财产损失6万元以上的事故。

死亡事故是指因道路交通事故而当场死亡和伤后7天内抢救无效死亡的事故。

2. 按交通事故的对象分类

按交通事故的对象分类，可分为车辆间事故、车辆对行人的事故、车辆对自行车的事故、车辆单独事故、车辆与固定物的碰撞事故以及铁路道口事故等。车辆间事故即车辆与车辆碰撞的事故，包括正面碰撞型、追赶碰撞型、侧面碰撞型以及接触性碰撞型等；车辆对行人的事故包括车辆在车行道和人行道轧死、撞伤行人的事故，也包括车辆闯出路外所发生的轧死、撞伤行人的事故；车辆对自行车的事故包括机动车在机动车行车道和自行车道轧死、撞伤骑自行车人的事故；车辆单独事故包括翻车事故以及坠入桥下或江河的事故；车辆与固定物的碰撞事故是指车辆与道路上的作业结构物、路肩上的灯杆、交通标志杆、广告牌杆、建筑物以及路旁的树木等相撞的事故；铁路道口事故是指车辆或行人在铁路道口被火车撞死、撞伤的事故。

3. 按违反交通规则的对象分类

按违反交通规则的对象分类，可分为**机动车事故、非机动车事故和行人事故3种**。机动车事故是指机动车负主要责任的交通事故，包括机动车单独、机动车与机动车、机动车与摩托车、机动车与自行车、机动车与行人以及机动车与火车6种情况；非机动车事故主要是指自行车事故，即指骑自行车人过失或违反交通规则所造成的交通事故，包括自行车单独、自行车与机动车、自行车与自行车、自行车与其他非机动车、自行车与行人以及自行车或其他非机动车与火车7种情况；行人事故是指由于行人过失或违反交通规则而发生的交通事故，包括行人负主要责任的机动车和非机动车轧死、撞死行人的事故，也包括火车在铁路道口撞死、撞伤行人的事故。

＊＊＊　单元二　道路交通事故的处理与责任认定　＊＊＊

一、交通事故处理的程序

1. 处理交通事故的简易程序

对于发生《道路交通安全法》第七十条规定的交通事故，在道路上发生交通事故，未造成人身伤亡，当事人对事实及成因无争议的，或仅造成轻微财产损失，并且基本事实清楚的，可以即行撤离现场，恢复交通，自行协商赔偿数额和赔偿方式以及向保险公司索赔事宜。

对于发生《道路交通安全法》第七十条规定的交通事故，当事人对事实及成因有争议，不即行撤离现场或者当事人自行撤离现场后，经协商未达成协议的或者受伤人员认为自己伤情轻微，当事人对事实及成因无争议，但是对赔偿有争议的以及当事人共同请求调解的，可由交通警察予以记录，由当事人签名，并根据当事人的行为对发生交通事故所起的作用以及过错的严重程度，确定当事人的责任，当场制作事故认定书。

如果出现了在事故中当事人提供不出交通事故证据，因现场变动导致证据灭失，交通警察无法查证交通事故事实；当事人对交通事故认定有异议，拒绝在事故认定书上签名，且不同意由交通警察调解的或者调解生效后当事人不履行的情况，则当事人可以向人民法院提起民事诉讼。

2. 交通事故处理的一般程序

交通事故处理的一般程序是指公安机关交通管理部门处理交通事故案件时通常适用的程序，它规定了交通事故处理的各个主要环节。

（1）受理　受理是指公安机关交通管理部门接受案件并予以处理。公安机关交通管理部门对于当事人、目击者及其他人报告的交通事故案件都应当接受，然后按照管辖范围迅速审查，认为是交通事故且属自己管辖的即应立案开展调查。如果不属于自己管辖，则应告知报案人并主动与有管辖权的交通管理部门联系；如遇必须采取紧急措施的，则应当先采取紧急措施，然后移交有管辖权的交通管理部门。对于发生一次死亡3人以上或者有重大影响的交通事故，应立即向上一级公安机关交通管理部门和当地人民政府报告；涉及营运车辆的，应同时通告当地人民政府有关行政管理部门。

当事人未在交通事故现场报警，事后请求公安机关交通管理部门处理的，当事人应当在提出请求后10日内向公安机关交通管理部门提供交通事故证据。公安机关交通管理部门自接到当事人提供的交通事故证据材料之日起对交通事故进行调查。当事人未提供交通事故证据，公安机关交通管理部门因现场变动而导致证据灭失，无法查证交通事故事实的，应当书面通知当事人向人民法院提起民事诉讼。

（2）调查　对于治安性质的交通事故，由于不适用《中华人民共和国刑事诉讼法》，所以由公安机关交通管理部门进行调查；对于刑事性质的交通事故，适用《中华人民共和国刑事诉讼法》规定的，可对案件实施侦查。调查包括现场勘查、讯问当事人、询问证明人，收集物证，对痕迹、物证等进行技术鉴定等取证工作。

公安机关交通管理部门对交通事故进行调查时，交通警察不得少于 2 人。交通警察调查时，应当向被调查人员表明执法身份，告知被调查人依法享有的权利和义务，向当事人发送联系卡。联系卡载明交通警察姓名、办公地址、联系方式和监督电话等内容。

（3）检验与鉴定 公安机关交通管理部门对当事人生理和精神状况、人体损伤、尸体、车辆及其行驶速度、痕迹、物品以及现场的道路状况等需要进行检验和鉴定的，应当在勘查现场之日起 5 日内指派或者委托专业技术人员、具备资格的鉴定机构进行检验和鉴定。检验和鉴定应当在 20 日内完成；超过 20 日的，应当报经上一级公安机关交通管理部门批准，但最长不得超过 60 日。

公安机关交通管理部门应当在接到检验和鉴定结果后 2 日内将检验和鉴定结论复印件交当事人。当事人对公安机关交通管理部门的检验和鉴定结论有异议的，可以在接到检验和鉴定结论复印件后 3 日内提出重新检验和鉴定的申请。经县级公安机关交通管理部门负责人批准后，应当另行指派或者委托专业技术人员、有资格的鉴定机构进行重新检验和鉴定。

当事人对自行委托的检验、鉴定和评估结论有异议的，可以在接到检验、鉴定和评估结论后 3 日内另行委托检验、鉴定和评估，并告知公安机关交通管理部门，公安机关交通管理部门予以备案。申请重新检验、鉴定和评估，以一次为限。重新检验、鉴定和评估的时限与检验、鉴定和评估的时限相同。

（4）交通事故责任认定 通过调查（侦查）、取证工作，在事实清楚、证据确定充分的基础上，对当事人应负的交通事故责任进行认定，对其应负的法律责任也做出认定。

公安机关交通管理部门对经过勘验和检查现场的交通事故应当自勘查现场之日起 10 日内制作交通事故认定书。交通肇事逃逸的，在查获交通肇事逃逸人和车辆后 10 日内制作交通事故认定书。对需要进行检验和鉴定的，应当在检验和鉴定或者重新检验和鉴定结果确定后 5 日内制作交通事故认定书。

（5）裁决处罚 对于有交通肇事行为，尚不够刑事处罚的，对其交通肇事行为做出交通管理处罚裁决。

（6）损害赔偿调解 由交通事故调解人员对当事人之间的事故损害经济赔偿进行调解。当事人达成调解协议的，制作调解协议书。经调解未达成协议的，公安机关交通管理部门应当制作调解终结书送交各方当事人，调解终结书应当载明未达成协议的原因。

调解书生效后，赔偿义务人不履行的，当事人可以向人民法院提起民事诉讼。交通事故案件在公安机关交通管理部门的处理程序至此终结。

二、交通事故的责任认定

1. 交通参与者的道路通行原则

道路通行原则是所有道路交通参与者都必须严格遵循的行为准则，也是道路通行规范制定的依据。我国的道路通行原则有 4 个：**右侧通行原则、各行其道原则、遵守交通信号原则、优先通行原则**。

2. 责任认定的基本原则

（1）依法定责的原则 作为行政机关的道路交通管理部门，在责任认定时必须以法律为准绳，依法定则。认定道路交通事故责任的法律依据不仅仅是有关道路交通安全方面的法律、法规和规章，还应包括《中华人民共和国刑法》《中华人民共和国民法通则》《中华人民共和国刑事诉讼法》《中华人民共和国民事诉讼法》《中华人民共和国行政处罚法》《中华人民共和国行政诉讼法》等相关的法律和法规。

（2）因果关系的原则　责任认定所分析的因果关系，就是**作为事故原因的违章行为或意外事故与造成事故之间的因果关系**，应分析出与事故发生有直接的、内在的、必然的、主要的违法行为。严禁简单运用"违章是肇事的前因，肇事是违章的后果"这种逻辑关系。

3. 责任认定的主要依据

交通事故责任分为全部责任、主要责任、同等责任和次要责任。

（1）负全部责任的情形　完全是因为一方当事人的过错行为而导致的交通事故；当事人有逃逸行为，致使无法认定交通事故责任的；当事人有故意破坏、伪造现场、毁灭证据行为，致使无法认定交通事故责任的；当事人一方有条件报案而未报案或未及时报案，致使交通事故责任无法认定的。

（2）负主要责任和次要责任的情形　双方当事人的违法行为共同造成交通事故的，违法行为在交通事故中作用大的一方负主要责任，另一方负次要责任；机动车与非机动车、行人发生的交通事故，当事人双方均有条件报案而均未报案，致使无法认定事故责任的，机动车一方负主要责任，非机动车、行人一方负次要责任；由三方以上当事人的违法行为造成的交通事故，按各自违法行为在交通事故中的作用大小划分责任。

（3）负同等责任的情形　当事人双方的违法行为在交通事故中的作用相当的，双方负同等责任；机动车之间发生的交通事故，若双方均有条件报案而均未报案或未及时报案致使无法认定事故责任的，双方应当负同等责任。

（4）无责任的主要情形　交通事故是由一方当事人的交通违法行为所导致的，另一方无责任；一方当事人故意造成的交通事故，另一方无责任；非机动车或行人与静止机动车发生的事故，机动车一方无责任；双方均无导致交通事故的过错，属于交通意外事故的，双方均无责任。

4. 事故现场遭到破坏时的责任认定

交通事故现场是能够客观反映交通事故发生前后整个过程的空间场所，是公安机关交通管理部门正确认定交通事故责任的关键。因此，我国道路交通方面的法律和法规均明确规定了有关人员应当保护现场，不得破坏现场。

现场遭到破坏，要区分不同的情况进行责任认定：

1）如果现场是一方当事人故意破坏的，则破坏现场的当事人要承担全部责任。

2）如果现场不是被故意破坏的，而是因不小心或其他原因（如由于暴雨等）受到破坏的，则由负有举证责任的一方承担相应的举证责任。

3）机动车之间发生交通事故的，由过错的一方承担责任；双方都有过错的，按照各自过错的比例分担责任。

4）机动车与非机动车驾驶人、行人之间发生交通事故的，由机动车一方承担责任；但是，有证据证明非机动车驾驶人、行人违反道路交通法律和法规的，机动车驾驶人已采取必要处置措施的，减轻机动车一方的责任。

5）交通事故的损失是由非机动车驾驶人、行人故意造成的，机动车一方不承担责任。

由此可见，机动车一方负有较重的举证责任，如果在现场遭到破坏后，不能举出有力的证据予以反驳，那么机动车一方就要承担事故的全部责任。

5. 交通事故的简易判定

交通事故的简易判定方法见表10-1。

表 10-1　交通事故的简易判定方法

追撞前车尾部的，图中所示均为 A 车负全责

变更车道时，未让正在该车道内行驶的车先行的，图中所示为 A 车负全责

当通过没有交通信号灯控制或者没有交通警察指挥的交叉路口时，未让交通标志、交通标线规定优先通行的一方先行的，图中所示为 A 车负全责

当通过没有交通信号灯控制或者没有交通警察指挥的交叉路口时，在交通标志和标线未规定优先通行的路口，未让右方道路的来车先行的，图中所示为 A 车负全责

当通过没有交通信号灯控制或者没有交通警察指挥的交叉路口时，遇相对方向来车，左转弯车未让直行车先行的，图中所示为 A 车负全责

当通过没有交通信号灯控制或者没有交通警察指挥的交叉路口时，相对方向行驶的右转弯车未让左转弯车的，图中所示为 A 车负全责

绿灯亮时，转弯车未让被放行的直行车先行的，图中所示为 A 车负全责

在没有中心隔离设施或者没有中心线的道路上会车时，在有障碍的一方已驶入障碍路段，无障碍一方未驶入时，无障碍一方未让有障碍的一方先行的，图中所示为 A 车负全责

（续）

在没有中心隔离设施或者没有中心线的道路上会车时，下坡车未让上坡车先行的。图中所示为 A 车负全责

在没有中心隔离设施或者没有中心线的道路上会车时，下坡车已行至中途而上坡车未上坡时，上坡车未让下坡车先行的，图中所示为 A 车负全责

在没有中心隔离设施或者没有中心线的狭窄山路上会车时，在两车难以同时通过的情况下，靠近山林的一方未做减速或停车等避让措施让对方先行的，图中所示为 A 车负全责

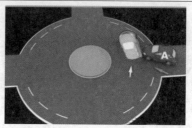

拟进入环形路口的车未让已在路口内的车先行的，图中所示为 A 车负全责

逆向行驶的，图中所示为 A 车负全责

超越前方正在左转弯的车的，图中所示为 A 车负全责

超越前方正在掉头的车的，图中所示为 A 车负全责

超越前方正在超车的车的，图中所示为 A 车负全责

与对面来车有会车可能时超车的，图中所示为 A 车负全责

情景1

行经交叉路口、窄桥、弯道、陡坡、隧道时超车的，图中所示为 A 车负全责

（续）

　　行经交叉路口、窄桥、弯道、陡坡、隧道时超车的，图中所示为 A 车负全责

　　在没有中心线或者同一方向只有一条机动车道的道路上，从前车右侧超越的，图中所示为 A 车负全责

　　在没有禁止掉头标志、标线的地方掉头时，未让正常行驶的车先行的，图中所示为 A 车负全责

　　在有禁止掉头的标志、标线的地方以及在人行横道、桥梁、陡坡、隧道掉头的。图中所示为 A 车负全责

　　倒车的，图中所示为 A 车负全责

　　溜车的，图中所示为 A 车负全责

　　违反规定在专用车道内行驶的，图中所示为 A 车负全责

　　未按照交通指挥通行的，图中所示为 A 车负全责

　　驶入禁行线的，图中所示为 A 车负全责

红灯亮

　　红灯亮时继续通行的，图中所示为 A 车负全责

（续）

违反装载规定，致使货物超长、超宽、超高部分造成交通事故的，图中所示为 A 车负全责

装载的货物遗洒、飘散过程中导致交通事故的，图中所示为 A 车负全责

违反导向标志指示行驶的，图中所示为 A 车负全责

未按导向车道指示方向行驶的，图中所示为 A 车负全责

未按导向车道指示方向行驶的，图中所示为 A 车负全责

6. 交通事故认定书

交通事故认定书是由公安机关交通管理部门以交通事故现场勘验、检查、调查情况和有关的检验、鉴定结论为根据，认定交通事故当事人责任的一种法律文书。按规定，公安机关交通管理部门对经过勘验和检查现场的交通事故应当在勘查现场之日起 10 日内制作交通事故认定书。对需要进行检验和鉴定的，应当在检验和鉴定结果确定之日起 5 日内制作交通事故认定书。

公安交通管理部门出具的交通事故认定书是处理交通事故的证据，也是当事人就民事损害赔偿问题向法院提交的重要证据。与原来的区别是，认定书名称中取消了"责任"两字。这是因为，事故认定中所指的责任与民事赔偿中应承担的责任以及刑事或者行政责任不是一个概念，取消这两个字是为了避免混淆，同时也更加明确了认定书的性质——属于证据的一种。这种性质决定了认定书不具有行政可诉性，不服认定书的结论不能提起行政诉讼；也决定了法院在审理交通事故案件时，应该和其他证据一样进行审查，当有其他证据足以推翻该认定书时，法院无须经过重新认定即可不予采信，因此认定书又不同于鉴定结论。

交通事故认定书应当载有如下内容：

1）交通事故当事人、车辆、道路和交通环境的基本情况。

2）交通事故的基本事实。

3）交通事故证据及成因的分析。

4）当事人的过错及责任或者意外原因。

交通事故认定书应当加盖公安机关交通管理部门事故处理专用章，分别送达当事人，并告知当事人申请公安机关交通管理部门调解的期限和直接向人民法院提起民事诉讼的权利。

对无法查清当事人道路交通安全违法行为的，书面通知当事人向人民法院提起民事诉讼。

典型的道路交通事故认定书如下：

第××××号

20××年5月17日12时30分，××市××路××路口，××市××有限公司驾驶人王××驾驶"桑塔纳"小客车，在××路由西向东通过××路口时，适有××市××出租汽车公司驾驶人李××驾驶"切诺基"吉普车以80km/h左右的速度由南向北通过路口。李××临近路口发现前方横穿的小客车后虽进行了紧急制动，但由于车速快，停车不及，吉普车前部撞在小客车右部，造成小客车内乘车人赵××当场死亡、两车均损坏的重大交通事故。

发生交通事故的原因是王××驾车通过路口时，未让干路车先行，属于违反《道路交通管理条例》第四十三条"车辆通过没有交通信号或交通标志控制的交叉路口，必须遵守下列规定依次让行：（一）支路车让干路车先行……"的规定，李××驾车通过路口时，未减速慢行，属于违反《道路交通管理条例》第三十五条关于机动车遇道路宽阔、空闲、视线良好，在保证交通安全的原则下，最高时速规定城市街道为70千米的规定。

根据《道路交通事故处理办法》第十九条的规定，王××负事故主要责任，李××负事故次要责任，赵××不负责任。

（公章）

承办人：宋××郭××20××年5月27日

此认定书，已于20××年5月28日向当事各方宣布，当事人不服的，可在接到认定书后15日内向××市交警支队申请重新认定。

【知识拓展】　交警在处理交通事故时的道德风险

保险公司进行车险损失定损中，能够察觉到在被保险车辆发生交通事故时，个别交警徇私情，有时违背事实状况而出具假证明材料的事实。例如：车辆双方相互碰撞，负主要责任的一方没有投保机动车损失保险，而负次要责任的一方投保了机动车损失保险。交警在处理交通事故时就出具假的事故认定材料，让投保车辆负主要责任，未投保车辆则不负责任。这样投保车辆的撞车损失可以通过保险公司获得补偿。

另外，根据保险公司汽车保险条款的规定，对于酒后驾车发生事故的，不能获得保险公司的赔偿。但交通管理部门在对驾驶人是否存在酒后驾车事实的认定时，可能会经过当事人的游说而认定其不属于酒后驾车，这样，酒后驾车仍然可以获得保险赔偿。

针对这个问题，业内人士认为，防范这类道德风险的最好的办法是促使保险公司与交通管理部门信息处理平台的建立。这种信息平台的建立对处理这类案件非常重要。例如：有些地方交通管理部门建立了网络，保险公司可以进行查询，在这个网络里面的交警记录一般是真实、有效的。

这样，可以在一定程度上杜绝交警与车主相勾结做假记录现象的发生。

三、交通事故认定典型案例分析

典型案例分析 1

事故经过：

2011年1月8日13时许，下雪，柳某驾驶自有的苏CB41××半挂汽车，沿苏239线由西向东行驶（道路交通事故现场的路面为双向四机动车道，中心以双黄线隔离，总宽23.2m）。至80700m处时，柳某发现由南向北横过公路的骑车人王某，立即采取向左转向并制动的避让措施。因雪路滑和车速高，苏CB41××的车头越过公路中心线，车尾向右甩尾侧滑。苏CB41××的车头越过公路中心线后，与相向而行的由周某驾驶的苏CM47××大货车发生碰撞，致使周某受伤，两汽车不同程度损坏；车尾向右侧滑时，又将王某连人带车撞倒，造成王某当场死亡。

责任认定：

铜山县交通巡警大队的《道路交通事故认定书》认定：此次事故中，苏CB41××汽车驾驶人柳某在雪天路滑的情况下超速行驶，发现险情时采取的避让措施不当，致使车辆侧滑后发生事故，违反了《道路交通管理条例》第六条关于驾驶车辆必须右侧通行、第三十六条第三项关于机动车遇有风、雨、雪、雾天能见度在30米以内时最高时速不准超过20千米的规定，应负事故主要责任；死者王某在横过公路时对车辆观察避让不够，违反了《道路交通管理条例》第七条第一款关于"车辆、行人必须各行其道。借道通行的车辆或行人，应当让在其本道内行驶的车辆或行人优先通行"的规定，应负事故的次要责任；苏CM47××汽车驾驶人周某正常驾驶，对事故不负责任。

典型案例分析 2

事故经过：

卢某系某事业单位驾驶人。2015年7月8日，卢某为单位从外地运输印刷品，深夜返回途中，驾车进入高速公路行驶。由于其过度疲劳，注意力分散，未注意前方车辆为变换车道而降低行驶速度，导致两车追尾，卢某受轻伤。卢某在未采取任何措施的情况下离开现场，到医院治疗。被追尾车辆的驾驶人宋某及乘车人赵某开启危险警告闪光灯，并在车辆行驶方向后方100m处设置警告标志后，在现场守候，等待交警前来处理。几分钟后，刚参加过朋友聚会的张某酒后驾车，以110km/h的高速同向驶来，冲入事故现场，与卢某的车发生剧烈撞击。张某当场死亡。两辆车皆严重毁坏。守候在现场的宋某和赵某受重伤，造成了一起重大交通事故。

责任认定：

此次事故事实上是一起连环交通事故。第一起事故是由于卢某违反《中华人民共和国道路交通安全法》关于过度疲劳影响安全驾驶的，不得驾驶机动车的禁止性规定造成的。卢某应当对第一起交通事故负全部责任。但第一起交通事故造成的人身和财产损失不大，属于一般交通事故，不足以构成犯罪。第二起交通事故发生时，卢某已离开事故现场，其车辆也处于静止状态，事故主要是由于张某酒后驾车造成的。卢某的违章行为对于第二次交通事故只是一个间接原因，与第二次交通事故的发生没有直接、必然的联系。虽然卢某未在事故发生后依法采取应急处置措施，但经宋某等人的补救后，卢某不作为的违法行为与第二起事故的关系链已被斩断，不应依此认定卢某对后来发生的第二起严重交通事故负主要责任。所以，第一次交通事故应当由卢某负全部责任，第二起交通事故应当由酒后驾车的张某负全部责任。

事故经过：

2015年7月2日，于某在准备过高速公路时，为抄近路，由路基防护网的破损处进入公路，被卞某驾驶的高速行驶中的白色桑塔纳轿车猛烈撞击，当场死亡。事故发生后，经公安机关现场勘察认定：车辆的行驶速度为114km/h，超过该路段的最高限制时速110km/h。

责任认定：

《高速公路交通管理办法》中规定，高速公路是一种非常特殊的交通环境，行人和不符合要求的其他车辆不得进入。如果行人或不符合要求的其他车辆违反有关的交通管理法规，进入高速公路，那么就要承担因此而发生的后果。所以，在本案中，行人于某应承担事故的主要责任。同时，在高速公路上，机动车在正常行驶的过程中虽然较一般的道路享有更高的路权，但这并不意味着驾驶人在高速公路上就可以不尽机动车驾驶人的高度注意、谨慎驾驶、确保安全和结果避免的义务，这是机动车驾驶人在任何情况下的当然义务。本案中，驾驶人驾车超过了法律规定的最高时速，违反了其应尽的义务，构成了违章。《中华人民共和国道路交通安全法》和《高速公路交通管理办法》均规定最高时速小客车不得超过110km。虽然《高速公路交通管理办法》规定驾车超过最高时速限制不到20km的不予处罚，但并未规定该行为不算违章。法律条文均有其严格的含义，不能作想当然的逻辑推理。法律的规定应该严格执行，即便驾车超过最高时速限制1km也应认定为违章。而且，该规定的出发点是为了加强交通行政管理，针对的是一般的违章行为，并不适用于造成了重大生命、财产损失的严重交通事故的情况。所以，机动车驾驶人应当承担交通事故的次要责任。

事故经过：

2016年9月5日7时，安阳市的孙某驾驶谷某的红旗汽车由北向南行至京珠高速公路516300m西半幅时，汽车的左前轮轧到行车道偏东侧一坑槽后撞向路边护栏板上，坑槽东西宽90cm，南北宽50cm，深度为15cm，坑槽前后无警示标志，事故造成车辆受损及部分路产损失。车损经安阳县价格认证中心评估为20625元，路产损失经高速公路路政管理总队安新路政支队认定为2500元。

责任认定：

安新分公司作为京珠高速公路安新段的管理单位，应保障车辆能够安全、畅通使用高速公路，由于安新分公司疏于巡查，未及时发现高速公路上的坑槽并清除，同时也未在坑槽来车方向设置警示标志，造成事故发生，故安新分公司应承担事故50%的责任。原告谷某车辆驾驶人孙某在行驶过程中，未注意观察路面，采取制动措施不及时，应承担50%的责任。被告高速公路公司作为安新分公司的设立法人，应承担连带赔偿责任。

典型案例分析 5

事故经过：

倪某于2010年9月18日中午12时许驾驶沪BA43××跃进2t货车，在本市北京西路由东向西行驶，至石门路处与由西向东行驶的第三人孙某驾驶的沪AC76××欧宝旅行车相擦，倪某未停车继续向西行驶，孙某即刻拦出租车追赶，在西康路处拦住倪某的车辆，返回出事地点。

由于倪某没有按规定车道行驶，对发生的交通事故负全责。根据《道路交通事故处理办法》（以下简称《事故处理办法》）第二十四条的规定，静安交警支队对倪某做出罚款人民币150元，并处吊扣驾驶证3个月的处罚。

争议：

倪某上诉称，其驾驶的车辆并没有和第三人驾驶的车辆相碰擦，静安交警支队认定事实不清，请求撤销该行政行为。

庭审举证：

庭审中，被上诉人静安交警支队出示了如下证据，以证明被诉行政处罚决定认定的事实：

1）2010年9月18日公安机关制作的道路交通事故现场图证实，第三人驾驶的沪AC76××欧宝旅行车行驶在自己的车道上。

2）2010年9月18日第三人孙某所做陈述笔录，证实第三人陈述当日中午12时许，其驾车在本市北京西路由西向东自己的车道上，由西向东正常行驶，上诉人倪某驾车由东向西借其车道行驶，撞坏其车辆左反光镜后继续行驶，其即刻拦出租车追赶，后返回出事地点，由交警现场处理的事实。

3）2010年9月21日道路交通事故认定书、2010年10月10日道路交通事故重新认定决定书，可以证明2010年9月18日中午12时许，上诉人倪某驾驶沪BA43××跃进2t货车，在本市北京西路由东向西行驶，至石门路处与由西向东行驶的第三人孙某驾驶的沪AC76××欧宝旅行车相擦，事后，公安机关对这起道路交通事故做出了道路交通事故责任认定，确认上诉人违反了《中华人民共和国道路交通管理条例》第七条第一款"车辆、行人必须各行其道。借道通行的车辆或行人，应当让在其本车道内行驶的车辆或行人优先通行"的规定。

4）2010 年 9 月 19 日上海市公安局（2000）沪公刑技物字第 318 号《物证检验报告》，证明送检旅行车（牌照号为沪 AC76××）左侧反光镜上黏附的蓝色物质与跃进 2t 货车（牌照号为沪 BA43××）左侧涂层油漆的色泽、含主要无机成分均相同。

5）2010 年 9 月 18 日上海道路交通事故物损评估中心评估二站出具的《物损评估意见书》（评估员谢某、周某），证明经评估车型欧宝旅行车（牌照号为沪 AC76××）换总成，直接物质损失为人民币 2139 元。根据《公安部关于修订道路交通事故等级划分标准的通知》第一条第二款"一般事故是指一次造成重伤 1~2 人，或者轻伤 3 人以上，或者财产损失不足 3 万元的事故"的规定，这起事故为一般事故。

以上证据经庭审质证，上诉人对证据 1）和 3）的真实性未持异议，对证据 2）认为内容不真实，其并没有驾驶车辆与第三人的车相撞；对证据 4）认为检验报告只能证明油漆是同一油漆，但车辆相撞应留有痕迹，没有痕迹鉴定，并不能证明两车相撞的事实；对证据 5）认为物损评估直接物质损失为人民币 506 元，而不是人民币 2139 元。对此，上诉人倪某向法庭提供了反证：2010 年 9 月 18 日上海道路交通事故物损评估中心评估二站出具的《物损评估意见书》。该《物损评估意见书》的评估员为谢某、周某二人，该份《物损评估意见书》证明经评估车型欧宝旅行车（牌照号为沪 AC76××）受损应换零部件、修理项目以及修理费用直接物质损失为人民币 506 元。该份证据材料经被上诉人质证，被上诉人对证据的真实性没有异议。认为物损为人民币 506 元的《物损评估意见书》是第一份评估意见书，由于第一份评估意见书做出后，第三人对此有异议，要求重新评估，故上海道路交通事故物损评估中心评估二站对此进行重新评估，因旅行车反光镜是电动的，无法修复，需要更换总成，经重新评估，出具了第二份《物损评估意见书》，确定第三人驾驶的旅行车直接物质损失为人民币 2139 元。评估员谢某在一审庭审中出庭作证，证明了以上事实；第三人要求重新评估之事当时就告知了上诉人，对此上诉人在一审庭审中也承认。据此，认为物损结论应以第二份经重新评估出具的《物损评估意见书》的结论为准。

上诉人对其在一审庭审中承认曾被告知重新评估之事没有异议。

判决：

经庭审举证、质证，本院认证如下，被上诉人提供的证据 1）是公安机关制作的事故现场图，能反映事故现场客观事实；证据 3）是公安机关对事故做出的道路交通事故认定书，上诉人对此未持质疑；证据 2）是第三人对事故经过的陈述，证实内容能与证据 3）内容相互印证，内容客观、真实；证据 4）是具有鉴定资质的上海市公安局做出的《物证检验报告》，应为有效证据；证据 5）与上诉人向法庭提供的反证均是上海道路交通事故物损评估中心评估二站于 2010 年 9 月 18 日出具的两份《物损评估意见书》，根据上海道路交通事故物损评估中心评估二站评估员谢某在一审庭审中所做证词："对欧宝车的物损评估做了两次，第一次评估以'修复为主'的原则，认为物损为人民币 506 元，第一份《物损评估意见书》做出后，第三人对此有异议，要求重新评估，经与上海道路交通事故物损评估中心联系，认为欧宝车反光镜的修复有困难，要更换总成，故对此进行重新评估，出具了第二份《物损评估意见书》，确定第三人驾驶的旅行车直接物质损失为人民币 2139 元"，并结合上诉人也承认曾被告知第三人要求重新评估的事实，应认定重新评估事实存在，物损结论应以被上诉人提供的证据5）为准。据此，被上诉人提供的证据1）~5）法院作为定案证据予以采信。根据《公安部关于修订道路交通事故等级划分标准的通知》第一条第二款"一般事故，是指一次造成重伤1~2人，或者轻伤3人以上，或者财产损失不足3万元的事故"的规定，法院对被上诉人所做行政处罚认定倪某于2010年9月18日中午12时许，驾驶沪BA43××跃进2t货车，在本市北京西路由东向西行驶，至石门路处与由西向东行驶的第三人孙某驾驶的沪AC76××欧宝旅行车相擦，由于倪某没有按规定车道行驶，对发生的交通事故负全责，这起道路交通事故属一般事故的事实予以确认。

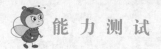

能 力 测 试

一、名词解释

道路交通事故、碰撞、碾压、刮擦、翻车、坠车、爆炸、失火、轻微事故、一般事故、重大事故、特大事故、交通事故责任认定。

二、案例分析题

请对下列案例做出事故责任认定。

案例1：2017年12月2日，何某乘坐赖某驾驶的云MG9××两轮摩托车由腾冲驶往龙陵方向。13时00分左右，当车行至龙腾线5150m处时，与徐某驾驶的宏州奥环水泥有限公司所有的云NC70××大货车相会，由于该路段正在扩修，右道无法通行，两车在狭窄路段会车时，摩托车摔翻，致使何某倒地造成腰骨折截瘫。经鉴定，何某为一级伤残。

案例2：2012年2月20日下午19时20分，A驾驶富康车在×××路段，自西向东行驶，车速约为40km/h，行至×××处，发现一行人（以下简称B）自北向南跑步横穿马路，A采取紧急制动措施，B与A驾驶的富康车前部相撞后倒地，富康车前风窗玻璃破损、前风窗玻璃上框、发动机舱盖受损。A打122电话报警，B自行站起并坐到路边，并劝说A不要报警。约5min左右，B自行离开现场向西走去。A接通122电话后如实讲述事故经过，但鉴于B已离开现场，122让A向交通支队电话报案。A电话报案后即挪开车辆，前往交通支队当面报案。当晚交通支队事故科将事故车辆、行驶证、A的驾驶证扣留。等待B前去报案，但直至第二日中午依然未见B的人影，交通支队将事故车辆及相关手续发还给A。A写出事故经过由办案警官签字认可。7日后，B的子女及事故见证人到交通队报案，并带来医院相关证明，得知B年龄71岁，事故导致腿部骨裂，肋骨3根骨折。警官去B家中核实情况，B所述事故经过与A完全相同。

案例3：2013年8月17日上午，杨某随同其亲人一行从家里出发前往泸州，行至泸纳高等级公路4070m处时，杨某由于年龄较小（未满10周岁），活泼好动，时而走其母亲与外公中间，时而走前面与其外公并排同行。此时，徐某驾驶自有的川ED65××号小型货车从后面驶来，没有鸣喇叭提示，在对面没有会车的情况下，其驾驶的小型货车既没有减速，也没有借道让行，从背后将杨某撞飞到10余米远的公路右边人行道上，并在继续行驶近20m后才停止下来。事后经检验，被告所驾驶的面包车后制动无制动、总制动力不合格。杨某受伤后，当即送泸州医学院附属医院，经抢救无效死亡。

学习任务十一　汽车保险事故的现场查勘

知识目标：

1. 熟悉汽车保险事故现场的概念。
2. 熟悉现场查勘的目的。
3. 熟悉现场查勘的主要工作过程。
4. 熟悉现场查勘常用的技术。

能力目标：

能够初步完成汽车保险事故的现场查勘工作。

现场查勘的原则体现在客观性、时效性、严密性和全面性 4 个方面。

查勘工作的首要任务是真实反映事故情况，无论是勘查事故的损害情况，还是进行现场痕迹勘验、制作勘查报告，都要本着实事求是的态度才能确保理赔工作公平、公正。真实性既是对查勘工作的要求，也是对查勘人员职业道德的要求。

交通事故事发突然、情况复杂，现场随时间推移会有很大变化，所以要求查勘人员第一时间赶赴现场开展查勘工作，以免因时间推移给保险人带来不必要的损失。

在查勘过程中，查勘员不仅要注意勘查事故造成的各种痕迹和情节，而且要注意核查这些痕迹和情节形成的合理性、客观性，在现场询问时需耐心、详细地查明当事人、目击者、知情人所知晓的与事故相关的所有情况，故严密、细致的工作作风是必不可少的。

查勘员在勘查现场时，凡是与保险事故相关的场所、痕迹都要勘验；凡是与保险事故相关的人和事都要一一询问、调查；凡是对事故定性、定责、定损有价值的材料都要全面收集，凡是与事故有关的事实都要进行全面的分析。

✳✳✳　单元一　现场查勘概述　✳✳✳

一、车险事故现场

车险事故是指被保险车辆因过错或意外造成的人身伤亡或者财产损失的事件。保险事故现场（以下简称现场）是指发生保险事故时被保险车辆及其与事故有关的车、人、物遗留下的与事故有关的痕迹证物所占有的空间。现场必须同时具备一定的时间、地点、人、车、物 5 个要素，它们既相互关联，又与事故的发生有因果关系。

现场按事故状态可分为原始现场、变动现场、伪造现场及逃逸现场。

（1）原始现场　原始现场是指发生事故后至现场查勘前，没有发生人为或自然破坏，仍然保持着发生事故后的原始状态的现场。这类现场的现场取证价值最大，它能较真实地反映出事故发生的全过程。

（2）变动现场　变动现场是指发生事故后至现场查勘前，由于受到了人为或者自然原因的破坏，使现场的原始状态发生了部分或者全部变动。这类现场给查勘带来种种不利因素，由于现场证物遭到破坏，不能全部反映事故的全过程，给事故分析带来困难。

现场变动的原因通常有下面几种：

1）抢救伤者。因抢救伤者而变动了现场的车辆和有关物体的位置。

2）保护不善。因保护不善，致使现场上的痕迹被过往车辆和行人碾压、践踏而模糊或者消失。

3）自然影响。由于下雨、下雪、刮风等自然因素的影响，造成现场或物件上遗留下来的痕迹模糊不清或完全消失。

4）特殊情况。执行任务的消防、救护、警备、工程抢险车以及首长、外宾乘坐的汽车在发生事故后，因任务的需要驶离了现场。

5）快速处理。一些主要交通干道或繁华地段发生事故，为避免造成交通堵塞，须立即排除，因而移动了车辆及其他物体。

6）其他原因。例如，当车辆发生了事故后，当事人没有发觉，车辆驶离了现场。

对于变动现场，必须注意识别和查明变动的原因及情况，以利于辨别事故的发生过程，正确分析原因和责任。

（3）伪造现场　伪造现场是指当事人为逃避责任、毁灭证据或达到嫁祸于人的目的，或者为了谋取不正当利益，有意改变或布置的现场。

（4）逃逸现场　逃逸现场是指肇事人为了逃避责任，驾车潜逃而导致现场变动。其性质比伪造现场更为恶劣。《道路交通安全法》明确规定，造成交通事故后逃逸的，由公安机关交通管理部门吊销机动车驾驶证，且终生不得重新取得机动车驾驶证。

另外，还有一种现场称为恢复现场，有两种情况：一是对上述变动现场，根据现场分析和证人指认，将其恢复到原始现场的状态；二是原始现场撤除后，因案情需要，根据原现场记录图、照片和查勘记录等材料重新布置恢复现场。

二、现场查勘的目的

现场查勘是证据收集的重要手段，是准确立案、查明原因和认定责任的依据，也是保险赔付和案件投诉的重要依据。因此，现场查勘在事故处理过程中具有非常重要的意义。

（1）查明事故的真实性　通过客观、细致的现场查勘证明案件是否为普通的交通事故，是否为骗保而伪造事故，即确定事故的真实性。

（2）确定标的车在事故中的责任　通过对现场周围环境和道路条件的查勘，可以了解道路、视距、视野、地形和地物对事故发生的客观影响。对事故经过进行分析和调查，查明事故的主要情景和交通违法因素，分清被保险机动车在事故中所负的责任。

（3）确定事故的保险责任　通过现场的各种痕迹，对当事人和证明人的询问与调查，对事故经过进行分析和调查，查明事故发生的主要情节，结合保险条款和相关法规，确定事故是否属于保险责任范畴。

（4）确认事故的损失　通过对受损车辆的现场查勘，分析损失形成的原因，确定该起事故中造成的被保险机动车及第三者车的损失范围。通过对第三者受损财物的清点统计，确定受损财物的型号、规格、数量以及受损的程度，为核定损失提供基础资料。

三、现场查勘的主要工作过程

现场查勘的工作流程如图 11-1 所示，下面就主要工作过程做进行详细介绍。

1. 接受调度及查勘前的准备

在接到客服中心调度时，查勘人员应及时记录报案号、事故发生地点、客户姓名、是否为 VIP 客户、联系电话、车牌号码，并了解该案简单事故经过。然后，在规定时间内与客户电话联系，了解事故的详细地点及经过，告知客户预计到达现场的时间，对客户做初步的事故处理指导。

在赶赴现场之前，必须携带好必要的查勘工具和救护用具，准备好查勘单证及相关资料，确保查勘车车况良好。

1）查勘设备：查勘车辆、照相用的相机，测量用的钢卷尺或皮尺，记录用的签字笔、书写板、印泥等文具；夜间查勘需准备手电筒；雨天查勘需准备雨伞、胶靴等；视情况还需准备反光背心、事故警示牌、手套等防护用品；新手查勘还需准备事故现场所在地的地图备查。

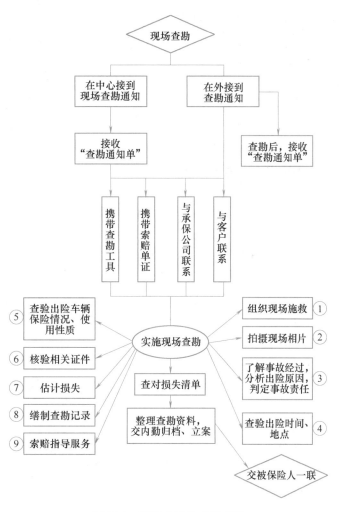

图 11-1　现场查勘的工作流程

2）作业资料：现场查勘需准备现场查勘报告单、定损单、询问笔录纸等。

3）常用药品：有条件的还可常备创可贴、云南白药、碘酒、风油精、霍香正气水、药棉、纱布、绷带或医用胶带等常用药具、药品。

4）出发前，检查查勘车辆车况：离合、制动性能是否良好，备胎情况及更换工具是否随车携带，燃油油量是否充足。

2. 到达事故现场的自我介绍

到达现场后，查勘人员首先要通过车牌号码确认事故现场，同时要确认客户身份，并向客户进行自我介绍。介绍的标准用语范例："您好，请问是××先生/女士吗，我是××××保险公司的查勘员，我姓××，您的这次事故由我来处理"，以取得客户配合、消除客户急躁情绪。然后展开现场查勘工作。

3. 了解事故现场概况

1）查看事故现场是否有人员受伤。对于有人员受伤的案件，查勘人员应指导客户拨打 120 和 122 报警，并保护好现场、协助将伤员送往医院等（因抢救需要移动现场车辆或人员位置的，要做好标记）；如果属于群死群伤的大案件，则积极协助客户、交通管理部门妥善处理人员伤亡事宜。

2）查看事故车辆是否处于危险状态。如果事故车辆仍处于危险状态，查勘人员应指导客户联系 122、119 或协助实施拖车、吊车、灭火等救援工作。

4. 拍摄现场照片

由于事故现场极易被破坏，故在了解事故现场概况的同时，应及时拍摄现场照片，现场照片的拍摄是贯穿整个现场查勘的主要工作。

5. 核实事故情况

核实事故情况就是要确认事故的真实性、被保险机动车在事故中的责任以及事故或损失是否属于保险责任范畴。

（1）查勘碰撞痕迹　查勘事故车的接触点、撞击部位和事故痕迹，查找事故附着物和现场散落物，检查事故车辆接触部位黏附的物体。拍摄这些物体作为证物，以便分析事故附着物、散落物及事故痕迹是否符合，从而判断事故的真实性。

事故附着物和散落物是指黏附在事故车辆表面或散落在现场的物质（如油漆碎片、橡胶，人体的皮肉、毛发、血迹，纤维、木屑以及汽车零部件、玻璃碎片等）；事故痕迹是指肇事车辆、被撞车辆、伤亡人员、现场路面及其他物体表面形成的印迹（撞击痕迹、刮擦痕迹、碾轧痕迹和制动痕迹等）。

对于事故车辆与被碰撞物已经分离的情况，要用卷尺测量出碰撞痕迹的尺度，并通过相互间比来反映碰撞物体间的空间关系，即检查碰撞痕迹是否一致。例如：地面石头的高度与车辆底盘被撞点的高度是否一致；墙体、树木或栏杆上碰撞痕迹的长度、高度和宽度与车辆碰撞痕迹上长度、高度和宽度是否一致。但碰撞产生的痕迹间高度并不是一定的，有些碰撞会使车辆倾覆、弯曲变形，此时碰撞点上的痕迹就会有相应的误差，所以要根据事故发生的具体情况结合所测尺度来综合分析，不能一概而论。

常用的痕迹比对方法是高度比对和颜色比对，如图 11-2 所示，汽车与碰撞物的高度痕迹应一致，并且互相有对方的颜色。

图 11-2　常用的痕迹比对方法

（2）确认事故的真实性　通过对现场的仔细勘验，查勘人员要对事故的出险时间和地点做出判断，以确认事故是否真实。

（3）确认车辆行驶状态　通过查勘车辆行驶后遗留的轮胎印痕，勘查现场环境和道路情况，可确认事故车辆的行驶路线。

（4）判定事故责任　确认车辆行驶状态后，可以结合现场事故车驾驶人的叙述，根据相关规定，对双方的责任做出判定。并协助事故当事人协商确定责任，双方对责任认定有分歧的，需交由执法机关进行认定。

事故责任分为全责、主责、同责、次责和无责几种。其中无责情况比较特殊，因为保险公司对被保险机动车的赔偿依据中有一点是按责任赔付。一般情况下，被保险机动车只有在事故中负有一定责任，保险公司才能受理赔偿，否则就会进行销案处理；但鉴于一些特殊情况，被保险机动车没有责任，也可做补偿性赔付，即保险理赔中的通融赔付。

（5）查明事故发生的原因　出险的真实原因是判断保险责任的关键，对事故的原因应深入进行调查，切忌主观判断。对于事故原因的认定应有足够的事实依据，通过必要的推理，得出科学的结论，应具体分析是客观因素，还是人为因素、车辆自身因素，或是受外界影响等，对于损失原因错综复杂的，应运用近因原则进行分析。

（6）核实事故是否属于保险责任范畴　查明真实的事故原因后，应勘察事故现场中是否存在可疑之处，如被保险机动车驾驶人与第三者车驾驶人描述不一致或是报案信息与事故现场信息有重大误差。当有此类现象时，要对当事人进行详细的调查。若查出事故属于非保险责任范畴，就需要向客户解释清楚，并在查勘报告中注明清楚。

最后查勘人员要结合《保险法》《合同法》和相关保险条款做出判断。

6. 核实被保险机动车情况

如果事故车辆可以自行移动，则在确认事故的真实性、保险责任和事故责任后，查勘人员可同意（或要求）事故当事人将事故车辆移到不影响交通的地方，继续核实被保险机动车的情况。核实被保险机动车的情况要按以下的流程进行。

1）核实事故车辆的车牌号、车架号（VIN）或发动机号，特别注意车架号是否与保险单上的信息相符。确认事故车辆是否为被保险机动车，并拍摄车架号（图11-3），对于进口车、改装车和特种车，要注明国产型号和原厂车型；若事故车辆信息与保险单记录不符，则应及时调查取证，现场向报案人（或被保险人）做询问记录，并要求当事人签名确认。

图11-3　某被保险机动车的车架号（VIN）

2）核实车辆行驶证上的信息，如发动机号、车架号和牌照号是否与承保信息相符，是否与车辆实际信息相符，重点查看行驶证副证上车辆检验合格的期限和检验合格章，并在现场将行驶证正、副证拍照存档。

对于尚未领用正式牌照而出险的被保险机动车，必须拍摄临时牌照并注意临时牌照发放的时间及有效期。

3）核实事故车辆的使用性质，确认事故车辆是否与保险单上记录的使用性质相符。对于货车，需查看是否为从事营运性质的运输作业的非营运货车；对于乘用车，需查看是否为非营运乘用车从事营业性客运。这项查验可以从车辆行驶证上注明的车辆使用性质、车载货物与车主的关系或乘员与车主的关系、货物托运单等信息来查证。营运货运车、客运车在前风窗玻璃右上角上应贴有道路运输管理部门颁发的营运许可标记。

4）核实出险车辆的装载情况。保险货运车载运的货物是否符合核定的装载质量规定，可以通过对运单、送货单及车载货物的数量和单件的重量来确认。

5）查看被保险机动车是否进行改装，受损的零部件中是否包括非原厂配置的改装零部件，如乘用车上的"大包围"饰件、前/后防撞杠、尾翼等；货运车上的驾驶室导流罩、辅助水箱、侧面防钻栏、自制储物箱等。重点关注是否有改动车辆的外形或更改和加装部分零部件而导致车辆危险程度增加的情况存在，如增加货运车钢板弹簧的厚度或片数（行驶证副证可查）、加高货箱栏板高度、擅自加长货箱长度以及加大轮胎规格等情况。

6）对于拖挂车辆或其他拖带物的，要落实主车、挂车或其他拖带物的保险情况，并拍摄挂车或其他拖带物的照片。

7）核实事故车辆是否存在保险利益发生转移的情况。即核实被保险人是否将被保险机动车进行过转让、转买和赠送等。如果存在上述情况，则应及时调查取证，设法取得相关书面协议。

7. 核实驾驶人情况

1）查验事故车辆驾驶人的驾驶证，要核实驾驶证是否是出险驾驶人本人的，同时要重点核查准驾车型、驾驶证是否有效等信息，并做好记录。

2）记录出险驾驶人姓名、联系电话；核实出险驾驶人与被保险人的关系，以便了解出险驾驶人使用被保险机动车是否得到被保险人的允许。

3）核实出险驾驶人是否存在酒后驾车的情形。

8. 核定事故损失

1）核定事故车辆损失，剔除非本次事故或非保险责任内的损失。现场查勘时，查勘人员要确认事故车辆的损失部位；对非本次事故造成的损失（或非保险责任范畴内的损失）要予以剔除，并做好客户的沟通解释工作，取得客户理解和确认。

2）清点财产损失情况。对于造成其他财产损失的案件，查勘人员应现场确认第三方财产损失的型号和数量等。对于货品及设施的损失，应核实数量、规格、生产厂家，并按损失程度分别核实；对于车上货物，还应确定运单、装箱单、发票，核对装载货物情况；对于房屋建筑、绿化带、农田庄稼等，要第一时间丈量损失面积，告知客户提供第三方财产损失清单，并对受损财产仔细拍照，对现场清点后，要列出物损清单，并要求事故双方当事人在清单上签名确认。

3）确定人员伤亡情况。对于有人员伤亡的事故，查勘人员要及时与事故当事人沟通，确认事故中人员伤亡的数量、伤势和伤员就医的医院。有条件的，要前往伤者所在医院，确认伤者伤势、姓名、年龄、身份、职业和家庭状况等。

9. 撰写现场查勘报告

根据现场查勘情况，完成查勘报告。车险理赔现场查勘报告见表11-1。

表 11-1　车险理赔现场查勘报告

| 被保险人： | | | 保险单号码： | | | | 赔案号码： | | |

标的车辆	号牌号码：		是否与底单相符：			VIN：		是否与底单相符：		
	厂牌型号：			车辆类型：			是否与底单相符：		检验合格至：
	初次登记年月：			使用性质：		是否与底单相符：		漆色及种类：		
	行驶证车主：		是否与底单相符：			行驶里程：		燃料种类：		
	是否改装：		是否违反装载规定：				是否具有合格的保险利益：			
驾驶人	姓名：		证号：			领证时间：		审验合格至：		
	准驾车型：		是否是被保险人允许的驾驶人：				是否是约定的驾驶人：			
	是否酒后：				其他情况：					

| 查勘时间： | | 查勘地点： | | | 是否是第一现场： | | |
| 出险时间： | | 保险期限： | | | 出现地点： | | |

出险原因：□ 碰撞　□ 倾覆　□ 火灾　□ 自燃　□ 外界物体倒塌、坠落　□ 自然灾害　□ 其他（　　　）

事故原因：□ 疏忽、措施不当　□ 机械事故　□ 违法装载　□ 其他（　　　）

事故涉及险种：□交强险　□ 机动车损失保险　□ 第三者责任保险　□附加险

专用车、特种车是否有有效操作证：

事故车车辆的损失痕迹与事故现场的痕迹是否吻合：

事故为：□ 单方事故　□ 双方事故　□ 多方事故

标的车上人员伤亡情况：□ 无　□ 有（伤　人；亡　人）

第三者人员伤亡情况：□ 无　□ 有（伤　人；亡　人）

第三者财产损失情况：□无 □有　□车辆损失（号牌号码：　　车辆型号：　　）　□非车辆损失（　　　）

事故经过：

施救情况：

备注说明：

被保险人签字：　　　　　　　　　　　　　　　　查勘员签字：

✦✦✦　单元二　现场查勘常用技术　✦✦✦

一、对各类证件的查验要点

查勘时需查验的各类证件包括驾驶证、行驶证、保险凭证（含交强险）、操作证和车辆牌号（含临时牌照和移动证）等。

1. 驾驶证的查验

■看驾驶证是否与报案时报称的出险驾驶人姓名相符。

■驾驶证准驾车型是否与被保险机动车的车型相符。

- ■驾驶人是否按规定体检和验审。
- ■特种车辆驾驶人的专业操作证是否在有效期内。
- ■查验驾驶证的初次领证日期是否在 1 年之内。
- ■驾驶证和操作证的正、副证信息必须现场拍照存档。

【法理链接】

《中华人民共和国道路交通安全法实施条例》第二十二条规定：

1）机动车驾驶人初次申领机动车驾驶证后的 12 个月为实习期。在实习期内驾驶机动车的，应当在车身后部粘贴或者悬挂统一式样的实习标志。

2）机动车驾驶人在实习期内不得驾驶公共汽车、营运客车或者执行任务的警车、消防车、救护车、工程救险车以及载有爆炸物品、易燃易爆化学物品、剧毒或者放射性等危险物品的机动车；驾驶的机动车不得牵引挂车。

《中华人民共和国公安部令第 123 号》第六十五条规定：

1）驾驶人在实习期内驾驶机动车上高速公路行驶，应当由持相应或者更高准驾车型驾驶证 3 年以上的驾驶人陪同。其中，驾驶残疾人专用小型自动档载客汽车的，可以由持有小型自动档载客汽车以上准驾车型驾驶证的驾驶人陪同。

2）在增加准驾车型后的实习期内，驾驶原准驾车型的机动车时不受上述限制。

2. 行驶证查验

■行驶证的初次登记年月与承保信息是否一致（避免老车新保，规避保险公司的管控，道德风险增加；避免有新车按次新车投保，套取费率优惠等情况）。

■行驶证上标明的使用性质与承保的使用性质是否一致，出险时的车辆用途是否与行驶证的使用性质一致。

■行驶证的单位名称或车主名称是否与承保信息一致，若不一致，是否有特别约定或在保险有效期内新发证的情况存在。

■行驶证上的车辆彩照是否与出险车辆相符。

■行驶证副证上的检验合格日期是否在有效期内，合格章是否清晰正规（车辆管理部门规定超过两年未检验的汽车按报废处理）。

■行驶证的印刷字体、防伪标记和质地是否与车辆管理部门核发的行驶证相符。

■行驶证的正、副证信息必须现场拍照存档。

3. 临时牌照和移动证的查验

■临时牌照和移动证的有效期在出险时仍有效。

■临时牌照规定的行驶路径与出险地点是否相符，使用移动证的车辆是否跨省市行驶。

■临时牌照、移动证上登记的车架号（VIN）、发动机号与被保险机动车是否一致。

■记录临时牌照和移动证的签发机关和签发人信息，对存有疑问的临时牌照和移动证可联系发证的车辆管理机关查证真伪。

■临时牌照和移动证的正、反面均必须拍照存档。

4. 保险凭证的查验

■询问被保险人或出险驾驶人，是否带有保险单正本或保险卡，有条件的应核对保险单的各项信息。

■交强险保险标志是否按规定贴在风窗玻璃右上角。应对出险车辆的交强险承保公司、保单号和保险期限等信息予以记录。

■在处理牵引他车或被他车牵引而发生的第三者责任保险事故时，应着重查验牵引车及被牵引车两车的交强险投保情况。

5. 对被保险人、出险驾驶人的查验

■查明出险时的驾驶人是被保险人还是被保险人允许的驾驶人。

■查验驾驶人与车主是何种关系，为何原因驾驶出险车辆。

■查验非被保险人本人的驾驶人是否熟悉被保险人的基本情况，如被保险人的姓名、手机号码、住址和职业等。防止被保险机动车在修理期间被私自开出修理厂出险，瞒着被保险人"制造"事故向保险公司索赔。

■查验驾驶人出险时是否有免责情况存在。如晚间出险、周末及节假日的晚间出险、出险后不是驾驶人报案并已离开现场、未及时报案的单方事故等都要及时找到驾驶人，通过闻、问、看等方法来判断驾驶人是否酒后、服用违禁药物驾车。有疑问的要及时报警，督促交警对事故当事人进行血液酒精测试或违禁药物的尿检。

■查验报案驾驶人的手机号码是否与出险信息表上的手机号码一致，不一致的原因是什么，谨防出险后被保险人有免责情况存在而找人替换。

二、现场痕迹的勘验

道路交通事故的发生是人、车、道路等因素综合作用的结果。碰撞过程中，在三者之间极短的时间内发生了强烈的相互作用，如制动、碰撞和损伤产生等。

痕迹是指事故发生后，遗留在现场路面、相关车辆、人体及有关物体表面，能够证明事故事实的各种印迹和破损状态。

对车险事故现场痕迹的勘验主要是路面痕迹、车身痕迹、人体痕迹以及其他物证痕迹的勘验。

【法理链接】

GA41—2014《道路交通事故痕迹物证勘验》标准规定：

交通事故现场痕迹包括路面痕迹、车体痕迹、人体痕迹以及其他痕迹等。现场痕迹勘验是确定交通事故责任和成因的主要依据。通过对汽车碰撞事故现场痕迹（如人-车-道路位置、车辆的制动印痕、行驶速度、碰撞痕迹和人体致伤特点等）各种客观信息的勘验，寻找易于提取、利于分析且有助于事故再现的现场痕迹，以此判断事故的起因、发展与损失结果之间的逻辑关系。

1. 路面痕迹

地面的车辆制动痕迹是指车辆在行进中轮胎相对于地面做滚动、滑移等运动在地面留下的压印、拖印等痕迹，据此可判断肇事前车辆行驶速度、行驶路线以及采取措施的开始点。

车辆碰撞所遗留残碎的物体（如塑料碎片及灯具玻璃碎片、车身底盘上的泥土碎屑等），根据制动痕迹及遗留的残碎物体，确认和判断车辆瞬间碰撞第一接触点。

查勘方法：沿车辆行驶路线寻找现场痕迹。

■制动印迹：车辆遇情况采取紧急制动后与地面摩擦会出现炭黑拖印。

■碰撞、碾压、刮、擦、挤等痕迹：车辆与车辆、车辆与行人、车辆与牲畜、车辆与其他物体接触后双方留下的痕迹。

■现场遗留物：车辆发生碰撞后所剥落的漆皮、玻璃碎片、脱落破碎的汽车零件、洒落的汽车油液等。

2. 肇事接触部位

确定肇事接触点对处理事故起关键作用。接触点是形成事故的焦点，又是判定事故责任的重要依据。接触部位是多种多样的，要经过深思熟虑，全面、细致地进行分析。

查勘意义：查勘人员经过现场拍照、测量以及收集物证、人证后，应首先判断分析事故是否属于保险责任范围，其次，因交通事故责任认定的需要，还应对肇事车辆的车速、碰撞接触点以及现场的痕迹进行分析。

(1) 判断肇事车辆的车速　机动车辆肇事前的行驶速度是分析事故原因的主要因素。对肇事车辆的行驶速度主要依据现场遗留痕迹做出判断。

目前，现场查勘判断车速的方法，主要是利用车辆的制动拖印以及散落物抛出的距离等来估算车速。汽车行驶速度与制动距离换算一览表见表11-2。

表11-2　汽车行驶速度与制动距离换算一览表

汽车行驶速度/(km/h)	驾驶人在反应时间内行驶距离/m	各种道路制动距离/m						
		结冰路	浮雪路	泥土及有水木板路	碎石、煤渣及有水沥青路	砾石、木板、潮湿沥青路	沥青、砂砖路，潮湿水泥路	水泥、砖路，粗糙沥青路
		附着系数0.1	附着系数0.2	附着系数0.3	附着系数0.4	附着系数0.5	附着系数0.6	附着系数0.7
20	4.17	15.74	7.87	5.25	3.94	3.15	2.62	2.25
25	5.21	24.6	12.3	8.2	6.15	4.92	4.1	3.51
30	6.25	35.42	17.71	11.81	8.85	7.08	5.9	5.06
35	7.29	48.21	24.1	16.07	12.05	9.6	8.03	6.89
40	8.33	62.97	31.48	21	15.74	12.59	10.49	9
45	9.38	79.7	39.85	26.56	19.92	15.94	13.28	11.38
50	10.42	98.39	49.19	32.8	24.60	19.68	16.4	14.06
55	11.48	119.05	59.52	39.68	29.76	23.81	19.84	17
60	12.51	141.68	70.84	47.23	35.42	28.34	23.61	20.24
65	13.55	166.27	82.14	55.42	41.57	33.25	27.71	23.75
70	14.58	192.84	96.42	64.28	48.21	38.57	32.14	27.55
75	15.62	221.37	110.68	73.79	55.34	44.27	36.9	31.62
80	16.67	251.88	125.93	83.96	62.97	50.4	42	36
85	17.71	284.34	142.17	94.74	71.08	56.87	47.4	40.62
90	18.75	318.77	159.39	106.36	79.69	63.75	53.1	45.54
95	19.79	355.18	177.59	118.4	88.79	71.04	59.2	50.74
100	20.84	393.55	196.77	131.18	98.39	78.71	65.6	56.32

机动车辆肇事前，驾驶人多会本能地采取紧急制动措施，因此事故现场上一般都留有制动时车辆抱死滑移的痕迹（有防抱死装置的，则可能没有轮胎滑移痕迹），即所谓的制动拖印。

（2）判断碰撞接触点　碰撞是指运动着的车辆以其运动方向的正面与对方接触的事故。碰撞接触点就是碰撞双方最初的接触部位在路面上的投影位置。

交通事故中的碰撞形式有机动车碰撞行人、碰撞自行车、碰撞固定物体以及机动车相互碰撞等。碰撞的形式有正面碰撞、追尾碰撞和侧面碰撞等。当车辆与相当质量的车辆或物体碰撞时，由于运动惯性瞬间受阻，运动是碰撞事故的一个特点。

目前，判断碰撞接触点的方法主要是根据现场情况进行逻辑推理分析，或通过事故现场模拟试验确定。

3. 判断碰撞接触点的依据

■事故现场的物理（力和运动）现象，如双方车辆损坏的部位及受力情况。当第一现场挪动后，根据双方车辆碰撞损坏位置也可以初步判定。

■事故现场的散落物，如车体下的泥土、玻璃和塑料碎片等。

■制动拖印印迹。

■汽车运动学和动力学理论（运动轨迹和碰撞损坏情况）。

4. 不同碰撞接触点的事故判断

1）汽车碰撞固定物体。汽车碰撞固定物体时，无论碰撞后固定物（包括停驶的车辆）是否产生位移，用固定物体原始位置与汽车的接触点就能确定碰撞接触点。

2）汽车碰撞行人或自行车。由于决定双方碰撞冲量的质量和速度相差悬殊，因此碰撞后不会导致汽车运动速度和运动方向的明显变化。在这种情况下，碰撞位置必然在现场汽车停放位置的后方，所以碰撞接触点应在汽车前保险杠之后（汽车前行事故），根据遗留在路面上的自行车轮胎锉划痕迹或行人的鞋底锉划痕迹，被撞者身上或自行车上掉下来的物品等进行判断。

3）汽车正面相撞。汽车正面相撞时，由于两车均沿同一直线运动，碰撞后两车的停驶位置一般不会偏离原先的行驶方向。通常，当两车变形相当时，冲量大的车辆将使冲量小的车辆由碰撞位置后移，故碰撞位置应在冲量大的汽车前保险杠后方。由于碰撞瞬间车辆前轴负荷突变以及碰撞力可能使前轮轮胎产生横向侧滑的结果，前轮轮胎将在路面上留下比正常轮印宽而重的滑痕。因此，轮胎滑印的位置可作为判断碰撞接触点的依据。另外，还可根据碰撞掉落的前灯玻璃等掉落物体判断碰撞接触点。

4）追尾相撞。追尾的后车碰撞行驶的前车，前车将在碰撞力的作用下加速，碰撞后两车一起向前运动，碰撞接触点应在停驶后的后车前保险杠之后。

5）侧面相撞。无论是侧面、正交或斜交相撞，被撞车都可能不同程度地偏离原先的行驶路线，车辆偏离原行驶路线的程度虽然与两车各自的冲量对比有关，但车辆碰撞后的运动趋势受到碰撞接触部位、车辆形式和结构、操纵系统状态（车轮制动状态，转向轮偏转角度）、附着系数诸多因素的影响，所以侧面碰撞的碰撞接触点很难运用运动学关系通过简单定量分析得出可靠结果，一般依靠各种碰撞事故资料及经验进行判断。

5. 车辆变形和破损痕迹的鉴别与分析

无论是发生在机动车辆之间的交通事故，还是车辆与固定的物体之间或车辆与行人之间的交通事故，甚至是车辆自身的事故，都会在车体上留下种种痕迹。

1）车体上的碰撞痕迹。车辆互撞或车辆碰撞固定物体，一般都会造成车体变形或破损。在一般碰撞事故中，汽车前面的保险杠、翼子板和散热器护栅等部位会产生凹陷的痕迹。凹陷的位置和大小对判断碰撞对象及碰撞接触部位十分有用。从凹陷的程度也可推断碰撞时相对速度的大小。对于碰撞痕迹，应注意将第一次碰撞与其后的第二次碰撞区别开来，第一次碰撞与事故成因有关，而第二次碰撞则是事故的后果。

2）车体上的刮擦痕迹。车辆刮擦痕迹的位置通常在车体侧面。刮擦痕多为长条状，除具有凹陷或破损的特征外，还呈现车身灰土和泥土被擦掉或漆皮被刮落的现象。与碰撞事故相似，刮擦部位上可能留下对方车辆的漆皮、木质纤维或其他物体的痕迹。

3）碾压痕迹。证明碾压事故的痕迹多留在车裙下沿或车身底板下面。查勘车辆碾压行人或自行车事故时，应注意查找碰撞痕迹，因为多数碾压是碰撞以后发生的。

4）车辆机械事故痕迹。因车辆机件失灵所造成的事故，主要是车辆的行驶系统或转向系统的零部件损坏所致。行驶系统或转向系统的某个机件断裂或连接松脱，往往使行驶中的车辆突然失控。因机件失灵所造成的事故虽然为数甚少，但其后果一般都比较严重。机件断裂、松脱的原因有些属于设计、制造质量问题，但大多数情况下与修理养护以及驾驶人的责任心有关。为了查明这类事故的真正原因，必须对机件损坏部位的痕迹进行必要的技术鉴定（包括材质的技术鉴定）。

【案例分析】

1）汽车制动系统以及行驶系统、转向系统的某些机件（如前轴、转向节、钢板弹簧、转向拉杆件等）的松脱或断裂都有其渐进的过程。连接件的松脱过程先是防松装置（开口销、锁紧螺母等）脱落，然后在车辆行驶振动中逐渐松开；而机件的断裂也是如此，如在转向节的断裂过程中，由于应力集中等影响，最先在转向节轴根部出现疲劳裂纹，随着疲劳裂纹在使用过程中的逐渐扩展，零件的有效截面也随之减小，当有效截面小到其强度不足以胜任某次冲击力时，转向节才会突然折断。可见，上述松脱和断裂的痕迹不会是突然变化的。从痕迹处的油迹、锈斑和灰尘一般可以推断机件的损坏原因。这是鉴别事故在先还是机件损坏在先的方法。

2）车辆翻车等事故造成多种机件损坏时，应分析最先造成事故的原因。因为有的机件损坏是事故后造成的，与事故形成无关；有的虽是事故的原因，却不是直接原因。例如：传动轴断裂本不会引起翻车，但断裂旋转的传动轴打裂了制动储气筒或破坏了制动管道，从而导致制动失效，车辆失去控制而翻车。

三、询问

询问是调查保险事故的损失原因和损失情况的一个最常用的方法，查勘人员到达现场后可以向当事人、目击者询问与事故相关的一系列问题，如出险时间、出险地点、出险经过、出险原因、车辆及其他财产的损失情况、人员的伤亡情况、施救费用等。

（1）出险时间的询问　主要了解报案时所称的出险时间或交警证明上标注的出险时间是否与当事人或被保险人的陈述时间相一致，对出险时间出入较大的应详细了解出发地点、行驶路线、车速、返回时间、伤者送医院抢救时间及过路过桥的收费凭证打印的时间等。通过询问要了解到当事人或被保险人延迟报案背后的原因（是否有冒名顶替肇事者的情况存在）。

（2）出险地点的询问　主要是确认报案时所称的出险地与查勘地是否一致，出险地是否属于营业性修理场所、收费停车场和宾馆提供的住宿客户的停车场等。

（3）出险经过、情节的询问　原则上应由当事驾驶人本人填写出险通知书（当事驾驶人本人不能填写的，应由被保险人或其他当事人填写）。填写的出险经过与交警出具的事故认定书内容应基本一致。对大事故若发生出险经过不一致的情况，应去事故处理机关查抄事故证明底单。

（4）出险原因的询问　了解是否与列明的保险责任范围或近因相符，通常情况下由交警或消防部门出警的保险事故案件以职能部门出具的证明来认定出险原因。交警不出警的事故，应通过询问当事人和查勘现场痕迹等来判断出险原因。

（5）财产损失情况的询问　财产损失情况主要是被保险机动车的损失、车上货物损失、第三者车损及第三者物损。

（6）人员伤亡情况　人员伤亡情况包括被保险机动车上伤亡人员的姓名、年龄、性别、与驾驶人及被保险人的关系、基本伤情、救治医疗单位等，同时明确第三者车上伤亡人员的上述情况。这些信息将作为医疗核损跟踪和核赔时的原始依据。

（7）施救费用　施救费用在一些山区、偏远地区出险的保险事故中显得非常突出，紧急情况下有的被保险人在报案的同时就在警方或自身的联系下采取了施救措施，因此查勘人员在现场查勘时，应及时了解施救方案、施救单位及实际发生的施救费用。

四、现场查勘的摄影技术

现场查勘时的照片拍摄是调查取证的一项基本工作，查勘照片质量的好坏直接影响到案件证据保留的有效性、核查的标准性和研究的客观性，因此查勘人员必须十分清楚查勘的规范要求和基本方式。

1. 查勘摄影的方式

查勘摄影的方式分为方位摄影、概览摄影、中心摄影和细目摄影。

（1）方位摄影　这种摄影方式主要用在对事故发生地所处环境的拍摄，反映事故发生地的环境特征，一般多采用由高向低的俯角拍摄整个事故现场范围，若一张照片无法包括的，可采用平行连续拍摄或回转连续拍摄的方式拍照（俗称接片），另外可以将出险地的一些明显标志物拍摄下来，如路牌、里程碑和方向指示牌等。

（2）概览摄影　这种摄影方式是以中远距离拍摄事故现场的车辆、路面散落物、被损物件（人、车和固定物）的位置及相互关系的摄影方式，可以从出险车辆的顺向、逆向行驶方向或路中、路边等多方位拍摄来交代出险被保险机动车与事故相关物体的位置和关系。

（3）中心拍摄　中心拍摄就是以近距离拍摄事故现场中心位置的重要局部照片，如接触点、车辆及物体的主要损伤痕迹位置。注意：在拍摄时用卷尺标注高度和长度。

（4）细目摄影　细目摄影是采用照相机近距离或微距离的焦距来拍摄路面、车身、人体和固定物上的痕迹特征照片的拍摄方式，如车身上附着的其他车辆的油漆、轮胎痕迹以及沾有血迹的位置等。采用这种方式拍摄时，一般以照相机镜头的主光轴垂直于被摄痕迹面，慎用闪光灯，特别是拍摄白色等浅色物体时不要用闪光灯。对于细小的痕迹，应摆放比例尺进行拍摄。

2. 查勘摄影的要求

■有第一现场的，必须拍摄现场全景照片。

■拍摄带有车牌号与损伤部位的全景照片。

■拍摄带有车架号的清晰照片（前风窗左下角驾驶人侧、发动机舱内右侧铭牌围板上钢印等）。

■数码相机的日期一定要在拍摄前校调准确，不得擅自更改数码相机的日期，不得使用日期校调不准确的数码相机拍摄现场照片。

■拍摄能够反映局部损失的特写照片。

■拍摄的查勘照片必须保证成像清晰度（数码相机能够当场查看拍摄照片的成像清晰度），夜间拍摄时应考虑照相机闪光灯的使用距离，必要时借用查勘车辆的灯光、手电筒灯光，找固定物支撑照相机以慢速曝光（不要用闪光灯）拍摄。

■查勘拍摄是固定和客观记录交通事故相关证据材料的手段，必须真实、全面地反映被摄对象，不得有艺术加工成分。

■照片较多时，应在录入影像系统时建立"现场照片未拆检整车照片、拆检照片、回勘照片"等多个子文件夹，便于核损、核赔审查。

3. 拍摄技巧的运用

遵循先整体后局部，由表及里的原则。在拍摄照片时，要突出拍摄意图，把想通过照片表现出来的部位（损伤处）拍摄下来。熟练运用拍摄技巧对成功拍摄查勘照片是非常有用的，下面就不同损伤部位的拍摄及拍摄构图方面做一个讲解示例。

（1）不同损伤部位的拍摄

1）全景拍摄。全景拍摄是指把包括主要拍摄部位和车牌号在内的全景全部拍摄下来（图11-4）。

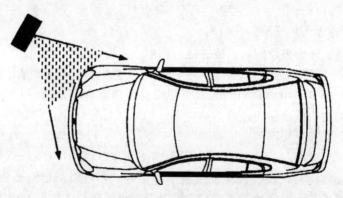

图11-4　全景拍摄

2）内部拍摄（图11-5）。当内部发生损伤时，应打开发动机舱盖或行李舱盖，清楚地拍摄内部的损伤情况。

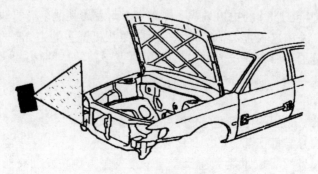

图11-5　内部拍摄

3）底部拍摄（图 11-6）。有关制动系统和行驶系统等损伤时，需要从底部拍摄。

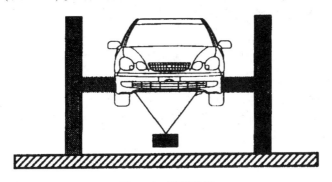

图 11-6　底部拍摄

4）其他。当通常情况下无法预测到的部位发生损伤时（如拆检试车后发现），将其部位（部件）的特征进行细目拍摄。如因其他事故引起的损伤，为了日后便于取证，应将该部位（部件）一起拍摄下来。

（2）拍摄构图　为了使每张照片都能够体现出其效果，根据不同的目的分别采用整体拍摄和近拍。

1）拍摄角度。从汽车的中心轴线与平行方向及直角方向开始，向其损伤部位的 45°角进行拍摄（从水平位置 5 个方向分别拍摄，见图 11-7）。

2）拍摄的高度。照相机放置在受力点的中心或稍高的位置（图 11-8）拍摄；对于追尾事故的损伤，则要弯下腰来拍摄。

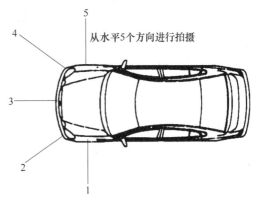

图 11-7　水平位置的 5 个拍摄方向

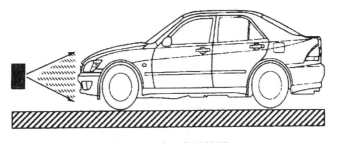

图 11-8　中心位置拍摄

3）拍摄场地的问题。由于事故车辆在现场或停放处与其他车辆间的间隔狭窄，给拍摄带来了一定的困难，因此应尽量将其他车辆移开（在现场挪动必须事先得到交警或当事双方承诺），保证适当的角度来拍摄能较好反映损伤的照片。

五、物证提取

查勘人员在处理理赔案件时发现所需证据后，应尽快采用适当的措施将其提取为证据。车险赔案中的证据材料往往容易随着时间的推移而发生变化甚至灭失，通过提取就可以将证据内容固定下来。

我国的《民事诉讼法》规定证据的种类有 7 种，分别是书证、物证、视听材料、证人证言、当事人陈述、鉴定结论和勘验笔录。

保留证据有效性的几个要点：

1）书证要保持其原始性。即要妥善保管原件，所书内容不能随便涂改，既不能增加任何内容，也不能删除任何内容。特别是投保人或被保险人提供的书面材料（如投保单、批单申请、出险证据和索赔申请等），都要保留其原始状态。

2）视听资料。视听资料是指录音、录像资料，工作时必须有两个以上无利害关系的人在场才算有效。

3）证人证言。除非当庭作证，否则应制作笔录才有效力，采集证人证言要注意及时。证人可能是当事人，对保险公司理赔情况有直接利害关系，对一个事件的陈述前后可能不一，而第一时间的证言往往最可采信。

4）鉴定结论和勘验笔录。鉴定结论和勘验笔录都按严格的制作要求制作才有效。

1. 笔录提取法

笔录提取法是指通过文字记录的样式来提取证据。这种方式适用于提取以言辞、活动和状态为内容的证据材料。其主要表现形式有询问笔录、现场勘查笔录和物证检验笔录等。

调查笔录的制作要点包括证据收集的合法性、制作的规范性、过程的技巧性和落款的重要性。笔录时，注意如下要点：

■ 记录调查时间、地点以及调查人、被调查人、在场人和记录人的姓名、工作单位、职务等要素。

■ 询问要直接，一般可从被调查人与某事件的关系开始问起，提问切忌拐弯抹角，但也不应带有引导性。

■ 要求被调查人回忆事件首尾，记录尽量客观、全面，不带有记录人的个人分析或判断。

■ 一般车辆事故要问清楚车主与驾驶人的关系、是否职务行为及事故过程等重要情节。

■ 必要时，可采取"明知故问"的方法，从被调查人口中记录已掌握的事件真相。

■ 询问结束后，以"以上笔录看过，内容属实"字样结束，并切记要求被调查人亲笔签名。

2. 录制提取法

录制提取法是指通过现场照相、录音、录像等制作影像资料的手段来提取证据，主要适用于提取各种物证、书证以及以声音和图像、图片为内容的证据材料。查勘照相和询问录音、录像等都采用这类证据提取法。

3. 实物提取法

实物提取法是指通过直接在现场提取与案件有关的物品、文书和痕迹载体来获取证据，主要适用于体积不大的物证和痕迹载体以及各种书证和影像证据，如现场收集风窗玻璃上的毛发、气囊上的血迹、车身上的其他附着物和调取高速公路收费卡的录像资料等。

六、现场查勘图的绘制

1. 现场图的意义

现场图是以正投影原理的绘图绘制的，实质上是一张保险车辆事故发生地点和环境的小范围地形的平面图。根据现场勘查要求，必须迅速、全面地把现场上的各种元素、遗留痕迹、道路设施以及地物地貌，用一定比例的图例绘制在平面图纸上。它能够表明事故现场的地点和方位以及现场的地物、地貌和交通条件，表明各种交通元素以及与事故有关的遗留痕迹和散落物的位置，表明各种事物的状态，根据痕迹表明事故过程车、人、畜的动态。

因此，现场图是研究分析出险事故产生原因、判断事故责任、准确定损、合理理赔的重要依据，现场图不仅是绘图者能看懂，更重要的是能使别人看懂，使没有到过出险现场的人能从现场图中了解到出险现场的概貌。

通常第一现场查勘必须绘制现场图，非第一现场一般已不具备绘制现场图的条件。机动车保险中第一现场查勘多为单方事故，现场查勘图无判断事故为哪一方责任的意义，只是为了反映现场状况，使他人通过现场图能够对事故现场状况有一个总体的认识。

2. 现场图的种类

现场图根据制作过程可分为现场记录图和现场比例图。

（1）现场记录图　勘查交通事故现场时，对现场环境、事故形态和有关车辆、人员、物体、痕迹的位置及其相互关系所做的图形记录，是现场查勘的主要记录资料。由于现场记录图是在现场绘制的，而且绘图时间短，因而就不需要特别工整，但内容必须完整，物体位置和形状、尺寸、距离的大小要成比例，尺寸数字要准确。出图前发现问题，可以修改和补充。在一般情况下，通过平面图和适当的文字说明就可以反映出出险事故现场的概貌。有时，为了表达出险事故现场的空间位置和道路纵、横断面几何线形的变化，常采用立面图和纵横剖面图。

（2）现场比例图　现场比例图是指为了更形象、准确地表现事故形态和现场车辆、物体、痕迹，根据现场记录图和其他勘查记录材料，按《道路交通事故现场图形符号》（GB 11797—2005）和一定比例重新绘制的交通事故现场全部或局部的平面图形。

现场比例图是根据现场记录图所标明的尺寸和位置，选用一定的比例，按照绘图要求，工整、准确地绘制而成的正式现场记录图。它是理赔或诉讼的依据。

3. 绘图的一般要求

1）现场记录图是记载和固定交通事故现场客观事实的证据材料，应全面、形象地表现交通事故现场的客观情况。但是，一般案情简明的交通事故，在能够表现现场客观情况的前提下，可力求制图简便。

2）绘制各类现场图需要做到客观、准确、清晰、形象，图栏各项内容应填写齐备，数据完整，尺寸准确，标注清楚，用绘图笔或墨水笔绘制、书写。

3）现场记录图、现场比例图、现场分析图以正投影俯视图形式表示。

4）交通事故现场图各类图形符号应按实际方向绘制。

5）交通事故现场的方向，应按实际情形在现场图右上方用方向标标注；难以判断方向的，可用"←"或"→"直接标注在道路图例内，注明道路走向通往的地名。

6）图线宽度在0.25～2.0mm之间选择。在同一图中同类图形符号的图线应基本一致。

7）绘制现场图的图形符号应符合《道路交通事故现场图形符号》（GB 11797—2005）的规定。未做规定的，可按实际情况绘制，但应在说明栏中注明。

8）比例。

① 绘制现场比例图时可优先采用1∶200比例，也可根据需要选择其他比例。

② 绘制比例应标注在图中比例栏内。

9）尺寸数据与文字标注。

① 现场数据以图上标注的尺寸数值和文字说明为准，与图形符号选用的比例和准确度无关。

② 图形中的尺寸以厘米（cm）为单位时，可以不标注计量单位；如果采用其他计量单位，则必须注明计量单位的名称或代号。

③ 现场测量的尺寸一般只标注一次。需要更改时，应做好记录。

④ 标注文字说明应当准确、简练，一般可直接标注在图形符号上方或尺寸线上方，也可引出标注。

10）尺寸线和尺寸界线。

① 尺寸数字的标注方法参照《总图制图标准》（GB/T 50103—2010）的规定。

② 尺寸线用细实线绘制，其两端可为箭头形。在没有位置时也可用圆点或斜线代替。

③ 尺寸界线用细实线绘制，一般从被测物体、痕迹的固定点引出，尺寸界线一般应与尺寸线垂直，必要时允许倾斜。

11）现场记录图的绘制要求。

① 现场记录图以平面图为主，需要表示局部情况时可引出局部放大图，必要时也可绘制立面图或断面图。

② 现场绘图时应注意绘制以下情况：

■基准点（选择现场一个或几个固定物）和基准线（选择一侧路缘或道路标线）。

■道路全宽和各车道宽度，路肩宽度及性质。

■第一冲突点遗留在路面的痕迹及与其相关物体、痕迹间的关系数据。

■各被测物体、痕迹、尸体所在位置，距测量基准线的尺寸及相互间的尺寸。

■3%以上的道路坡度、弯道的半径及超高、超车视距及停车视距。

■路口各相位的宽度及视线区。

③ 绘制的现场记录图应反映出现场全貌。现场范围较大的可使用双折线压缩无关道路的画面。

④ 现场记录图中各物体、痕迹、标志、标线、基准点和基准线等间距，一般使用尺寸线、尺寸数据标注或说明，必要时可使用尺寸界线。

⑤ 现场图绘制完毕后，必须在现场进行审核，检查有无基准点、基准线及第一冲突点，各被测物体及痕迹有无遗漏，测量数据是否准确、有无矛盾等。

⑥ 现场记录图应在事故现场测绘完成。

12）现场比例图的绘制要求。

① 现场比例图作为证据，是现场记录图的补充和说明。

② 现场比例图以现场记录图、现场勘查记录所载的数据为基础和依据，以现场记录图中的基准点和基准线为基准，以俯视图表示，使用相应的图形符号，将现场所绘制的图形及数据按比较严格的比例进行绘制。

4. 现场记录图的绘制

现场记录图要求在现场查勘结束时当场出图，在很短的时间内，把现场复杂的情况完整、无误地反映在图面上，就要求绘图者必须具备一定的业务水平和熟练的绘图技巧。现场记录图的绘制过程如下：

1）根据出险现场的情况，选用适当的比例进行图面构思。

2）按近似比例画出道路边缘线和中心线，通常现场图的方向为上北下南，当上北下南不易表达时，可利用罗盘确定道路走向。在图的右上方绘指北标志，标注道路中心线与指北线的夹角。

3）根据图面绘制的道路，用同一近似比例绘制出险车辆的图例，再以出险车辆为中心向外绘制各有关图例。

4）根据现场具体条件选择基准点，应用定位法为现场出险车辆及主要痕迹定位。

5）按现场查勘顺序先标尺寸，后注文字说明。

6）根据需要绘制立面图、剖视图或局部放大图。

7）核对。检查图中各图例是否与现场相符，尺寸有无遗漏和差错。

8）签名。经核对无误，现场查勘人员、当事人或代表应签名。现场记录图的图例如图11-9所示。

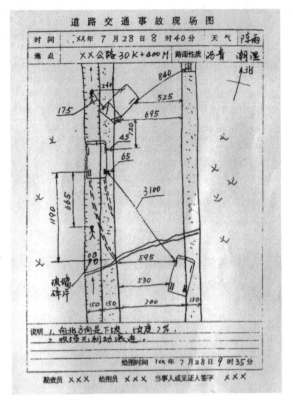

图11-9　现场记录图的图例

✦✦✦　单元三　典型案例分析　✦✦✦

一、某单方事故现场案例分析

单方事故的责任一般都很明显，重点是要注意事故的真实性，要充分了解现场的情况，尽量在脑海中还原事故过程，看是不是有可能发生；要注意驾驶人和被保险人是不是同一个人；检查车损时，看碰撞部位附近有无明显的旧损或碰撞件是否有被调包的可能性。针对这些内容来查勘，就能很好地提高查勘的质量了。

某比亚迪F6单方事故现场查勘完整图片见表11-3，分析如下：

公路左边是大海和礁石，右边是山体。被保险机动车因向右避让对面来车，失去控制撞到绿化树木，又旋转了180°后掉入右边的排水沟中。地面上有明显的制动拖印，绿化树木受损（表11-3中的图⑫和图⑬）；被保险机动车车身多处受损，前保险杠刮碰受损（表11-3中的图④）、发动机舱盖及右前翼子板碰撞变形（表11-3中的图⑤）、后保险杠及左后翼子板碰撞受损（表11-3中的图⑮）、右后轮胎轮辋撞掉一块（表11-3中的图⑯）、左前门有明显的碰撞痕迹（表11-3中的图⑰）；左后轮胎倾斜，已无法比对高度。本案涉及第三者的物损赔偿，树木需要尽快栽种保护。经保险公司与园林绿化部门和被保险机动车驾驶人协商后，被保险机动车现场赔付了绿化部门500元整，双方写下收据并按指模确认（表11-3中的图⑳），由保险公司作为现场抢救费用录入理赔系统，既保证了树木能及时得到保护和处理，又减少了被保险机动车提供物损清单及索赔的麻烦。

表 11-3　某比亚迪 F6 单方事故现场查勘完整图片

①现场远景照

②现场的制动拖印

③现场概览照片

④前保险杠刮碰

⑤右前部受损局部照片

⑥右前翼子板及发动机舱盖受损细目照片

⑦车辆左后部托架在沟边上

⑧车辆悬在沟中

（续）

⑨车辆悬在沟中不同角度的照片

⑩底盘没有卡在沟的边缘

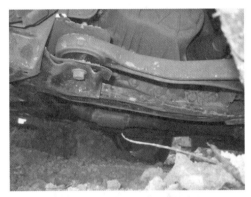

⑪发动机下支架没有明显碰撞痕迹

⑫撞到的树木

⑬树木受损细目照片

⑭左后部受损局部照片

（续）

⑮左后翼子板及后保险杠受损细目照片

⑯左后轮胎轮辋受损

⑰左前门碰撞受损局部照片

⑱车架号

⑲行驶证及驾驶证

⑳被保险机动车现场赔付树木损失的收据

（续）

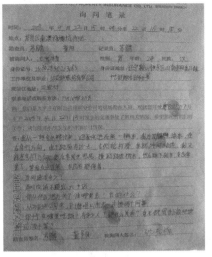

a)

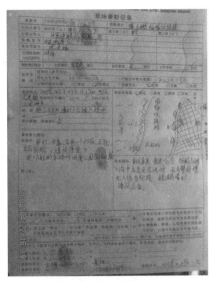

㉑现场查勘单

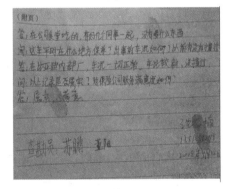

b)

㉒对驾驶人出险经过的询问笔录

案例点评：如前所述，单方事故的责任一般都很明显，被保险人（当事人）一般要负全责，对现场查勘人员来说，重点是要注意事故的真实性，是否属于保险责任。本案通过一些痕迹的合理性分析，以及设计巧妙的询问笔录，结合当事人的回答，判断出事故的真实性，且属于保险责任。当被保险机动车出险且属于单方事故时，必须要有事发的原始现场。一般接到属于此类"造成被保险机动车损失的单方事故"报案时，首先要告知被保险人（当事人）保护好事发现场，否则无法指认或被指认，与查勘人员现场查勘的情况不符或与报案不相吻合的，则不予受理；当被保险人（当事人）一时因有其他原因而离开事发现场，且及时报案，并说明离开事发现场的原因时，本着实事求是的原则，可告知被保险人（当事人），查勘人员要复勘事发现场，被保险人（当事人）要指认事发现场，当指认的事发现场与查勘人员现场查勘的情况相符且与报案时所述的出险经过相吻合时，可予以受理，否则不予受理。

二、某双方事故现场案例分析

常见的双方事故一般都是由于一方不遵守交通规则或是驾驶不当造成的，现在为了方便保险的索赔，判断责任一般都为一方全责，一方无责，只有在极为复杂的事故中才有平均分配责任的情况。多方事故简单形容就是由多个双方事故综合在一起发生，处理方法与双方事故的大同小异，下面就以案例进行介绍。

2008年1月30日17时左右，被保险机动车粤B4M9××在深圳龙岗深惠路天和百货处出险。查勘人员到达现场发现，因交警已经处理，双方车辆发生移动，便向双方车主了解事故情况：被保险机动车超车时撞了转弯的第三者车辆（粤BQK6××），交警判了被保险机动车全责。现场检查发现，双方事故损失轻微，损失部位的高度吻合；因现场被保险机动车车主驾驶证年审，而交警中队没有给予代办证，故现场查勘人员打电话向交警中队询问，得知情况属实；在确认车架号和证件无误后，便着手处理现场，现场查勘完整图片见表11-4。

因为现场双方损失轻微，但接到报案时得知被保险机动车只投保了交强险，没有投保机动车损失保险，故现场告知被保险机动车车主情况后，就只对第三者车辆核定了损失；之后，查勘人员将现场单和现核单附页交给双方并告知双方索赔事宜后离开现场。

表11-4　某双方事故现场查勘完整图片

①事故地点

②前全景

③后全景

④高度测量1

（续）

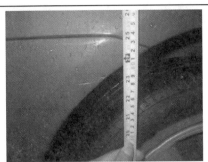
⑤高度测量2

⑥标的车损

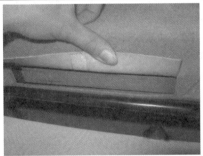
⑦车架号

⑧高度测量3

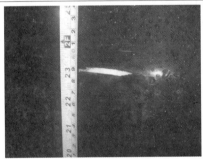
⑨高度测量4

⑩第三者车辆损失

⑪标的驾证

⑫事故认定书

（续）

⑬现场查勘记录单

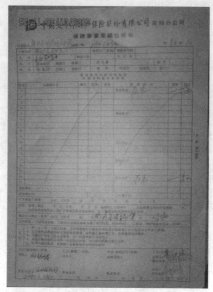

⑭估损单

　　案例点评： 本案是常见的双方事故案例，但有些案件中会有一些特殊情况，那么查勘人员应怎样处理？例如，当被保险机动车与前车发生追尾时，虽然车主向警方报了警，但由于种种原因（如警方不受理，或警方介入但无警方书面事故证明，或因疏解交通，而导致无现场等），在前车无损无责而离开现场的情况下（被保险机动车还在现场），是否还需要看现场？

　　一个完整的车险理赔案件必须满足《赔偿处理》第十六条中规定的索赔要求，对客户来讲，在出险过程中被保险人还必须履行其应尽的有关《被保险人义务和其他事项》第三十条、第三十二条的义务（报警），在涉及第三者的情况下，被保险人还应按照《赔偿处理》第二十四条规定办理；由于目前道路交通条件的复杂多变，加之车辆行驶速度的提高，出现上述情况是可以理解的；再者，从服务的角度来讲，通过保险公司查勘人员对事故现场的查勘，一则能起到安慰客户和实事求是地为客户现场释疑的目的，二则能防范道德危险的发生，这是对原始现场（或称为第一现场）进行现场查勘的主要目的。

　　在现场查勘中，要本着实事求是的原则处理案件；如有可能，先请客户（也可同时派相关人员赶赴现场）提供出险经过。对原始现场进行现场查勘（主要是调查事故的真伪和事故责任的划分），然后根据对原始现场进行现场查勘或回勘的汇总结果，对被保险机动车车辆损失与第三者车辆受损痕迹进行鉴定与比对，从而确定事故责任的性质，并根据其性质确认是否属于保险责任。

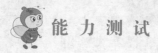

能 力 测 试

一、名词解释

车险事故、原始现场、变动现场、伪造现场、逃逸现场、保险责任、痕迹比对、车架号（VIN）、现场查勘报告、现场痕迹、路面痕迹、车身痕迹、人体痕迹、方位摄影、概览摄影、中心摄影、细目摄影、全景拍摄、现场图

二、单选题

1. 车险定损人员现场查勘的首要任务是（　　）。

A. 确定保险责任　　　　　　　　B. 确定事故责任

C. 确定事故损失　　　　　　　　D. 确定车辆是否是保险标的

2. 车险定损人员经常查勘的现场是（　　）。

A. 原始现场　　　B. 变动现场　　　C. 伪造现场　　　D. 恢复现场

3. 某事故中前照灯损坏，拍照时应采用（　　）方法拍摄。

A. 方位拍摄　　　　　　　　　　B. 中心拍摄

C. 细目拍摄　　　　　　　　　　D. 概览照相

4. 现场查勘时，查实出险情况时，下面不重要的是（　　）。

A. 查明出险地点　　　　　　　　B. 查明出险时间

C. 查明出险原因　　　　　　　　D. 查明出险损失多少

5. 下面有关车辆查验错误的是（　　）。

A. 应拍摄 VIN，与保险单对比检查是否是被保险机动车

B. 注意检验合格章，看是否过期，以确定保险合同是否有效

C. 看是否有改装，如果有，应减小免赔率

D. 看是否超载，如果有，应增加免赔率

三、思考题

1. 现场查勘前的准备工作有哪些？

2. 车辆要查验哪些内容？

3. 查勘照相的要求有哪些？

4. 现场查勘的主要内容有哪些？

学习任务十二　保险事故车的定损

学习目标

知识目标：

1. 熟悉车险定损的常用方法和流程。

2. 了解人身伤亡的赔偿项目。

3. 掌握事故车损失评估的基本理论和方法。

4. 掌握事故车损伤的检查技术。

能力目标：

能初步完成常见碰撞事故车的损失评估工作。

定损是对保险事故所造成的损失情况进行现场、专业的调查与查勘，对损失的项目和程度进行客观、专业的描述与记录，以及对损失价值进行确定的过程，其中包括车辆损失、其他财产损失、施救费用、残值处理和人身伤亡费用等的确定。

现场查勘结束后，查勘人员应会同被保险人一起进行车辆损失的确定，从而制作定损单。如果涉及第三者车辆损失，则还应包括会同第三者车损方进行定损。

✳✳✳ 单元一　车险事故定损概述 ✳✳✳

一、定损的方法

1. 协商定损

协商定损是由保险人、被保险人以及第三方协商确定保险事故造成的损失费用的过程。

2. 公估定损

公估定损是由专业的公估机构负责对保险事故造成的损失进行确定的过程。保险公司根据公估机构的检验报告进行赔款理算，这种引入由没有利益关系的第三方负责定损、核损工作的模式能更好地体现保险合同公平的特点，避免了合同双方的争议和纠纷。

3. 专家定损

对于个别技术性和专业性要求极高的案件，可聘请专家进行定损，以保证全面、客观、准确地确定保险事故造成的损失费用，维护合同双方的合法权益。

目前，在车险实务中通常采用的是协商定损的定损、核损方式。

二、定损的流程

被保险机动车出险后的定损内容有车辆定损、人员伤亡费用的确定、施救费用的确定、其他财产损失的确定和残值处理等，具体流程如图12-1所示。

三、确定车辆损失项目

确定车辆损失是一项技术性很强的工作，同时是确保修复工作能够顺利进行的基础工作，为此查勘与定损人员应予以足够的重视。具体确定车辆损失时，应注意如下的问题：

■ 应注意区分本次事故和非本次事故的损失。

■ 应尽可能一次性完成定损工作。

■ 若事故车在估损人员检验前已经由被保险人自行送修，则保险人有权重新核定修理费用或拒绝赔偿。

■ 应注意对更换零件的控制和管理。

■ 经保险公司事先书面同意，对被保险事故车的损失原因进行鉴定和对修复费用加以评估的费用可以负责赔偿。

详细确定方法详见本任务单元二事故车损失评估。

四、确定人身伤亡费用

机动车第三者责任保险以及相关附加险中涉及的人员伤亡费用，理赔人员应按照道路交通事故处理法律、法规的有关规定以及保险合同的约定赔偿。赔偿项目包括医疗费、误工

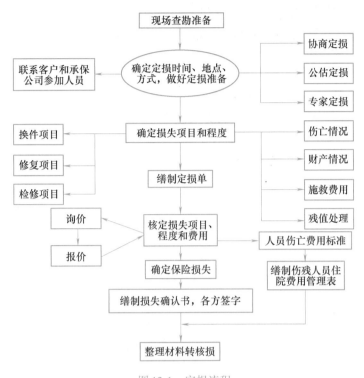

图 12-1　定损流程

费、护理费、交通费、住宿费、住院伙食补助费、必要的营养费、残疾赔偿金、残疾辅助器具费、被抚养人生活费、后续治疗费、丧葬费、死亡赔偿金和精神损害抚慰金等。

五、非车辆财产损失的确定

保险事故除了能导致车辆的损失外，还有可能导致第三者的财产损失和车上承运货物的损失，从而构成机动车第三者责任保险和车上货物责任保险的赔偿责任。

第三者财产损失包括第三者车辆所载货物、道路、道路安全设施、房屋建筑、电力和水利设施、道旁树木花卉及道旁农田庄稼等。车上承运货物既包括第三者车上货物，也包括被保险机动车的车上货物，货物种类繁多，不胜枚举。可见，车辆事故中造成的非车辆财产损失涉及范围较大，所以对其定损的标准、技术以及掌握尺度相对机动车来讲要难得多。但总体来说，保险人应核对事故现场直接造成的现有财产的实际损毁，依据保险合同的规定予以赔偿。

确定非车辆财产损失时可与被害人协商，协商不成可申请仲裁或诉讼。但间接损失、第三者无理索要及处罚性质的赔偿不予负责。因此，保险人的实际定损费用与被保险人实际赔付第三者的费用或车上货物的实际损失额度往往有差距，这就需要定损人员做好对被保险人的解释与说服工作。具体应注意以下几个方面。

（1）损失修复原则　**第三者财产和车上货物的恢复以修复为主。**无法修复和无修复价值的财产可采取更换的办法处理，更换时应注意品名、数量、制造日期和主要功能等。对于能更换零配件的，不更换部件；能更换部件的，不更换总成件。

（2）确定物损数量　交通事故中常见的财产损失有普通公路路产、高速公路路产、供电通信设施、城市与道路绿化等。

207

相关财产的品名和数量可参照当地物价部门列明的常见品名和配套数量，受损财物的数量确定还必须注意其计算方法的科学性和合理性。

（3）损失金额的确定

1）简单财产损失应会同被保险人一起根据财产价值和损失程度确定损失金额，必要时请生产厂家进行鉴定。

2）对于受损财产中技术性强、定损价格较高、难度较大的物品，如果较难掌握赔偿标准，可聘请技术监督部门或专业维修部门鉴定，严禁盲目定价。

3）对于出险时市场已不生产销售的财产，可按客户原始购置发票数额为依据，客户不能提供发票的，可根据原产品的主要功能和特性，按照当前市场上同类型产品推算确定。

4）其他物资查勘与定损。市政和道路交通设施：如广告牌、电线杆、防护栏、隔离桩和绿化树等，在定损中按损坏物产的制作费用及当地市政、路政、交管部门的赔偿标准核定。但应注意该类财产损失的特点，即市政部门和道路维护部门对肇事者索要的赔偿往往有处罚性质及间接损失的赔偿。因此，在定损、核损过程中，理赔人员应区分第三者索赔中哪些为直接损失，哪些属于间接费用，哪些属于罚款。

房屋建筑：了解房屋结构、材料和损失状况，然后确定维修方案，最后请当地建筑施工单位对损坏部分及维修方案进行预算招标，确定最低修复费用。

道旁农田庄稼：在青苗期按青苗费用加上一定的补贴即可，成熟期的庄稼可按当地同类农作物平均产量测算定损。

家畜、牲畜：牲畜受伤以治疗为主，受伤后失去使用价值或死亡的，凭畜牧部门证明或协商折价赔偿。

车上货物及其他货品：应根据不同的物品分别定损，对一些精密仪器、家电、高档物品等应核实具体的数量、规格及生产厂，可向市场或生产厂了解物品价格；对易变质、易腐烂的物品（如食品、水果类等）在征得保险公司有关负责人同意后，应尽快现场变价处理；另外，对于车上货物还应取得运单、装箱单、发票，核对装载货物情况，防止虚报损失。同时应注意，根据机动车保险条款，定损人员只需对损坏的货物进行数量清点，并分类确定其受损程度，而对诈骗、盗窃、丢失、走失和哄抢等造成的货物损失不负责赔偿。

5）根据车险条款规定，损失残值应协商折价折归被保险人，并由被保险人进行处理。

6）定损金额以出险时保险财产的实际价值为限。

（4）维修方案的确定　根据损失项目、数量、维修项目和维修工时及工程造价确定维修方案，对于损失较大的事故或定损技术要求较高的事故，可委托专业人员确定维修方案。

六、施救费用的确定

施救费用是指当保险标的遭遇保险责任范围内的灾害事故时，被保险人或其代理人、雇佣人员等为防止损失的扩大，采取措施抢救保险标的而支出的必要且合理的费用。其中，必要且合理的费用是指为施救行为支出的直接且必要的费用，符合国家有关政策规定。

（1）施救费用的确定原则　施救费用的确定要严格依照条款规定，并按以下原则处理：施救费用必须是为抢救保险标的而支出的必要且合理的费用，否则保险人不负责赔偿。

（2）施救情况记录

1）事故车及其他财产需要施救的，应记录被施救财产的名称、数量、重量、价值、施救方式和施救路程。

2）被施救财产已经施救的，应在查勘记录中记录已发生的施救费用。

3）保险标的与其他财产一同施救的，应与被保险人说明施救费用的分摊原则，并在查勘记录中注明。

（3）常见的不合理施救　在对车辆进行施救时，对于不合理的施救费用，保险人不予以负责。常见的不合理施救：

1）倾覆车辆在吊装时未对车身进行合理的保护，致使车身漆层大面积损伤。

2）倾覆车辆在吊装过程中未进行合理的固定，造成二次倾覆。

3）在分解施救过程中拆卸不当，造成车辆零部件损坏或丢失。

4）对拖移车辆未进行检查，造成拖移过程中车辆损坏扩大，如轮胎缺气或转向失灵却硬拖硬磨而造成的轮胎损坏。

【案例分析】

　　赵某是某物流公司驾驶人，驾车前往外地，行驶到某国道50km处时，突然从公路旁窜出一自行车横穿马路，赵某赶紧采取紧急避让措施，猛打转向盘，汽车往道路右侧急转弯。结果自行车避让过去了，但由于车速太快，转向盘打得也比较大，使得赵某驾驶的车辆右侧驶入松软地带，挂车的右边车轮陷了进去，造成车辆倾斜。

　　为使汽车返回路面，赵某起动车辆，但车辆却越陷越深，倾斜角度越来越大。赵某为防止事故损失进一步扩大，与当地相关部门取得联系，在当地警方帮助下，用吊车将载货汽车吊出松软地带，结果保险标的（车辆）无损失，但发生施救费用5700元。

　　赵某返回后，去保险公司申请理赔，却遭拒绝，理由是赵某采用吊车的自救措施，费用不合理。保险公司认为：事故是该车驾驶人由于避让骑车人而驶入路边松软地带并陷入泥中，并未接触他物，更谈不上倾覆，这种情况下该车只需牵引即可恢复行驶能力，而客户接受了整车起吊这样明显不必要的施救措施，产生了大笔施救费用，属于不合理施救。

七、损余物资的残值处理

当碰撞造成被评估汽车损失较大时，都必须对被评估汽车的修复价值进行评定，当被评估汽车达到全损或推定全损时，则被评估汽车已无修复价值（若修复价值已达到或超过其实际价值，则被评估汽车为推定全损）。

损余物资是指机动车保险项下的保险标的、第三者车辆或非车辆财产的全部或部分遭受损失且保险公司已经按合同规定予以赔偿，赔偿后的损失物仍有一定价值的物资。

残值处理是指保险公司根据保险合同履行了赔偿并取得对受损标的所有权后，对尚存一部分经济价值的受损标的进行的处理。

车险的损余物资包括更换后仍具有一定价值的车辆部件、成套销售零配件的未使用部分、推定全损车辆的未损坏部分、被保险机动车的车上货物及第三者的财产等。

按照保险合同规定，损余物资的处理需经双方协商，合理确定其剩余价值（残值）。残值确定后，一般折归被保险人并冲减损失金额。当残值折归被保险人并扣减损失金额的处理方式与被保险人协商不成时，需将残值物品全部收回。

残值确定的具体流程：**首先列出更换项目清单，然后将更换的旧件分类，接着确定各类旧件质量，最后根据旧材料价格行情确定残值。**

✦✦✦ 单元二 事故车损失评估 ✦✦✦

一、事故车定损的概念与原则

1. 事故车定损的概念

事故车的损失是指车辆事故前的价值减去其事故后的价值。事故车定损是指依法取得评估资质或执业资格行政许可的机构及其人员，遵守国家交通管理法规、价格法规及政策，遵循依法客观、公开公正、科学合理的原则，对因事故（主要是道路交通事故）造成的车辆的毁损进行勘验和鉴定，确定其损失价值的行为。

2. 事故车定损原则

事故车定损应遵循的基本原则有客观公正原则、合法合理原则、相关性原则、保证安全原则、修复为主更换为辅原则、质量对等原则和事故车发生地修复原则。

（1）客观公正原则 客观公正原则是指价格鉴定必须站在公正的立场上，以事实为依据，实事求是地反映鉴定标的的客观情况，排除人为因素的干扰，并不得将主观推测情况及价格强加于鉴定标的之上，尽可能求得一个客观、公正的价格。

（2）合法合理原则 合法合理原则是指价格鉴定行为必须符合国家法律、法规及政策要求，以有关法律、法规及政策规定为行为依据，运用科学的方法、程序、技术标准和工作方案开展鉴定活动，使价格鉴定结论合法、合理。

（3）相关性原则 相关性原则是指当车辆发生道路交通事故时，由于零部件之间的相关性，会对与之相关的零部件造成不同程度的损坏影响。

（4）保证安全原则 保证安全原则是指修复后的车辆能保证安全使用。

（5）修复为主更换为辅原则 修复为主更换为辅原则是指在不影响修复车辆安全使用和修复经济合理的前提下，受损车辆应以修复为首选。

（6）质量对等原则 质量对等原则是指受损车辆更换配件应与原配件质量对等，即应选用原厂配件。在没有原厂配件的情况下，可选用质量相当的其他配件代替。

（7）事故发生地修复原则 事故发生地修复原则是指事故车应以事故发生地的标准修复费用为鉴定价格。

二、事故车损失评估方法

1. 常用评估方法简介

在资产评估理论中常用的评估方法有成本法、市场法和收益法，介绍如下。

（1）成本法 成本法是指从现时条件下被评估资产的重置成本中扣减各项价值损耗来确定资产价值的方法。成本法的理论基础是生产费用价值论，该观点认为资产的价值取决于其在购建时的成本耗费。一项资产的原始成本越高，其原始价值就越大。

成本法评估的基本思路是先计算被评估资产的现时重置成本，即按现时市场条件重新购建与被评估资产功能相同的处于全新状态的资产所需要的成本耗费，然后减去各项损耗，所得到的差额即被评估资产的评估值。由于资产的价值是一个变量，影响资产价值量变化的因素除了市场价格以外，还有因使用磨损和自然力作用而产生的实体性损耗、因技术进步而产生的功能性损耗以及因资产外部环境因素变化而产生的经济性损耗。

（2）市场法 市场法是指通过比较被评估资产与可参照交易资产的异同，并据此对可参照交易资产的市场价格进行调整，从而确定被评估资产价值的方法。市场法以均衡价值论为理论基础，即认为资产的价值是由在公开市场上买卖双方力量达成一致时的均衡价格所决定的。市场法以与被评估资产相类似的交易案例为参照来确定被评估资产的评估值，这说明市场法是基于资产定价的替代原则，即一项资产的价值等于为获得同等满足的替代品所花费的成本。

市场法评估的基本思路是首先在资产市场上寻找与被评估资产相类似的参照物的成交价（又称为交易案例），然后对被评估资产与参照物之间的差异进行调整，将参照物的成交价调整成被评估资产的评估值。由于市场法是通过被评估资产（或者是与被评估资产相类似的资产）的市场行情来确定被评估资产的评估值，因此需要多个交易案例才能反映市场行情。

（3）收益法　收益法是指依据资产未来预期收益经折现或资本化处理来估测资产价值的方法。收益法的理论基础是效用价值论，该观点认为资产的价值是由其效用决定的，而资产的效用体现在资产为其拥有者带来的收益上。在风险报酬率既定的情况下，一项资产的未来收益越高，该资产的价值就越大。

收益法评估的基本思路是通过估测被评估资产的未来预期收益，并将其按一定的折现率或资本化率折算成现值，从而确定该项资产的评估值。换言之，一项资产的价值即人们为拥有获得该项资产预期收益的权利，依据目前的市场利率和预期收益的风险状况，当前应支付的价格。这是一种现值货币与将来取得货币收入的权利之间的交换。

2. 事故车损失评估方法的选择

确定事故车损失评估方法时，与资产评估有一定的差异，事故车的损失可以用以下公式表示

$$事故车的损失 = 车辆事故前的价值 - 车辆事故后的价值$$

当汽车发生严重碰撞导致其已无修复价值，即车辆发生整体损失时，车辆事故后的价值已经很低，此时事故车的损失可用以下公式表示

$$事故车的损失 = 车辆事故前的价值 - 车辆事故后的价值 \approx 车辆事故前的价值$$

此时，评估损失的重点是确定车辆事故前的价值，即评估事故前的车辆的资产价值，可选择成本法和市场法进行评估。

当汽车发生碰撞致使其发生部分损失时，很难用资产评估理论中的成本法和市场法评估损失部分的资产价值。但在资产评估理论中，估算机器设备实体性贬值的，常用到修复费用法。修复费用法是指假设设备所发生的实体性损耗是可补偿性的，则设备的实体性贬值就应该等于用来补偿实体性损耗所发生的费用，所用的补偿手段一般是修理或更换损坏部分。

而对于发生部分损失的车辆，可认为车辆发生实体性贬值，而该实体性损耗是可补偿性的，因为发生部分损失的车辆可以通过修理恢复到事故前的状态，此时事故车的损失主要表现为所花的修理费用，即

$$事故车的损失 = 车辆事故前的价值 - 车辆事故后的价值$$
$$= 恢复到事故前状态所花的修理费$$

因此，发生部分损失的车辆可选择修复法评估其损失费用，一般也称为修复费用加和法。修复费用加和法是事故车损失评估的常用方法。

3. 事故车损失评估的修复费用加和法

根据上面的分析，修复费用加和法适用于道路交通事故车辆发生部分损失的评估。具体

评估时，主要步骤如下。

（1）确定损失项目　损失项目是指为了把本次事故造成损坏的车辆恢复至事故前原有的功能所需要修复的项目。

1）对于能直接观察到与本次事故有因果关系的损坏总成和零配件，应作为本次修复项目，对非本次事故引起的损坏总成和零配件不应作为本次修复项目。

2）对于不能直接观察到其损坏部位和损坏程度的，与本次事故有因果关系的隐损项目，应在具有相应拆检资格的机构进行拆解检验后加以确定。

（2）定损方式选择　定损方式选择是指在遵循车辆定损原则下，对事故车辆的损失项目选用修理或更换方式进行定损。

1）修理方式定损。在不影响修复后车辆行驶安全的情况下，应遵循修理为主、更换为辅原则，损坏的零配件或总成应选取修理方式定损。

2）更换方式定损。损坏的零配件或总成选取更换方式定损，应遵循质量对等原则和保证安全原则。损坏的零配件或总成有下列情形之一的，应予以更换：直接影响车辆行驶安全的；技术上不能修复的；技术上可修复，但一次性修复费用高于事故前原单项零配件或总成实际价值75%以上的；易损、一次性使用的；生产厂家明文规定不允许分解的零配件或总成；对于未售出的全新车辆，应予以更换（特别轻微的除外）原厂全新零配件或总成。

3）事故车从初始登记日到鉴定基准日3个月内，损坏的零配件或总成应优先考虑采用更换方式定损。

4）事故车从初始登记日到鉴定基准日未满国家规定机动车报废标准使用期限的2/3，应按更换原厂新零配件或总成定损，没有原厂新零配件或总成的，可以遵循质量对等原则按更换同类型全新零配件或总成定损。

5）事故车从初始登记日到鉴定基准日超过国家规定机动车报废标准使用期限的2/3，除了保证车辆安全行驶的关键零配件或总成按更换新件定损外，其他损坏件可遵循质量对等原则进行折旧定损，计算公式为

$$更换零配件（总成）鉴定价格 = 全新零配件（总成）价格 × （1 - 折旧率）$$

$$折旧率 = [（已使用年数 - 国家规定机动车报废标准使用期限 × 2/3） ÷ 国家规定机动车$$
$$报废标准使用期限] × 100\% \ 或$$

$$= [（已行驶里程 - 国家规定可行驶总里程 × 2/3） ÷ 国家规定可行驶总里程]$$
$$× 100\%$$

（3）确定损失费用　以修复费用加和法鉴定车辆损失价格的基本公式为

$$车辆损失鉴定价格 = （材料价格 + 工时费用 + 期间费用 + 利润） - 残值$$

1）确定材料价格时，应遵守国家法律、法规和政策，依据行业或政府价格主管部门认定的报价机构公布的汽车零配件价格，结合当地实际价格水平综合确定。

2）工时费用是指修理工人修复损坏车辆应得的劳动报酬。其计算公式为

$$工时费用 = 工时单价 × 工时数$$

3）期间费用包括管理费用、财务费用和税费等，按材料价格和工时费用之和的适当比例估算。其计算公式为

$$期间费用 = （材料价格 + 工时费用） × 期间费用率$$

期间费用率取值由鉴定人员根据当地车辆修理企业的管理水平、技术水平和服务质量等

因素估算确定，一般不超过30%。

4）利润是指车辆修理企业投资方的投资回报。其计算公式为

$$利润 = （材料价格 + 工时费用 + 期间费用）\times 利润率$$

利润率取值由鉴定人员根据当地车辆修理行业平均利润水平确定。

5）残值是指更换下来的零配件或总成的剩余价值。如果定损车辆未从更换下来的零配件或总成中受益，则应认定残值为零。

4. 事故车损失评估的成本法

成本法适用于道路交通事故车辆发生整体损失（全损）或推定整体损失的评估。具体评估事故车损失时，主要评估内容如下。

（1）事故车整体损失的条件

1）整体损毁的事故车，其损失价值按事故发生前整车的实际市场价格减去残值计算。

2）达到国家有关车辆报废规定标准的事故车，不计算损失价格，按照国家有关规定确定。

（2）基本公式

$$整车损失鉴定价格 = 重置成本 \times 成新率 - 残值$$

$$成新率 = （1 - 折旧率）\times 综合调整系数$$

$$折旧率 = [已使用年数 \div 国家规定的使用期限] \times 100\% 或$$

$$= [已行驶里程 \div 国家规定的可行驶总里程] \times 100\%$$

（3）确定重置成本　重置成本是指在现行市场上重新购置全新状态下的车辆成本，车辆成本应包括购车时国家规定的一次性交纳的税费（不包括按年度应缴税费）。

有下列情形之一的车辆，按其特殊性确定重置成本：

1）淘汰车型，可遵循质量对等原则参考配置相同的同类型车辆确定重置成本。

2）走私、拼（组）装、右转向盘改左转向盘或套用国产车目录，但已领取车牌号、机动车行驶证和机动车登记证书的车辆，可根据同类车型现行市场购置价格，扣减因其安全性能低、维修成本高和质量无保证等因素造成的贬值后确定重置成本。其计算公式为

$$重置成本 = 同类车型购置价格 - 贬值$$

式中，贬值 = 同类车型购置价格 × 贬值率。

贬值率可由鉴定人员根据车辆实际情况估算确定。

（4）确定已使用年数　已使用年数应从事故车辆初始登记日起至价格鉴定基准日止计算。

（5）国家规定的使用期限　国家规定的使用期限应按照国家规定机动车报废标准的使用期限确定。

（6）经过公安机关交通管理部门批准允许延缓报废的　视批准延缓报废年限为尚可使用年限，年限折旧率的计算公式为

$$年限折旧率 = [已使用年数 \div （已使用年数 + 尚可使用年数）] \times 100\%$$

（7）综合调整系数　综合调整是综合车辆行驶里程、实际车况和市场状况等因素对年限折旧造成车辆价格与实际市场价格偏离进行调整修正。综合调整系数的取值范围为 -1 ~ 1。

（8）残值　残值是指报废整车的剩余价值。如果定损车辆未从报废整车残值中受益，

则应认定残值为零。

5. 事故车损失评估的市场法

市场法适用于道路交通事故车辆发生整体损失或者推定整体损失的价格鉴定。整车损失鉴定价格的计算公式为

$$整车损失鉴定价格 = 参照车辆价格 × (1 ± 调整系数)$$

（1）参照车辆 选取的参照车辆应与鉴定车辆具有可比性。参照车辆和鉴定车辆相比，具有成交日期与鉴定基准日相近、车类和车型相同、排气量相同、生产日期相近、配置接近、档次相同和车况相近的特点。参照车辆价格是二手车市场正常成交价。

（2）调整系数 调整是将参照车辆目前状况下的价格调整为鉴定车辆状况下的价格。调整系数由鉴定人员根据参照车辆的交易情况差异、交易时间差异、市场差异、配置差异和车况差异等因素进行修正确定。其计算公式为

$$调整系数 = 交易情况差异修正率 + 交易时间差异修正率 + 市场差异修正率 +$$
$$配置差异修正率 + 车况差异修正率$$

1）交易情况差异是指参照车辆因非正常市场交易行为引起参照车辆交易价格的差异。

2）交易时间差异是指参照车辆交易时间与价格鉴定基准日不同而影响鉴定车辆的价格差异。

3）市场差异是指鉴定车辆与参照车辆因处于不同二手车市场而引起的价格差异。

4）配置差异是指鉴定车辆与参照车辆因配置不同而引起的价格差异。

5）车况差异是指鉴定车辆与参照车辆因车况不同而引起的价格差异。

三、事故车损伤鉴定

进行碰撞损伤检查时，评估人员必须具有一个系统的检查方法。一套系统的检查模式或顺序是非常重要的。碰撞损坏可能非常复杂，尤其是严重碰撞损坏的车辆，损坏的零件可能有几十个，很容易遗漏和重复。如果粗心大意或随意地检验，则评估过程将变得非常混乱，并且会不可避免地影响最后定损的准确性。

因此，有序的检验可以最大限度地减少损坏零件漏检的可能性，同时避免在修理过程中遗漏必须拆卸和更换的漏检零件。遵循预定的系统分析有助于评估人员避免重复记录零件和检查同一处损伤。按照预定的检查顺序，每次记录一项评估，从而可制作一份完整而准确的评估报告。

对严重碰撞损伤车辆的检查，首先应通过目测判断车身及其他机械零部件的损伤大致情况，对车身的前部和下部等精确度要求高的部位必须通过精确的测量，才能评价其损伤程度。损伤检查一定要注意合理的顺序，这样才能不至于遗漏损伤，为后面定损的准确性打下坚实的基础。下面主要以正面碰撞为例来分析损伤检查的步骤与方法。

1. 了解碰撞情况

了解碰撞事故发生情况，有助于全面、准确、迅速地检查所有损伤。因此，评估人员可通过与驾驶人交谈、现场观察等，对车辆有一个基本的了解，并且要特别注意以下几个方面：

1）事故车的车型结构和车辆基本尺寸等。

2）碰撞时的车速和碰撞位置等。

3）碰撞的准确位置、碰撞力的方向和角度等。

4）车辆的载重情况、人员或货物的数量和位置等。

2. 确定损坏部位

观察整个车辆，具体方法从碰撞点开始，环绕汽车一圈（图12-2），并统计撞击处的数量，评价其程度，确定其损坏顺序。

3. 检查外部损伤和变形

从车辆的前部、后部和侧部观察车辆，并从侧面检查横向和垂直方向弯曲、扭曲、变形的线条，以及车身上的隆起和凹陷（图12-3）。同时，检查外板变形或其他与碰撞部位相关联的部位。

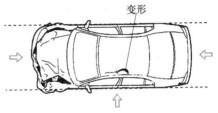

图12-2　环绕汽车一圈　　　　　　　　　　图12-3　检查外部损伤和变形

4. 检查外部车身板件的定位情况

仔细检查所有带铰链部件（如发动机舱盖、车门、行李舱盖或后背舱门）的装配间隙和配合状况是否正常（图12-4），开启与关闭是否正常。通过这些检查除了可以判断覆盖件的变形情况，还可以判断安装这些覆盖件的结构件变形情况。例如：车门是通过铰链安装在车身门柱上的。通过开关门和观察门边缘与车身两者间的曲面是否吻合及装配情况等，即可确定车门或支柱是否受到损伤（图12-5）。

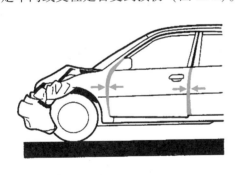

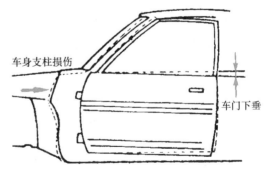

图12-4　检查外部车身板件的定位情况　　　　　图12-5　车门和支柱的检查

5. 检查发动机舱

检查发动机支承以及变速器支座的变形，检查辅助系统与底盘以及线束与底盘间的接触情况。检查车身各部分的变形以及焊缝密封胶是否剥落。

6. 检查乘员室和行李舱

检查乘员室或行李舱内撞击力造成的间接零件损坏。检查转向柱、仪表板、内板、座椅、座椅安全带以及其他内饰件上因驾驶人或货物而导致的损坏。

7. 检查车身下部

检查发动机润滑油、变速器油、制动液或散热器冷却液的泄漏情况。检查车身底部各部分的变形以及焊缝密封胶是否剥落（图12-6）。

8. 对前轮转向装置进行性能检查

转向性能检查结果可以用于分析车身、转向和悬架装置是否有故障，为测量和鉴别行驶装置的性能提供帮助。

9. 功能检查

如果一些机械零部件检查完好，则应进行功能检查。功能检查的主要项目包括：起动发动机，检查是否有异常的振动噪声或接触噪声；操作离合器、制动器、驻车制动杆以及变速杆，检查车辆功能是否正常；检查电气系统的功能，其中包括灯光和附件的开关功能。

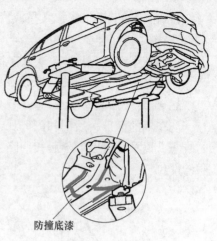

防撞底漆

图12-6 检查车身下部

10. 主要尺寸的测量

检查评估汽车的损坏程度时，用测量法检测是必不可少的手段之一，按维修手册给出的技术参数，测量车架和车身各指定部位点对点的距离，将测量结果与已知数据进行比较，可以查出损坏范围和方向，有助于对损伤程度进行分析。

11. 完成损伤检查报告

完成所有检查后，应认真完成损伤检查报告，填写损伤评估员记录表（参考样式见表12-1）。

表12-1 损伤评估员记录表（参考样式）

用户姓名		联系电话		地址				进厂日期	
车型与厂家		车身类型		牌号			行驶里程		
车辆识别码		基本装备					存放位置		
保险公司名称		保险类型		保险协调员				联系电话	
预计作业项目及需要的零部件				预计涂装费用		预计零部件费用		预计工时费	
				数量	金额	数量	金额	数量	金额
用户姓名		联系电话		地址				进厂日期	
合计									
附加说明				预算费用总计					
				其中包括	涂装费				
					零部件费用				
					工时费				
					管理费				
评估员		日期			税费				

四、损伤零部件修理与更换的确定

1. 确定损伤零部件修理方案的基本原则

当确定碰撞事故损失时，在检查出所有损伤后，应根据零部件的损伤情况确定其修理方案。在选择修理方案时，主要问题是损伤零部件是修理还是更换，对于同一损伤，选择修理方案不一样往往会导致最后的修理费用差异很大，直接影响最后定损的准确性。

例如：假设某普通桑塔纳轿车发动机舱盖（素色漆）发生轻度变形。

如果选择更换发动机舱盖修理方案，则主要的修理费用的计算方法如下：

按上海大众公司提供的发动机舱盖单价为 840.00 元；按《南京市汽车维修行业工时定额与收费标准》，更换发动机舱盖的钣金工费为 40.00 元，喷漆费 = (360.00 × 1.5) 元 = 540.00 元，合计维修费为 (840.00 + 40.00 + 540.00) 元 = 1420.00 元。

如果选择修理发动机舱盖方案，则主要的修理费用计算方法如下：

修理普通桑塔纳轿车轻度变形发动机舱盖（素色漆），钣金工时费约为 60 元，做漆费约为 360.00 元，合计维修费约为 420 元。

如前所述，事故车定损应遵循修复为主更换为辅的原则，在保证汽车修理质量的前提下，用最小的成本完成受损部位修复，这是评估人员评估受损汽车的基本原则，也是确定损伤零部件修理方案的基本原则。

因此上述的普通桑塔纳轿车发动机轻度变形的案例，就应选择修理方案而不是更换方案。

2. 影响损伤零部件修理与更换的因素

（1）技术与安全性因素　**确定碰撞损伤零部件是修理还是更换，首先要考虑是否具有可修理性，如果可修理，还要考虑是否难于修理，修理后质量是否可靠**。对事故车修理质量的评价的基本方法是通过合理修理后，看损伤部位（或零部件）有没有恢复到事故前的状态。

1）无法修理或一次性使用的零部件。汽车上有一些无法修理或设计时属于一次性使用的零部件，对于这些零部件，一旦撞伤后都具有不可修理性，因此只能更换。

无法修理或一次性使用的零部件主要有：

■碰撞易破碎部件，如车镜、灯具和车窗玻璃。

■电镀饰品，该类零件碰伤、被损后失去装饰作用，目前修理企业都不提供电镀服务，无法修理，主要有各种电镀装饰条。

■橡胶制品，如软管、油封、防尘套和缓冲垫，属于低值易耗品，破损后无法修复。

■各种密封条，属于一次性使用零部件。

■无面漆的塑料制品，属于一次性使用零部件，因为如果修理，则一定会在表面留下修理痕迹而影响美观，即通过修理无法恢复到事故前的状态。

■以超高强度钢板为材料的钣金件，属于一次使用零部件，因为超高强度钢板是不可修复材料。

■碰撞展开的安全气囊，属于一次性使用零部件。

2）安全性能得不到完全恢复的零部件。有关安全的零部件碰撞受损后，即使通过修理，也不能确保其安全性能够恢复到事故前的状态，这样的零部件受损后，只能进行更换。

安全性能得不到完全恢复的零部件主要有：

■碰撞吸能区的钣金件。现代汽车车身设计时，在汽车前部和后部设计有防撞吸能区，一旦发生碰撞事故，用以吸收碰撞能量，从而减轻碰撞对乘员的伤害。

■碰撞吸能区。碰撞吸能区一旦变形后只能更换不能修理，因为修理后下次发生碰撞事故时，吸能效果会减弱，破坏了原车的安全性设计，只有更换才能恢复原车安全性能。

■悬架系统、转向系统零部件。悬架系统与转向系统直接影响汽车的行驶和操纵稳定性，尤其是在高速行驶时。

■座椅安全带。只要找到安全带有缺陷的就应更换。常见缺陷有：破损、褪色、弓形、织物纤维断裂或拉脱。

■燃油箱。燃油箱有撞伤的应进行更换。

3）技术性能得不到完全恢复的零部件。有很多零部件虽可修理，但出现以下两种情况应进行更换：一是由于损伤严重，即使修理，零部件的技术性能却达不到要求，即很难恢复到事故前的状态；二是修理困难，汽车制造企业建议采用换件修理。下面对一些常损零部件进行技术性分析。

车身钣金件：车身钣金件主要有车身结构件和车身覆盖件两类，车身结构件对车身整体性能影响较大，车身覆盖件主要体现外部形状。因此，对车身结构件的修理与更换，一定要慎重，一定要确保修理质量。

车身钣金件属于可修理零件，但对于严重损伤的钣金件，如果是结构件，则修理很难恢复到事故前的状态，应更换；对于覆盖件，严重损伤往往修复困难，也应考虑更换。目前车身钣金件以钢材为主。下面主要考虑钢质钣金件的修理与更换。

什么样的损伤算严重损伤不太好判断，美国汽车碰撞修理协会（I-CAR）经过大量的研究，终于得出关于损伤结构件的修理与更换的一个简单的判断原则，即"弯曲变形就修，折曲变形就换"。

弯曲变形的特点：损伤部位与非损伤部位的过渡平滑、连续；通过矫正可使其恢复到事故前的状态，而不会留下永久塑性变形。

折曲变形的特点：弯曲变形剧烈，曲率半径小于3.2mm，通常在很短的长度上弯曲90°以上，如图12-7所示；矫正后，零件上仍有明显的裂纹或开裂，或者出现永久变形带，不经过调温加热处理不能恢复到事故前的状态。

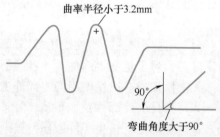

图 12-7　折曲变形

具体确定车身钣金件是修理还是更换，除了以 I-CAR 提供的准则为基本依据外，还要根据零件的具体结构、修复难度、表面类型、损坏位置及范围、零件的功能和受力情况等几方面因素确定。下面提供一些判定准则可以供评估时参考。

■如果损坏的位置靠近纵梁末端，碰撞挤压的范围对整体没影响，则更换的要求就不像整体挤压损坏那么严格。但是，如果碰撞挤压范围内伴随折曲变形，则应考虑更换。

■若损坏发生在发动机或转向装置的安装和支撑件范围内，则考虑重复应力加载会使支撑件产生疲劳变形，故当这些安装部位发生折曲变形时，均应更换。

■贴合式折叠在一起的构件，由于激烈的冲击而使局部金属变硬，应更换。

■如果损坏是发生在车身覆盖件较平的表面上，则将比一个尖锐的折叠或转角处的弯曲容易修复。而对于沿尖锐形状的边缘发生的折损或扭曲，确属修理难度大或不容易保证质量时可以考虑更换。

■前翼子板判断依据：损伤程度没有达到必须将其从车上拆下来才能修复，如整体形状还在，只是中部的局部凹陷，一般不考虑更换；如果每米长度超过 3 个折曲、破裂变形或已无基准形状，则应考虑更换。

■车门判断依据：如果门框发生塑性变形，则一般是无法修复的，应考虑更换。车门面板的修复与更换判断依据同前翼子板；另外，车门面板必须更换的，可单独更换车门面板。

■发动机舱盖与行李舱盖判断依据：目前绝大多数汽车的发动机舱盖与行李舱盖是用两个冲压成形的冷轧钢板经过翻边胶粘制成，可修性不好。因此，应判断是否需要将两层分开进行修理，若需要，则一般应更换。

■后翼子板判断依据：侧面凹陷无论大小都具有可修复性，应给予修复。如果每米长度超过 3 个折曲、破裂变形或已无基准形状，则应考虑更换。

壳体类零件：汽车的发动机缸体、变速器、主减速器和差速器的壳体常用球墨铸铁或铝合金铸造而成，在遭受冲击载荷时，往往会造成裂纹、固定支脚的断裂损伤。

在汽车修理标准中，壳体类零件属于可修复件，即对发动机气缸体、变速器、主减速器和差速器壳体的断裂是可以进行焊接修理的。

具体判断时主要看修理质量能否满足要求。

一般固定支脚的断裂损伤可以通过焊接修理，其强度、刚度和使用性能都可以得到满足，如发动机气缸体上固定发电机和空调压缩机的固定支座。

壳体有裂纹的，应更换。不论是球墨铸铁或铝合金铸件，焊接都会造成其变形，这种变形通常肉眼看不出来，但焊接部位的附近对形状尺寸要求较高（如发动机气缸壁，变速器、主减速器和差速器的轴承座）。也就是说，这些部位附近如果产生断裂，用焊接的方法是恢复不到事故前的状态的。

万向传动装置和半轴：万向传动装置和半轴一旦有撞伤应进行更换，如发生变形、裂纹甚至断裂，修理困难且修理质量也得不到保证，应更换。

电器元件：电器元件一般属于修理困难件，汽车制造企业建议采用换件修理，如各种传感器、继电器、熔断器、ECU、电子仪表、小型电动机（电动座椅、刮水器、车窗及后视镜等使用的电动机）等。

塑料件：损坏严重或残损的应更换，如整体破碎的；损坏不严重，但损坏部位属于应力集中部位，修理不能保证质量的，应更换，如富康轿车尾门铰链、撑杆锁机处。

另外，如塑料件作为安全性部件的损伤，应更换（安全性要求）；表面无漆的，应更换（如前述属于一次性部件）。

（2）经济性因素　在确定了可修理性之后，接下来便要决定损坏的零部件是更换还是修理。从经济、实用的角度考虑，不应将所有发生弯曲、扭曲、磨损、折损或开裂的零部件统统换掉。尽管绝大多数损坏的配件更换新件便于操作，但是从经济性原则出发，这种做法欠妥。

此时，应比较修理总费用和更换总费用，如果修理总费用接近或超过更换总费用，则可认定该件是无修理价值的，应进行更换。

具体操作时，还应考虑零部件的情况以及保险公司的相关规定。下面为某保险公司的参考标准：

1）价值较低的，一般修理费用应不高于新件价格的 20%。

2）中等价值的，一般修理费用应不高于新件价格的 50%。

3）总成的修理费用，不可大于新件价格的 80%。

哪些零部件属于价值较低，哪些属于中等价值，判断标准很难把握。另外，有时换件还存在大量的拆装费用，即换件费用，如果不考虑换件费用，则有可能出现不经济的情况。

例如：更换一辆桑塔纳普通型轿车的后翼子板（单涂层烤漆）。按上海大众汽车公司提供的后翼子板单价为 752.00 元；按《南京市汽车维修行业工时定额与收费标准》，更换后翼子板的钣金工费为 360.00 元，做漆费 =（360.00 × 1.0）元 = 360.00 元，合计维修费为（752.00 + 360.00 + 360.00）元 = 1472.00 元。

修理一辆桑塔纳碰撞车的后翼子板（普通漆），从轻度变形至严重变形，钣金工费 = 50.00 ~ 450.00 元，做漆费 = 360.00 ~ 480.00 元，合计维修费 = 410.00 ~ 930.00 元。

如果后翼子板中度变形，则修理费取 600 元。此时，修理费约为新件价格的 80%，如果按照上述判断标准，则应更换后翼子板，而更换后翼子板的费用高达 1472.00 元，从成本去考虑当然不经济。

因此，应比较修理总费用和更换总费用，如米切尔碰撞评估指南推荐，如果修理总费用超过更换总费用的 75%，则损坏的零部件应予以更换。此数值可以参考。

在刚才的案例中，如果后翼子板可修复，则最高修理费为 930.00 元，是更换总费用的 63%，即后翼子修复是最经济的。

（3）客户满意度因素　考虑修理还是更换零部件，除了上述要素外还应从客户角度出发加以考虑。

1）零部件的订货周期。有时候尽管更换零部件比较合理，但当受到订货条件的限制使周期过长时，就应该考虑通过就车修理来解决。虽然可能为此付出较多的维修工时，但可以缩短在厂时间。反之，当零部件的供应十分便利且价格因素的影响不是主要矛盾时，为了提高效率可以将更换作为优先考虑的方案。

2）用户方面的要求。有些用户希望降低成本，而有些用户则希望更换新件，即使多出一些费用也有换新件的愿望，这时应从用户的要求出发来确定是否换件。如果是保险公司支付费用，则对有明显差别的项目，还应做出由用户补偿部分差价的说明。

五、工时费的确定方法

1. 工时定额法

（1）汽车维修工时定额　GB 5624—2005 规定了"汽车维修平均工时"的定义："报告期内，汽车某类维修作业所耗工时的平均值"。由于维修作业的施工时间取决于多个因素，如车型构造、作业项目、工艺设备、工人技术熟练程度及管理等，我国各地根据本地区实际情况颁布了地方性的《机动车辆维修行业工时定额和维修费计算方法》。

工时定额是指规定的该修理项目的工作量，其并不等于实际施工时间，它是汽车维修诸多技术经济定额的一种，是在一定作业条件下完成维修所消耗的劳动时间标准，是确定维修工时费的重要依据。

（2）工时费的计算　利用汽车维修工时定额计算维修费用的公式为

$$工时费 = 工时定额 \times 工时单价$$

表 12-2 给出了某地区《机动车辆维修行业工时定额和维修费计算方法》中部分维修项目的工时定额，其中规定一类维修企业工时单价为 35 元，4S 店可以上浮至 15%（80 万以上的车辆在 4S 店维修可以上浮至 30%）；二类维修企业工时单价为 25 元；三类以下维修企业工时单价为 15 元。

表 12-2　部分维修项目的工时定额

序号	项目　　　　　　车型	1 微型	2 普通型	3 中低级	4 中级	5 中高级	6 高级	7 豪华级
	车型划分标准	车价 <5 万	5 万≤车价 <10 万	10 万≤车价 <15 万	15 万≤车价 <30 万	30 万≤车价 <50 万	50 万≤车价 <80 万	车价 ≥80 万
外观件								
1	拆装前保险杠	3	4	5	7	10	12	15
2	拆装后保险杠	2	3	5	5	8	10	12
3	拆装前照灯	1	1	1	3	4	5	5
4	拆装尾灯	1	1	1	2	3	3	3
5	换驾驶室（所有工种拆装）	200	250	300	400	500	600	750
6	拆装前翼子板	4	3	6	6	8	10	12
7	拆装发动机舱盖	4	5	6	6	8	10	12
8	拆装车门	5	6	8	12	18	25	35
9	拆装电动后视镜	3	4	6	8	10	12	15
10	拆装后翼子板	25	30	35	45	70	90	120
11	拆装后厢盖/后背门	3	3	4	5	6	8	10
12	拆装前风窗玻璃（粘贴）	8	12	16	25	30	40	45
13	拆装前风窗玻璃（挂胶）	3	3	3	5	—	—	—
14	拆装后风窗玻璃（粘胶）	8	10	14	20	25	35	40

根据《机动车辆维修行业工时定额和维修费计算方法》计算某个维修项目的工时费时，基本方法可按图 12-8 的流程进行。

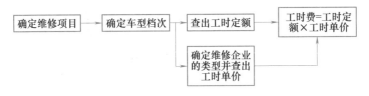

图 12-8　利用汽车维修工时定额法计算工时费的方法

2. 工时手册法

有些汽车制造企业向售后服务部门提供的《工时手册》和《零件手册》中，一般包含有各总成及零件的更换和拆装工时，有的还提供修理工时可供查询。工时费的计算方法与工时定额法类似，但仅适用于《工时手册》中对应车型的工时费的计算。

3. 修理项目工时的确定

对于修理项目工时，在修理过程中存在各种易变因素，如碰撞损坏程度、维修设备种类和配件的提供等，因此评估指南和工时手册中一般不提供修理项目工时查询，需要评估人员结合经验以及当地实际情况进行估算。

具体估算时，为了提高准确性，应熟悉本次修理作业的基本步骤和方法。将一个较大的修理项目按照修理程序分解成若干作业步骤，然后估计每个作业步骤所需的时间，将所有作业步骤所需的时间相加，即修理项目的大致工时，再根据实际情况做些调整。

六、材料费的确定

根据《机动车辆维修行业工时定额和维修费计算方法》中的规定：**材料费是指在车辆维修过程中更换、修理的零配件以及消耗的原材料**（含材料、漆料和燃润料）**的费用。**此处主要分析零配件费用的确定方法。

1. 汽车零配件的分类与选择

（1）按零配件制造商分类　汽车零配件制造商主要分两类：**OEM 厂商和非 OEM 厂商**。其产品有如下几种。

1）OEM 厂商。OEM 是指原厂装备制造商（Original Equipment Manufacture），也就是原厂装车配件的配套生产商，包括代加工、贴牌生产商。一般来讲，OEM 厂商主要生产以下 3 种产品。

① OEM 件：即由 OEM 厂商完全按原厂标准生产的专供整车厂使用的零配件，是车辆组装专用件，即所谓的"原厂件"，一般不供应售后市场使用。整车厂的 OEM 配套体系中，一个零配件通常会有两家或两家以上的 OEM 配套厂供应。

② ORP 件：ORP（Original Replacement Parts）是指完全以原厂规格制造的零配件，是专供售后服务市场的配套件，即所谓的正厂件或称为纯正配件。OEM 厂商生产的 ORP 件均交整车厂的仓库，整车厂通过特定的销售渠道进行销售，价格相对较高。

以上两种产品在原料、技术和质量上没有任何差别，仅在外观上有所区分：OEM 件刻有原厂商标和原厂件号（有时会有 OEM 厂商的产品商标）；ORP 件除有 OEM 厂商的产品商标外可能无以上标记，或只有贴纸式原厂商标及零件号。

③ AS 件：AS（Aftermarket Service）件是指售后市场件。某些 OEM 厂商的生产、设计能力超过供应 OEM 原厂件的需要，因此往往会生产一部分标有本公司产品商标的零配件，是汽车配件市场流通件，即所谓的专业厂件或配套厂件。

在工厂里，ORP 正厂件和 AS 专业厂件大多在同一条生产线上生产，其最后的质量检验要求也大致相同，产品销售用自己的包装箱包装，不经过整车厂的检验和销售渠道，而是由其自有的销售渠道进行销售，价格相对 ORP 正厂件便宜。

2）非 OEM 厂商。非 OEM 厂商是指受到原料、技术、生产工艺的限制或与整车厂之间的关系问题，不具备提供 OEM 配套产品资格的零部件制造厂商。其产品以自己的商标和包装向外销售，这类制造厂的情况存在着较大差异，多数产品质量较正厂件略差，在我国进口维修配件市场上，称这类产品为副厂件。另有一些生产厂商生产假冒伪劣件，仿冒正厂件或名牌产品的商标、包装等，这些零配件质量较难保证。

（2）按市场产品分类　除以上按零配件制造厂商的产品分类外，**市场上还有原厂翻新件、拆车件和下线零件等**。

1）原厂翻新件。原厂翻新件是指欧美等国家的整车厂应环保要求，按原厂标准翻新一些零部件供售后市场循环再用，如德国宝马汽车公司就有翻新转向机、曲轴等，美国通用汽车公司有翻新发电机和转向助力泵等。

2）拆车件（又称为旧件）。拆车件一般是指从国外一些事故车或报废车上未损坏的零配件中拆卸下来循环再用的旧件。

3）下线零件。通常是一些 OEM 厂商按正厂件标准生产而检验不合格的产品，通过不正当的渠道流通到市场上销售，市场称其为下线零件。下线零件没有包装，但通常在零件上可以看到正厂零件编号和商标等。市场销售的主要是一些外观零部件，产品缺陷主要是尺寸偏差、表面缺损等。由于产品比一般副厂件好，有经销商把劣质零件充当下线零件销售的情况。

（3）零配件类型的选择　在具体定损时，一般将零配件分为三大类，即正厂件（由 OEM 厂商生产）、副厂件（由非 OEM 厂商生产）和旧车拆解件。因为我国法律规定不能销售和使用废旧汽车零配件，所以目前我国只有正厂件和副厂件之分。

目前在国内的保险体系中，发生部分损失时保险公司的赔偿方法如下：

1）保险金额按投保时新车购置价确定的，当保险金额等于或高于出险时的新车购置价时，则部分损失按照实际修复费用赔偿。

$$赔款 = (实际修复费用 - 残值) \times 事故责任比例 \times (1 - 免赔率之和)$$

2）保险金额低于投保时的新车购置价的，发生部分损失按照保险金额与投保时的新车购置价比例计算赔偿。

$$赔款 = (实际修复费用 - 残值) \times (保险金额/新车购置价) \times 事故责任比例 \times$$
$$(1 - 免赔率之和)$$

从理赔的角度看，不管是以新车购置价投保，还是低于新车购置价投保，作为保险公司定损时，都应选择新正厂件的价格计算实际修复费用。

因为，不管是新车还是旧车，如果按新车购置价投保，则从义务和权利对等原则来看，都应当作新车处理，**所以损坏的零配件需更换的，应选择新的正厂件**。

如果以低于新车购置价投保，则在赔款总额计算时要乘以（保险金额/新车购置价），损坏的零配件需更换的，也应选择新的正厂件。

有一类情况除外，那就是原车用的是副厂件损坏的，应以副厂件的价格计算实际修复费用。

2. 汽车零配件价格的确定

（1）车险理赔零配件定价现状　目前国内有很多零配件报价机构和很多专营汽车零配件的汽配城，大多数保险公司也有自己的信息平台和报价机构。由于一些专业报价机构和保险公司不是汽车零配件的真正购买者和消费者，因此只向市场采集价格信息，没有完全确认核对零配件价格的真实性和零配件的质量，造成车辆承修方与车主（客户）之间、车主（客户）与保险公司之间讨价还价。究其原因，主要是三方价格信息不对称和市场价格混乱。目前，国内车险理赔定损汽车配件价格信息现状概括有以下几方面。

1）价格不准确。汽车零配件价格与市场脱节，不能保证有价有市、有报有供。

2）价格属性界定不明朗、不合理。按品质区分，同一个零配件有正、副厂两种。按进货渠道区分，同一个零配件有市场价格和品牌特约维修站价格两种。车辆的新旧程度、承保状况以及修理级别等因素，要求车险理赔工作对同一配件采取不同的价格核定尺度。汽车配件价格属性单一，属性界定不明朗、不合理，满足不了车险理赔工作的实际需求。

3）高档、稀有车型定损难。高档、稀有车型的零配件需要向国外订货，订货周期长。加之汇率变化，如果没有较好的配件信息来源，那么很难查询到相应零配件的价格。

4）汽车配件价格信息更新不及时。国内汽车配件市场价格混乱，价格变化频繁，这种大环境决定了单一的"人机对话"的汽车配件信息平台模式不能彻底满足车险理赔的工作需求，除信息平台外，还需要辅以各种形式的"人人对话"的服务模式，即信息实体服务体系。

（2）车险理赔零配件价格确定方法 根据目前汽车配件定价的现状，要较准确地确定零配件的价格，应采用市场询价法，即根据出险时间和地点为基点，通过不同市场采集价格并进行比较，从多渠道收集配件价格信息，结合实际情况与车辆承修方进行信息交流，核定一个合理的市场价格。简单计算方法可去掉一个最高价和一个最低价，其余价格取平均值。

配件价格信息采集的主要渠道有本地区汽车配件市场、品牌维修4S店、整车厂和周边地区市场等。

七、漆面损伤费用的评估

1. 工时定额法中的涂装费用的计算

各地区的《机动车辆维修行业工时定额和维修费计算方法》中有涂装费用的规定，主要有两种方式：一种是只提供工时查询，见表12-3；一种是包括工时费和材料费，见表12-4。

表12-3 某市车身小修喷漆工时定额（部分） （单位：工时）

序号	作业项目	数量	乘 用 车								备注
			1	2	3	4	5	6	7	8	
1	前翼子板	1	4.3	4.5	4.9	5	5	6.8	7	7.3	不包括材料费
2	发动机舱盖	1	6.3	6.5	6.8	6.9	7	8.2	8.5	8.7	
3	车门	1	4.8	5	5.5	6	6.5	7	7.4	7.7	
4	后翼子板	1	5	5.2	5.7	6.8	7	7.9	8.1	8.3	

注：乘用车栏目中，1—排量为1L以下；2—排量为1.0~1.6L的标准级车型；3—排量为1.0~1.6L的豪华级车型；4—排量为1.6~2.2L的标准级车型；5—排量为1.6~2.2L的豪华级车型；6—排量为2.2~3.2L的车型；7—排量为3.2~4.0L的车型；8—排量为4.0L的车型。

表12-4 某地区（小型客车）喷漆价格标准（部分） （单位：元）

序号	车型 项目	1 微型	2 普通型	3 中低级	4 中级	5 中高级	6 高级	7 豪华级
	车型划分标准	5万以下	5万~10万	10万~15万	15万~30万	30万~50万	50万~80万	80万以上
1	整车	1 500	2 400	2 600	3 000	4 000	6 000	15 000
2	半车	800	1 200	1 300	1 500	2 000	3 000	3 500
3	前/后保险杠	220	280	350	400	500	800	850
4	前后/车门	240/220	300/280	350/300	400	450	700	800
5	前翼子板	180	250	280	330	440	500	600
6	后翼子板	200	280	300	380	550	700	800
7	发动机舱盖	300	400	450	550	700	900	1 000
8	车顶（含侧框）	350	450	500	600	750	900	100

注：1. 3件及以上喷漆时，在半车价格内按照90%核定；喷漆部位超过半车时，应以需喷漆面积占整车面积的百分比计算。

2. 局部喷漆按照整体喷漆的60%价格核定；当受损面积超过一半或者受损部位在中部时，应当采用整体喷漆；当受损部位在线条、饰条以下或以上，或在边缘、其面积小于一半的，应当采用局部喷漆。

3. 补漆按照整体喷漆价格的30%核定，当受损点在边缘且面积很小时采用补漆。

2. 面积法介绍

汽车修理涂装费用的确定全国各地不尽相同，有以每平方米单价计算的，也有以每幅单价计算的，但是基本上都是按面积乘以涂装单价作为计价基础，此费用包含了工时费和材料费，确定较方便，可称为面积法。

（1）面积的计算方法　以每平方米为计价单位，不足 $1m^2$ 按 $1m^2$ 计价，第 $2m^2$，按 $0.9m^2$ 计算，第 $3m^2$ 按 $0.8m^2$ 计算，第 $4m^2$ 按 $0.7m^2$ 计算，第 $5m^2$ 按 $0.6m^2$ 计算，第 $6m^2$ 以后，每平方米按 $0.5m^2$ 计算。

（2）涂料单价的确定

1）确定涂料类型。整个涂装材料都是根据面漆的类型配套进行的，而且在整个涂装作业中所用的材料，面漆材料价格最高，因此在评估时主要确定面漆的种类。

汽车修补用面漆从外观作用来分主要有素色面漆、金属面漆和珍珠面漆 3 种。素色面漆喷涂完毕后整个面漆层即告完成，因此又称为单工序面漆或单涂层面漆，即米切尔碰撞评估指南中所说的单级面漆。金属面漆在施工时，先喷涂金属漆层，再喷涂清漆层，因此又称为双工序面漆或双涂层面漆，即米切尔碰撞评估指南中所说的两级面漆。珍珠面漆在施工时，先喷涂色底层，再喷涂珍珠漆层，最后喷涂清漆层，因此又称为三工序面漆或三涂层面漆，即米切尔碰撞评估指南中所说的三级面漆。

汽车涂料从成膜机理来分有溶剂挥发干燥成膜、氧化聚合型干燥成膜、热聚合交联型成膜和双组分聚合型成膜。这几种成膜对涂料性能的影响关系是热聚合交联型和双组分聚合型性能一致好于氧化聚合型，氧化聚合型好于溶剂挥发干燥成膜。

通过上述分析可知，**影响面漆涂装费用的主要有两个因素：一是施工类型，二是面漆的性能与质量的好坏**。影响面漆性能与质量的主要因素是成膜机理以及品牌。为了评估方便性，根据以上分析可大致将面漆分为 4 类：溶剂挥发干燥成膜素色漆（目前主要是硝基漆）、氧化聚合型干燥成膜素色漆（目前主要是醇酸树脂磁漆）、金属漆和珍珠漆。

2）确定涂料的单价。市场上所能购买的面漆大多为进口和合资品牌。世界主要汽车面漆的生产厂家，如美国的杜邦和 PPG、英国的 ICI、荷兰的新劲等，每升单价都不一样，估价时常采用市场公众都能够接受的价格。

每平方米的涂装费用中有材料费和工时费。在经济相对发达的地区，材料费较低而工时费较高；经济相对落后的地区，材料费较高而工时费较低，结合起来，每平方米涂装费用差别不大。汽车涂装费用参考表见表 12-5，可供评估人员参考。

表 12-5　汽车涂装费用参考表　　　　　　（单位：元/m^2）

	乘　用　车					客　车		货　车	
	微型	普通型	中级	中高级	高级	普通	豪华	车厢	驾驶室
硝基漆						100		50	
磁漆	200	250	300	400	500	200	300		250
金属漆	300	350	400	500	600		400		

八、车辆报废与修理的确定方法

1. 影响事故车报废与修理选择方案的因素

理论上，任何受损的车辆都可以修复到原状，甚至修复到全新的状态。但从经济性角度看，对于严重损伤的汽车，将其报废应是较好的选择。那么，一般损坏到什么程度需要报废？有什么样的评价标准？除了经济性因素外，有没有其他因素影响汽车是报废还是修理？下面将对这些问题进行分析。

（1）经济性因素　说到经济性因素就会讲到车辆现值（AVC）。**车辆现值指的是发生事故前那一时刻，车辆所具有的实际价值。**任何车辆在使用中都会不断磨损，因此，随着车龄和行驶里程的增加，车辆的价值逐渐降低，即使维护得好的车辆也不例外。例如：几年前售价为15万元的新车，现在如果状况良好且行驶里程不是很长，则其平均零售价可能只有8万元。这个8万元就是这辆汽车的现值。

从经济性角度来看，一辆事故车是报废还是修理，主要看该辆车是否具有修理价值。如果一辆车的修理成本已达到或超过车辆现值，则该车已无修理价值，就应报废，保险公司将其称为全损车。因为，除了一些特殊的车辆外，对一辆汽车花费大量的金钱进行修理并不会显著地增加其市场价值。

例如：花5万元对一辆现值为4万元的事故车进行修理，不会得到一辆价值9万元的汽车，甚至还达不到4万元。

（2）客户满意度因素　从保险公司角度来讲，考虑事故车报废还是修理，除了以经济性因素为主以外，还应适当从客户角度出发加以考虑。

有些客户对自己所驾驶的汽车产生情感，当车辆发生严重碰撞事故时，往往希望将车修理到事故前的状态，而不是报废，此时应尽可能从客户满意度出发，选择修理方案。

2. 确定事故车报废与修理选择方案的方法

除了客户有特殊要求外，事故车的报废与修理的选择方案，应从经济性角度考虑。具体**确定时，主要确定3个重要参数：车辆现值、汽车修理总费用、汽车残值。**

车辆现值主要通过市场法或重置成本法确定。

汽车修理总费用需要将事故车假设出进行修理的方案，评估出其修理总费用。

汽车残值的确定通常有以下几个步骤：将报废的汽车零件分类；估计各类零件的质量；根据旧材料价格行情确定残值。

各保险公司在确定该车是否报废时，都有自己的原则和公式，下面是比较常见的确定方案。

方案1：汽车修理总费用等于或超过车辆现值时。

方案2：汽车修理总费用等于或超过车辆现值的某个百分比时，如75%或80%。

方案3：汽车修理总费用加上车辆的残值等于或超过车辆现值或车辆现值的某个百分比时。

对于一些有特殊要求的客户，希望车辆被修理到事故前的状态，此时应予以考虑，具体实施时应根据车辆现值计算出该车的全损限额。例如：一辆汽车的车辆现值为10万元，按照上面的方案2中的80%，可得出该车的全损限额为8万元，即要不报废该车，必须将汽车修理总费用控制在8万元以下，此时则需要与客户协商，为了确保不报废，可首选副厂件或拆解旧件，可有效降低修理费用。

九、典型评估案例分析与估损报告制作

事故车的损失评估应按照以下步骤进行：损伤检查→确定修理工艺与作业项目→确定工时和零配件价格→制作损失评估表。

下面以某伊兰特轿车前部碰撞为例介绍评估的具体方法及评估表的制作过程。

伊兰特轿车前部碰撞的全景图如图12-9所示，因与树木正面碰撞，损伤严重的部位主要集中在前部。

1. 损伤检查

在损伤检查时，应根据上述介绍的基本方法全面、细致地检查损伤。对于这样的损伤，具体可按下述方法进行检查与分析。

（1）检查汽车外部损伤及车身外部板件的定位情况　首先应环绕汽车一圈检查汽车外部损伤，以及车身外部板件的定位情况。从碰撞点开始，逆时针环绕汽车一圈，损伤记录及分析如下。

图12-9　伊兰特轿车前部碰撞的全景图

1）前部保险杠组件损伤严重，面罩已撞掉，安装在上面的两只雾灯已撞碎，里面的保险杠骨架弯曲严重，缓冲泡沫被撞断。

2）发动机舱盖变形严重。

3）格栅左侧一半已破碎。

4）左前照灯总成左下部灯罩破裂。

5）散热器框架以及副车架的前梁严重弯曲（图12-10）。

6）左前翼子板前部上端有轻微变形（图12-11）。

图12-10　散热器支架损伤图

图12-11　左前翼子板损伤图

7）左前轮轮胎及轮毂损坏（图12-12和图12-13）。

图12-12　左前轮轮胎损伤图

图12-13　左前轮毂损伤图

8）左侧、后侧和右侧其他板件没有变形，板件之间缝隙均匀，定位情况良好。左侧板件情况如图 12-14 所示，前部右侧板件情况如图 12-15 所示。

图 12-14　左侧板件情况

图 12-15　前部右侧板件情况

通过上述检查可以发现，该车车身板件的损坏主要集中在前部，通过"左侧、后侧和右侧其他板件没有变形，板件之间缝隙均匀，定位情况良好"，可以判断中部和后部的内部结构件没有变形。

（2）检查发动机舱　因为主要碰撞在前部，发动机舱损伤严重，所以除了正常检查外，还应配合拆检，全面检查发动机舱的损伤情况，损伤记录及分析如下。

1）冷凝器、散热器及散热器风扇损坏（图 12-16 ~ 图 12-19）。

2）蓄电池托板损坏（图 12-20）。

图 12-16　冷凝器损伤图

图 12-17　散热器损伤图

图 12-18　左散热器风扇损伤图

3）散热器下支架、副车架前梁与发动机前部连接支架损坏情况如图 12-21 所示。从图 12-21 中可看出，左前纵梁向右发生弯曲变形。副车架的另外一处纵梁损伤如图 12-22 所示。另外，发动机的右支架和左支架也发生损坏，如图12-23和图12-24所示。

图12-19　右散热器风扇损伤图

图12-20　蓄电池托板损坏图

图12-21　发动机前部连接支架损坏情况

图12-22　副车架的纵梁损伤图

图12-23　发动机右支架损伤图

图12-24　发动机左支架损伤图

4）凸轮轴位置传感器损坏，如图12-25所示。发动机舱的其他部件良好。

（3）检查乘客室和行李舱　认真检查乘客室的每个部件，损伤分析及记录如下。

1）前风窗玻璃严重损伤（图12-26）。

2）主副气囊打开（图12-27和图12-28）。

3）前排两座椅后背壳损伤（图12-29和图12-30）。

图 12-25　凸轮轴位置传感器损伤图

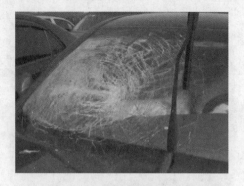

图 12-26　前风窗玻璃损伤图

图 12-27　主气囊

图 12-28　副气囊

图 12-29　驾驶人座椅后背壳损伤图

图 12-30　前排乘员座椅后背壳损伤图

4）仪表板有多处擦伤。

5）行李舱良好，没有零部件损伤。

（4）其他部分的检查　车身下部良好，如图 12-31 所示。转向系统、制动系以及前、后悬架等情况良好。

2. 确定修理工艺与作业项目

损伤检查后，应分析损伤零部件的修理工艺，主要是确定修理还是更换，以及需要哪些修理作业，为后续的损失评估打下良好的基础。本案例的分析总结记录在表 12-6 中。

图 12-31　车身下部情况良好

表 12-6　修理工艺与作业项目分析表

损失项目	修理工艺分析	形成的修理作业	配件或材料
前保险杠总成	保险杠面罩已撞碎，里面的骨架严重弯折，缓冲泡沫被撞断，所以整个保险杠组件需要更换	拆卸与更换前保险杠总成	保险杠面罩
			骨架及缓冲泡沫
			左右支架
左右雾灯	已撞碎，需要更换	拆卸与更换左、右雾灯	左右雾灯
发动机舱盖组件	发动机舱盖及其安装铰链严重变形，需要更换；发动机舱盖锁总成变形严重，需要更换；发动机舱盖嵌条损伤，需要更换，因为属于一次性使用零件	拆卸与更换发动机舱盖及铰链	发动机舱盖
			左右铰链
		拆卸与更换舱盖锁总成	发动机舱盖锁总成
		安装新嵌条	发动机舱盖嵌条
格栅	破碎，需要更换；格栅上的车标良好，可以继续使用	拆卸与更换格栅	格栅
		拆卸安装车标	
左前照灯	面罩破碎，需要更换	拆卸与更换左前照灯总成	左前照灯总成
左前翼子板	前部上端有轻微变形，需要整形	整形	
左前轮胎	破裂，不可修复，需要更换	拆卸与更换左前轮胎	左前轮胎
左前轮毂	轮毂损坏处处于轮胎结合面，修复难以保证质量，需要更换	拆卸与更换左前轮毂	左前轮毂
散热器框架	严重变形，需要更换	拆卸与更换散热器框架	散热器框架
冷凝器	表面多处损伤严重，需要更换	拆卸与更换冷凝器	冷凝器
		回收和加注制冷剂	制冷剂
散热器	损伤严重并有泄漏，需要更换	拆卸与更换散热器	散热器
		加注冷却液	冷却液
散热器风扇叶及风圈	左、右散热器风扇叶及风圈破碎，需要更换	拆卸与更换左、右散热器风扇叶和风圈	左、右风扇叶
			左、右风圈
蓄电池托板	托板断裂，属于受力部件，需要更换	拆卸与安装蓄电池	
		拆卸与更换蓄电池托板	蓄电池托板
副车架	有两处变形严重，需要更换	拆卸与更换副车架	副车架
发动机及变速器总成的安装支座	支座属于一次性使用零件，有损伤，需要更换	拆卸与安装发动机总成（将前支座、右支座、左支座更换新件）	前支座
			右支座
			左支座
左纵梁	左纵梁向右弯曲，无裂纹，可修复	矫正	
凸轮轴位置传感器	属于一次性使用零件，需要更换	拆卸与更换凸轮轴位置传感器	凸轮轴位置传感器
前风窗玻璃	破裂，需要更换	拆卸与更换前风窗玻璃	前风窗玻璃
			密封条
主、副气囊	一般属于一次性使用部件，需要更换	拆卸与更换主/副气囊	气囊控制模块
			主气囊组件
			副气囊组件
前排两座椅后背壳	属于装饰性，低价值零件，损坏后一般应更换	拆卸与更换前排两座椅后背壳	前排两座椅后背壳
仪表板	多处擦伤，很难修理，需要更换	拆卸与更换仪表板	仪表板

3. 确定工时费

根据表12-6中所需的作业项目，可确定本案例车损修复完毕所需的作业工时。拆装工时参考伊兰特轿车的工时手册。拆装作业的工时确定和分析见表12-7。

表12-7 拆装作业的工时确定和分析表

作业项目		查找标准工时	工时说明与工时调整说明		最终工时
拆卸与更换前保险杠总成		1.5	变形，锈蚀严重，难于拆卸，增加0.5		2.0
拆卸与更换左雾灯		0.2	包含在"拆卸与更换前保险杠总成"作业中		0
拆卸与更换右雾灯		0.2			
拆卸与更换发动机舱盖及铰链		1.0	发动机舱盖的调整增加0.5		1.5
拆卸与更换舱盖锁总成		0.3	无		0.3
安装发动机舱盖嵌条		0.1	无		0.1
拆卸与更换格栅		0.2	无		0.2
拆卸与安装车标		0.2	无		0.2
拆卸与更换左前照灯总成		0.3	前照灯的调整增加0.3		0.6
拆卸与更换左前轮胎		0.3	两作业有重叠工时减少0.2；考虑轮胎动平衡增加0.3		0.7
拆卸与更换左前轮毂		0.3			
拆卸与更换散热器框架		3.0	不含附件的拆装工时		3.0
拆卸与更换冷凝器		1.5	这3种作业有多处重叠工时，减少1.0		2.5
拆卸与更换散热器		1.0			
拆卸与更换左右散热器风扇叶和风圈		1.0			
回收和加注制冷剂		1.0	无		1.0
加注冷却液		0.3	无		0.3
拆卸与安装蓄电池		0.2	无		0.2
拆卸与更换蓄电池托板		0.3	无		0.3
拆卸与更换副车架		1.5	不含附件的拆装工时	两作业有重叠，减少1.0	5.5
拆卸与安装发动机总成（前支座、右支座、左支座更换新件）		5.0			
拆卸与更换凸轮轴位置传感器		0.3	无		0.3
拆卸与更换前风窗玻璃		2.0	打扫车内碎屑玻璃增加0.5		2.5
拆卸与更换主/副气囊	主气囊	0.4	无		0.4
	副气囊	0.6	无		0.6
	气囊控制模块	0.3	无		0.3
拆卸与更换前排两座椅后背壳		0.4	无		0.4
拆卸与更换仪表板		3.0	无		3.0

此表中作业工时总计：25.9

修理作业主要是左前翼子板整形，因变形很轻微，可取 0.2 工时；左前纵梁矫正作业，通过对损伤及修复过程分析，可取 3.0 工时。

涂装作业主要是两块板件，即发动机舱盖和前保险杠，按照工时费和材料费总算的方法进行评估，首先确定面漆的类型，本车为金属漆，而且整个漆面的效果较好，可参考表 12-5 中的中级车确定每平方米的价格，取 400 元/m²，按照两块板件算两幅（即 2m²），则本案例的涂装费用为 800 元。此处发动机舱盖为金属件，保险杠面罩为塑料件，在具体涂装作业时在工艺上和材料使用上有差异，按幅算比较合理，即算 2m²，而不是按面积法算 1.9m²。

4. 确定零配件价格

在前面"汽车零配件的分类与选择"中已分析，保险公司定损时，应选择新正厂件的价格计算实际修复费用。因此，此处配件价格按照新正厂件的价格确定。

通过向 4S 店与汽配市场询价，取中间值，得到需更换的配件价格表，见表 12-8。

表 12-8　需更换的配件价格表　　　　　　　　　（单位：元）

序号	更换配件名称	配件价格	序号	更换配件名称	配件价格
1	保险杠面罩	460	21	散热器左、右风扇叶	45
2	保险杠骨架	200	22	散热器风扇左风圈	55
3	缓冲泡沫	92	23	散热器风扇右风圈	55
4	保险杠安装左支架	20	24	蓄电池托板	32
5	保险杠安装右支架	20	25	副车架	960
6	左雾灯	178	26	发动机安装前支座	165
7	右雾灯	178	27	发动机安装右支座	120
8	发动机舱盖	750	28	发动机安装左支座	120
9	发动机舱盖左铰链	15	29	凸轮轴位置传感器	200
10	发动机舱盖右铰链	15	30	前风窗玻璃	710
11	发动机舱盖锁总成	26	31	密封条	14
12	发动机舱盖嵌条	62	32	气囊控制模块	1010
13	格栅	186	33	主气囊组件	1357
14	左前照灯总成	415	34	副气囊组件	1696
15	左前轮胎	296	35	前排左座椅后背壳	55
16	左前轮毂	180	36	前排右座椅后背壳	55
17	散热器框架	450	37	仪表板	1040
18	冷凝器	853	38	制冷剂	120
19	散热器	582	39	冷却液	70
20	散热器左风扇叶	45	费用总计：12902 元		

5. 制作损失评估表

目前国内一般的损失评估表对作业项目和工时费用体现不详细。表 12-9 为某定损人员对本案例评估的作业项目清单与工时费用表，因不详细导致最后的评估结果使客户不太满意，同时定损人员的随意性较大，使得最后评估的准确性不高。所以此处在制作本案例的评估表时，以作业项目为主线，将作业项目、配件费用和工时费用在一张表上详细体现出来，以供参考。

表 12-9　作业项目清单与工时费用表

备注：被保险人信息以及标的信息略						
序号	修理项目名称	工时/h	工时费/元	序号	修理项目名称	工时/h	工时费/元
1	事故拆装		1200				
2	事故钣金		700				
3	事故喷漆		800				
小计			2700	小计			

在前面已将评估的主要环节进行了详细的分析，在此基础上可形成一个损失评估表。除了前述分析的一些问题，具体制作时还必须考虑以下问题。

1）评估基准时点。通常评估基准时点为事故时点，本案例中发生事故的时间为 2009 年 2 月 20 日 21 时，所以评估基准时点为 2009 年 2 月 20 日。

2）工时单价取当时市场平均水平 80 元/工时。

3）残值的确定。本案中可计算残值的主要配件如下。

废塑料件：保险杠面罩、格栅、仪表板、蓄电池托板、散热器风扇叶，共计 10kg，其中两个大件——保险杠面罩和仪表板的材料类型为 PP，通过市场询价为 8.5 元/kg。

废金属件：保险杠骨架及安装支座、发动机舱盖及铰链、左前轮毂、散热器框架、散热器、冷凝器、副车架及发动机安装支座，共计约 40kg，通过市场询价为 2.5 元/kg。

所以，残值总计为 10kg×8.5 元/kg + 40kg×2.5 元/kg = 185 元。

4）其他费用的确定。按照"修复费用加和法"中的计算方法加上期间费用（包括管理费用、财务费用和税费）、利润确定。但考虑目前国内配件价格较高，所以在配件费用以及工时费用中已包含了这些费用，所以评估时应省略这些费用。

最后将表 12-7 和表 12-8 汇总形成本案例汽车损失评估总表，见表 12-10。

表 12-10　汽车损失评估总表

备注：被保险人信息以及标的信息略				
序号	作业项目	更换材料名称	材料费/元	工时数
1	拆卸与更换前保险杠总成	保险杠面罩	460	2.0
		骨架	200	
		缓冲泡沫	92	
		左、右支架	20×2	
2	拆卸与更换左、右雾灯	左、右雾灯	178×2	0
4	拆卸与更换发动机舱盖及铰链	发动机舱盖	750	1.5
		左、右铰链	15×2	
5	拆卸与更换舱盖锁总成	发动机舱盖锁总成	26	0.3
6	安装发动机舱盖嵌条	发动机舱盖嵌条	62	0.1
7	拆卸与更换格栅	格栅	186	0.2
8	拆卸与安装车标			0.2

（续）

序号	作业项目	更换材料名称	材料费/元	工时数
9	拆卸与更换左前照灯总成	左前照灯总成	415	0.6
10	拆卸与更换左前轮胎	左前轮胎	296	0.7
11	拆卸与更换左前轮毂	左前轮毂	180	
12	拆卸与更换散热器框架	散热器框架	450	3.0
13	拆卸与更换冷凝器	冷凝器	853	
14	拆卸与更换散热器	散热器	582	2.5
15	拆卸与更换左、右散热器风扇叶和风圈	散热器左右风扇叶	45×2	
		散热器左右风扇风圈	55×2	
16	回收和加注制冷剂	制冷剂	120	1.0
17	加注冷却液	冷却液	70	0.3
18	拆卸与安装蓄电池			0.2
19	拆卸与更换蓄电池托板	蓄电池托板	32	0.3
20	拆卸与更换副车架	副车架	960	
21	拆卸与安装发动机总成（前支座、右支座、左支座更换新件）	发动机安装前支座	165	5.5
		发动机安装右支座	120	
		发动机安装左支座	120	
22	拆卸与更换凸轮轴位置传感器	凸轮轴位置传感器	200	0.3
23	拆卸与更换前风窗玻璃	前风窗玻璃	710	2.5
		密封条	14	
24	拆卸与更换主/副气囊	气囊控制模块	1010	0.4
		主气囊组件	1357	0.6
		副气囊组件	1696	0.3
25	拆卸与更换前排两座椅后背壳	前排左/右座椅后背壳	55×2	0.4
26	拆卸与更换仪表板	仪表板	1040	3.0
27	左前翼子板整形			0.2
28	左前纵梁矫正			3.0
29	涂装作业			
材料费总额：12902 元		工时费总额：（29.1×80）元 = 2328 元		涂装费总额：800 元
修理费用总额：16030 元		残值：185 元		

能 力 测 试

一、名词解释

定损、人身伤亡费用、第三者财产损失、施救费用、损余物资、残值处理、残值、事故车的损失、质量对等原则、成本法、市场法、收益法、重置成本、修复费用加和法、事故车损伤鉴定、汽车维修工时定额、工时费、材料费、OEM 厂商、OEM 件、ORP 件、AS 件、正厂件、拆车件、面积法、车辆现值（AVC）

二、单选题

1. 有关定损原则描述不正确的是（　　　）。

A. 修理范围可不限于本次事故造成的损失

B. 能修理的零部件，尽量修复

C. 能局部修理的不扩大到整体修理

D. 能更换零部件的不更换总成

2. 下列情况中由保险公司负责赔偿的是（　　　）。

A. 制动失灵　　　　B. 倾覆　　　　C. 机械损失　　　　D. 零部件锈蚀

3. 机动车第三者责任保险车上货损处理时，下列情况中由保险人负责的是（　　　）。

A. 货物丢失　　　　　　　　　　　B. 货物被哄抢

C. 机动车第三者责任保险车上货物损坏　　D. 货物被骗走

4. 在车险施救过程中，下面表述不正确的是（　　　）。

A. 对倾覆车辆在吊装过程中未合理固定，造成二次倾覆的，保险人不负责赔偿

B. 使用吊车起吊时，对车身未合理保护致使车身大面积损伤的，保险人负责赔偿

C. 在分解施救过程中拆卸不当，造成车辆零部件损坏或丢失的，保险人不负责赔偿

D. 对被拖移车辆未进行检查，造成车辆机械损坏的，保险人不负责赔偿

5. 一般一辆家庭自用性质的汽车使用 6 年后，漆面会贬值（　　　）。

A. 40%　　　　B. 45%　　　　C. 55%　　　　D. 60%

6. 某辆车发生事故，行李箱舱严重损坏，定损人员确定更换。一个新行李舱盖标价 500 元，换掉的原盖板有锈蚀。定损人员确定汽修厂需 2h 修复，工时费为 50 元/h。对于此新行李舱盖，车主应付（　　　）。

A. 0 元　　　　B. 100 元　　　　C. 450 元　　　　D. 500 元

7. 费用最高的零件是（　　　）。

A. 市场件　　　　B. 副厂件　　　　C. 原厂件　　　　D. 拆车件

三、思考题

1. 车险定损应按照什么样的流程进行？

2. 车险事故中对于有人身伤亡的，应赔付哪些费用？

3. 请简述事故车评估常用的方法。

4. 事故车总的损失费用一般由哪几部分组成？各组成部分的含义是什么？

5. 检查外部车身板件定位情况的主要目的是什么？

6. 怎样确定零部件是修理还是更换？

7. 怎样确定某个作业项目的工时费？

8. 用面积法怎样确定漆面损伤的费用？

9. 请分析影响事故车报废与修理选择方案的主要因素。

10. 编制一份车损报告应注意哪些问题？

模块六

其他事故车的定损与评估

学习任务十三 特殊事故车的查勘与定损

知识目标：

1. 熟悉水灾损失时汽车的形态。
2. 熟悉水淹汽车的损坏形式。
3. 熟悉水灾事故车的分级标准。
4. 熟悉汽车起火的分类与原因。
5. 熟悉火灾汽车的损坏形式。
6. 熟悉汽车盗抢险的理赔。

能力目标：

1. 能够正确实施水淹汽车的施救工作。
2. 能够初步评估典型水灾事故车的损失费用。
3. 能够正确实施火灾事故车的施救工作。
4. 能够初步评估典型火灾事故车的损失费用。

随着汽车走入寻常百姓家，除道路交通事故和意外事故给车主和保险公司带来损失外，汽车自燃、汽车被水淹以及汽车被盗抢的保险事故也越来越多。涉及汽车自燃、汽车被水淹以及汽车被盗抢的保险诈骗案件逐年增加，而且此类保险事故查勘难度和复杂程度较高，因此，对从事车险查勘与定损的技术人员来说，掌握这方面的技术显得尤为重要。

✱✱✱ 单元一 水灾事故车的查勘与定损 ✱✱✱

因暴雨、洪水等自然灾害造成的汽车损坏（图13-1），在给车主带来使用方面极大不便的同时，也会给车主和保险公司造成较为严重的经济损失。

一、水灾事故车的损伤形式

1. 水的种类

在对汽车的水淹损失评估中，通常将水分为淡水和海水。本书只对淡水造成的损失进行评估。在对淡水水淹汽车的损失评估中，应该对淡水的混浊情况进行详细的了解。多数水淹损失中的水为雨水和山洪形成的泥水，但也有由于下水道倒灌而形成的浊水，这种城市下水道溢出的浊水中含有油、酸性物质和各种异物。油、酸性物质和其他异物对汽车的损伤各不相同，必须在现场查勘时仔细检查，并做明确的记录。

图 13-1　汽车遭水淹

2. 水灾损失时的汽车状态

汽车因水灾而受到损失时，是处于行驶状态还是停置状态，是区别是否是保险责任的重要前提。

如果汽车是处于停置状态受损，则此时发动机不运转，不会导致发动机内部的损伤。如果拆解后发现发动机内部的机件产生了机械性损伤，如连杆弯曲、活塞破碎、缸壁捣坏，则可以界定为操作措施不当造成的损失扩大。

如果汽车是处于行驶状态受损，则当水位低于发动机的进气口时，通常不会造成发动机损伤。但是，这一原则也并非是一成不变的，因为水在受到一定的搅动时，必然会产生波浪；另外，其他车辆的行驶也会造成水面高低的变化，甚至会造成水花的飞溅，飞溅的水花也有可能被正在路上行驶的车辆吸入气缸，造成发动机机件的严重受损。

3. 水淹汽车的损坏形式

（1）静态进水损坏　汽车在停放过程中被暴雨或洪水侵入甚至淹没属于静态进水。汽车在静态条件下，如果车内进水，则会造成内饰、电路、空气滤清器、排气管等部位的受损，有时发动机气缸内也会进水。

在这种情况下，即使发动机不起动，也可能会造成内饰浸水、电路短路、计算机芯片损坏、空气滤清器浸水、排气管和发动机泡水生锈等损失；对于采用电喷发动机的汽车来说，一旦电路遇水，极有可能导致电路短路，造成整车无法点火；如果发动机被强行起动，则极有可能导致严重损坏。就机械部分而言，汽车被水泡过之后，进入发动机的水分在高温作用下会使内部的运动机件锈蚀加剧，当进气管吸水过多时，容易变形，严重时会导致发动机报废。

另外，汽车进水后，其内饰容易发霉、变质。如果不及时清理，在天气炎热时则会出现各种异味。

（2）动态进水损坏　汽车在行驶过程中，发动机气缸因吸入水而使汽车熄火，或在强行涉水未果、发动机熄火后被水淹没。

汽车在动态条件下，由于发动机仍在运转，气缸内因吸入了水会迫使发动机熄火。在这种情况下，除了静态条件下可能造成的全部损失外，还有可能导致发动机的直接损坏。

二、水灾事故车的施救与损伤检查方法

在遇到暴雨或洪水时，一些经验不够丰富的驾驶人和处理水灾受损汽车经验不多的保险公司查勘人员、汽车维修人员往往会不知所措。由于所采取的措施不当，扩大了汽车的损失。例如：在汽车发动机被水淹熄火以后，绝大多数的汽车驾驶人会尝试重新起动发动机，期望尽快脱离被困的险境，结果加重了汽车的损坏。

如果汽车不幸被水淹没甚至落入水中，则要及时、准确地予以施救，避免损失的进一步扩大。

如果查勘人员到达汽车的出险现场时，汽车仍处于水淹的状态，则必须对其进行施救。在对进水汽车进行施救时，一定要遵循"及时、科学"的原则，既要保证进水汽车能够得到及时的救援，又要避免汽车损失的进一步扩大。

施救进水汽车时，应该注意如下事项。

1. 严禁水中起动汽车

汽车因进水熄火以后，驾驶人绝对不能抱着侥幸心理贸然起动汽车，否则会造成发动机进水，导致损坏。在汽车被水淹入的情况下，驾驶人最好马上熄火，及时拨打保险公司的报案电话，或者及时拨打救援组织的电话，等待拖车救援。

实践证明，暴雨中受损的汽车，大多数是因为汽车在水中熄火后，驾驶人再次起动发动机而造成发动机损坏的。据统计，约有90%的驾驶人当发现自己的汽车在水中熄火后会再次起动汽车，这是导致发动机损失扩大的主要原因。

2. 科学拖车

在对水淹汽车进行施救时，一般应采用硬牵引方式拖车，或将汽车前轮托起后进行牵引，一般不采用软牵引的方式。如果采用软牵引方式拖车，则一旦前车减速，被拖汽车往往只有选择挂档、利用发动机制动力的方式进行减速。这样一来，就会导致被拖汽车发动机转动，最终造成发动机损坏。如果能将汽车前轮托起后牵引，则可以避免因误挂档而引起的发动机损坏。另外，拖车时一定要将变速器置于空档，以免车轮转动时反拖发动机运转，导致活塞、连杆和气缸等部件的损坏。对于装备自动变速器的汽车，注意不能长距离被拖曳（通常不宜超过20km），以免损伤变速器。

在将整车拖出水域后，应尽快把蓄电池的负极电缆拆下来，以免车上的各种电器因进水而发生短路。

3. 及时告知车主和承修厂商

在将受淹汽车拖出水域后，应及时告知车主和承修厂商，下列措施是被保险人应尽的施救义务，交被保险人或当事人签收，以最大限度地防止损失的进一步加大。

容易受损的电器（如各类计算机模块、音响、仪表、继电器、电机、开关、电器设备等）应尽快从车卸下，进行排水清洁，电子元件用无水酒精清洗（不要长时间用无水酒精清洗，以免腐蚀电子元件）并晾干，避免因进水而引起电器短路。某些价值昂贵的电气设备，如果清洗、晾干及时，则完全可以避免损坏；如果清洗、晾干不及时，那么就有可能导致报废。

4. 及时检修电子元器件

汽车ECU最严重的损坏形式是芯片损坏。汽车的前风窗玻璃处通常设有流水槽及排水

孔，可以及时排掉积水，当汽车被水泡过以后，流水槽下往往沉积了许多泥土及树叶，这时极易堵住排水孔，应及时疏通排水孔，以免因排水不畅而造成积水。当积水过多时，水会进入车内，还可能危及汽车 ECU，导致电控系统发生故障，甚至损坏。一些电路因为沾水，其表皮会过早老化，出现裂纹，引起金属外露，最终导致电路产生故障。尤其是装有电喷发动机的汽车，其 ECU 更易受潮。车主应随时注意 ECU 的密封情况，避免因 ECU 进水，使控制功能紊乱而导致全车瘫痪。

安全气囊的保护传感器有时与 ECU 做成一体，如果 ECU 装于车的中间，则一般为此结构，维修时只要更换了安全气囊，就无须再额外更换保护传感器。部分高档车（排量 3.0L 以上）的安全气囊传感器一般用硅胶密封，其插头为镀银插头，水淹后一般无须更换，低档车插头为镀铜插头，水浸后呈绿色，可用无水酒精擦洗，并用刷子刷，再用高压空气吹干。

一般而言，如果 ECU 仅仅是不导电，则可以进行修理；如果是芯片出现故障，那么就需要更换新的 ECU 了。

汽车上的各类电机进水以后，对于可拆解的电机，采用"拆解—清洗—烘干—润滑—装配"的流程进行处理，如发电机、天线电动机、步进电动机、风扇电动机、座位调节电动机、门锁电动机、ABS 电动机和油泵电动机等。对于无法拆卸的电机，如刮水器电动机、喷水电动机、玻璃升降电动机、后视镜电动机、鼓风机电动机和隐藏式前照灯电动机等，则无法按上述办法进行，进水后即使当时检查是好的，使用一段时间后也可能会发生故障，一般应该考虑一定的损失率，损失率通常在 20%～40%。

5. 及时检查相关机械零部件

1）检查发动机。汽车从水中施救出来后，要对发动机进行检查。先检查发动机气缸是否有进水，气缸的进水会导致连杆被顶弯，损坏发动机。

检查机油中是否进水，机油进水会导致其变质，失去润滑作用，使发动机过度磨损。

将发动机机油尺抽出，查看机油尺上机油的颜色。如果机油尺上的机油呈乳白色或有水珠，就需要将机油全部放掉，在清洗发动机后，更换新的机油。

将发动机上的火花塞全部拆下，用手转动曲轴，如果气缸内进了水，则会有水从火花塞螺孔处流出来。如果用手转动曲轴时感到有阻力，则说明发动机内部可能存在某种程度的损坏，不要借助其他工具强行转动，要查明原因，排除故障，以免引起损坏的进一步扩大。

如果通过检查未发现发动机机油异常，则可从火花塞螺孔处加入 10～15mg 的机油，用手转动曲轴数次，使整个气缸壁都涂上一层油膜，以起到防锈、密封的作用，同时也有利于发动机的起动。

2）检查变速器、主减速器及差速器。检查变速器、主减速器及差速器是否进水，如果上述部件进了水，则会使其内的齿轮油变质，造成齿轮磨损的加剧。对于采用自动变速器的汽车，还要检查 ECU 是否进水。

3）检查制动系统。对于水位超过制动油泵的被淹汽车，应更换全车制动液。因为当制动液中混入水时，会使制动液变质，致使制动系统的制动效能下降甚至失灵。

4）检查排气管。如果排气管进了水，则要尽快把积水排除，以免水中的杂质堵塞三元催化转化器和损坏氧传感器。

6. 清洗、脱水、晾晒、消毒及美容内饰

如果车内因潮湿而出现霉味,则除了在阴凉处打开车门,让车内水汽充分散发,消除车内的潮气和异味外,还需要对汽车内部进行大扫除,要注意更换新的或晾晒后的地毯及座套。还要注意车内生锈的痕迹。查看一下车门的铰链部分、行李舱地毯下面、座位下的金属部分以及备用轮胎的固定锁部位有没有生锈的痕迹。

车内清洁不能只使用一种清洁剂和保护品。由于各部位材质不同,应注意选择不同的清洁剂。多数做车内美容的装饰店会选用碱性较大的清洁剂,这种清洁剂虽然有增白、去污的功效,但会有一定的隐患,碱性过强的清洁剂会浸透绒布、皮椅和顶棚,最终出现板结、龟裂。专业的做法是选择 pH 值不超过 10 的清洗液,配合车内美容专用的抽洗机,在清洁的同时用大量的循环清水将脏物和清洗剂带出来,并将此部位内的水汽抽出。还有一种方法是采用高温蒸汽对汽车内的真皮座椅、车门内饰、仪表板、空调风口、地毯等进行消毒,同时清除车内的烟味、油味、霉味等各种异味。

7. 维护汽车

如果汽车整体被水浸泡,则除按以上方法排水外,还要及时擦洗外表,防止酸性雨水腐蚀车体。最好对全车进行一次二级维护。全面检查、清理进水部位,通过清洁、除水、除锈、润滑等方式,恢复汽车的性能。

8. 谨慎起动

在未对汽车进行排水处理前,严禁采用起动机、人工推车或拖车方式起动被淹汽车的发动机。只有在对被淹的汽车发动机进行了彻底的排水处理,并进行了相应的润滑处理以后,才能进行起动尝试。

三、水灾事故车的损失评估方法与步骤

1. 确定事故车的水淹高度和水淹时间

(1) 水淹高度 水淹高度是确定水损程度的一个非常重要的参数。水淹高度通常不用高度的计量单位(m 或 cm),而是以汽车上重要的具体位置作为参数。以乘用车为例,水淹高度通常分为:

- 制动盘和制动毂下沿以上,车身地板以下,乘员舱未进水。
- 车身地板以上,乘员舱进水,水面在驾驶人坐垫以下。
- 乘员舱进水,水面在驾驶人坐垫面以上,仪表工作台以下。
- 乘员舱进水,仪表工作台中部。
- 乘员舱进水,仪表工作台面以上,顶棚以下。
- 水面超过车顶,机动车顶部被淹没。

因此,汽车水淹共分 6 级(图 13-2),每一级的损失程度各不相同,相互之间差异较大。

(2) 水淹时间 水淹时间长短也是水淹损失程度的一个重要参数。水淹时间的长短对汽车所造成的损伤差异很大。水淹时间的计量通常以小时(h)为单位,分为 6 级:

- 第一级:$H \leqslant 1h$。
- 第二级:$1h < H \leqslant 4h$。
- 第三级:$4h < H \leqslant 12h$。

图 13-2　水淹高度划分

- 第四级：$12h < H \leqslant 24h$。
- 第五级：$24h < H \leqslant 48h$。
- 第六级：$H > 48h$。

每一级对应的损失程度差异较大。

2. 估算水灾事故车的损失

（1）水淹高度为 1 级时的损失评估　水淹高度在制动盘和制动毂下沿以上，车身地板以下，乘员舱未进水时，本书中定义为 1 级水淹高度。

当汽车的水淹高度为 1 级时，有可能受损的零部件主要是制动盘和制动毂，损坏形式主要是生锈，生锈的程度主要取决于水淹时间的长短以及水质。通常情况下，无论制动盘和制动毂的生锈程度如何，所采取的补救措施主要是四轮的维护。

因此，当汽车的被淹高度为 1 级，被淹时间也为 1 级时，通常不计损失；被淹时间为 2 级或 2 级以上时，水淹时间对损失金额的影响也不大，损失率通常为 0.1% 左右。

（2）水淹高度 2 级时的损失评估　水淹高度在车身地板以上，乘员舱进水，而水面在驾驶人座椅坐垫以下时，本书中定义为 2 级水淹高度。

当汽车的水淹高度为 2 级时，除造成 1 级水淹高度时所造成的损失以外，还会造成以下损失：

- 四轮轴承进水。
- 全车悬架下部连接处因进水而生锈。
- 配有 ABS 的汽车的轮速传感器的磁通量传感失准。
- 车身地板进水后，如果其防腐层和油漆层本身有损伤，那么就会造成锈蚀。
- 少数汽车将一些控制模块置于地板上的凹槽内（如上海大众帕萨特 B5），会造成一些控制模块损毁（如果水淹时间过长，那么被淹的控制模块就有可能彻底失效）。

损失率通常为 0.5% ~ 2.5%。

（3）水淹高度 3 级时的损失评估　水淹高度在驾驶人坐垫面以上，仪表工作台以下时，本书中定义为 3 级水淹高度。

当汽车的水淹高度为 3 级时，除造成 2 级水淹高度所造成的损失以外，还会造成以下损失：

- 座椅潮湿和污染。

- 部分内饰潮湿和污染。

- 真皮座椅和真皮内饰损伤严重。

一般说来，水淹时间超过24h以后，还会造成：

- 实木内饰板会分层开裂。

- 车门电动机进水。

- 变速器、主减速器及差速器可能进水。

- 部分控制模块被水淹。

- 起动机被水淹。

- 中高档车中CD换片机、音响功放被水淹。

损失率通常为1.0%~5.0%。

（4）水淹高度4级时的损失评估 水淹高度在仪表工作台中部时，本书中定义为4级水淹高度。

当汽车的水淹高度为4级时，除造成3级水淹高度所造成的损失以外，还可能造成以下损失：

- 发动机进水。

- 仪表工作台中部分音响控制设备、CD机、空调控制面板受损。

- 蓄电池放电、进水。

- 大部分座椅及内饰被水淹。

- 音响的扬声器全损。

- 各种继电器、熔断器盒可能进水。

- 所有控制模块被水淹。

损失率通常为3.0%~15.0%。

（5）水淹高度5级时的损失评估 乘员舱进水，水淹高度在仪表工作台面以上，顶棚以下时，本书中定义为5级水淹高度。

当汽车的水淹高度为5级时，除4级水淹高度所造成的损失以外，还可能造成以下损失：

- 全部电器装置被水泡。

- 发动机严重进水。

- 离合器、变速器、后桥可能进水。

- 绝大部分内饰被泡。

- 车架大部分被泡。

损失率通常为10.0%~30.0%。

（6）水淹高度6级时损失评估 水淹高度超过车顶，汽车顶部被淹没时，本书中定义为6级水淹高度。

当汽车的水淹高度为6级时，汽车所有零部件都受到损失。损失率通常为25.0%~60.0%。

四、某水灾事故案例分析

案例详情：2018年4月20日，一辆丰田花冠汽车由于没有搞清楚路面水深高度，欲开车冲过，结果被水淹。其查勘拍摄相关照片见表13-1。

表 13-1 查勘拍摄相关照片

①发动机舱水淹情况

②后部水淹情况

③乘员舱水淹情况

④拆解后的门

⑤门把手开关

⑥门把手插接器

定损水淹损失时，要对配置情况进行详细的记录，特别注意电子元器件，如 ABS、ASR、SRS、PTS、AT、CVT、CCS、CD、GPS、TEMS 等；还要对真皮座椅、高档音响、车载 DVD 及影视设备等配置是否为原车配置进行确认。

本案例中水淹到门把手附近，水淹高度为 4 级，抢救及时，发生涉水事故后立即送到维修企业拆解抢救，水淹时间为2级。

根据上述分析，水淹高度4级对应的损失率通常为3.0%～15.0%，水淹时间为2级，属于下限，则对应的损失率应在5.5%左右。

【小贴士】汽车涉水注意理赔条款

汽车遭遇"水灾"后，自然会给车辆造成不同程度的损坏，对此，保险公司将如何进行赔付？

汽车在静止状态被淹——按保险责任内的"自然灾害"全赔。

根据家庭自用机动车损失保险条款规定，保险期间内，被保险人或其允许的驾驶人在使用被保险机动车过程中，因暴雨、洪水等自然灾害造成的被保险机动车的损失，保险公司按约定负责赔偿。

如果汽车是停在小区或者地下车库（非收费性质的）中等静止状态下因保险责任内的"自然灾害"被水淹造成损失，只要车辆参保了机动车损失保险，保险公司都会按照自然灾害进行全赔。实际上，汽车在静止状态被淹，对汽车损伤相对较小，只要不起动，发动机不会受到太大影响。

涉水造成发动机进水而导致的发动机损坏不予赔偿。

不少汽车因涉水而停在路上，对于这种情况，要看车辆具体损伤情况进行理赔。根据保险条款，对于发动机进水后导致的发动机损坏，保险公司不负责赔偿，除非购买附加险——发动机涉水损失险。除发动机之外，其他部分的汽车损伤如内饰、电路板等，将视具体情况认定责任理赔。

【条款链接】发动机涉水损失险

本附加险仅适用于家庭自用汽车、党政机关、事业团体用车、企业非营业用车，且只有在投保了机动车损失保险后，才可投保本附加险。

第一条 保险责任

保险期间内，投保了本附加险的被保险机动车在使用过程中，因发动机进水后导致的发动机的直接损毁，保险人负责赔偿。

发生保险事故时，被保险人为防止或者减少被保险机动车的损失所支付的必要的、合理的施救费用，由保险人承担；施救费用数额在被保险机动车损失赔偿金额以外另行计算，最高不超过保险金额的数额。

第二条 责任免除

本附加险每次赔偿均实行15%的绝对免赔率，不适用主险中的各项免赔率、免赔额约定。

第三条 赔偿处理

发生保险事故时，保险人在保险金额内计算赔偿。

✲✲✲ 单元二 火灾事故车的查勘与定损 ✲✲✲

汽车火灾损失令人触目惊心，无论是什么原因导致的起火燃烧，都会使车主及周边人员措手不及（图13-3）。即使扑救及时，汽车也会被烧得面目全非。若在行驶中起火，还会给驾乘者造成严重的人身伤害。如果被烧汽车已经投保，则是否投保了自燃损失险对理赔过程和结果影响较大。因此，准确分析起火原因，掌握避免火灾的方法及扑救措施，了解汽车火灾损失的理赔规则，无论对车主还是对保险公司的查勘与定损人员，都具有十分积极的意义。

图 13-3　某公交车燃烧现场

一、汽车起火的分类与原因

1. 汽车起火的分类

按照起火原因，汽车火灾大致可以分为 5 种类型。

（1）**自燃**　自燃是指在没有外界火源的情况下，由于本车电器、电路、供油系统等车辆自身原因发生故障或所载货物自身原因而起火燃烧。

（2）**引燃**　引燃是指车辆被其本身以外的火源引起的、在时间或空间上失去控制的燃烧（即有热、有光、有火焰的剧烈的氧化反应）。

（3）**碰撞起火**　碰撞起火是指车辆与外界物体直接接触并发生意外撞击所引起的起火。

（4）**爆炸**　爆炸是指由车内所载物品或车体上安装的爆炸物本身发生爆炸所引发的汽车燃烧。

（5）**雷击**　雷击是指在雷雨天气，露天停放或行驶的汽车因遭遇雷击而引发的击穿或燃烧。

2. 汽车起火的原因

汽车起火，尽管原因可能极其复杂，但就其实质而言，始终离不开物体燃烧的三大基本要素：**第一，火源，即起火点；第二，可燃烧的物体；第三，充足的氧气**（或空气）。

在汽车火灾损失的查勘过程中，查勘人员在分析、判断起火原因时，实际上就是围绕这三大基本要素展开的。

（1）自燃原因　根据消防部门和车险理赔专家的统计分析，在所有汽车自燃的事故中，存在着"五多"现象：第一，小型乘用车多，在出现火险的汽车中小型乘用车约占 50% 以上，明显超过了所统计年份的全部乘用车保有比率；第二，私家车多，约占 55%，同样超出了所统计年份的私家车保有比率；第三，汽车在行驶状态发生的火灾多，约占 70%；第四，汽车使用了 5 年（或行驶了 10 万 km）以上者多，约占 70%；第五，火灾原因以漏油和导线短路者居多，占 60% 以上。

【条款链接】人保"自燃损失险条款"

投保了家庭自用机动车损失保险的机动车，可投保本附加险。

第一条　保险责任

（一）因被保险机动车电器、电路、供油系统、供气系统发生故障或所载货物自身原因起火燃烧造成本车的损失。

（二）发生保险事故时，被保险人为了防止或者减少被保险机动车的损失所支付的必要的、合理的施救费用。

第二条 责任免除

（一）自燃仅造成电器、电路、供油系统、供气系统的损失。

（二）所载货物自身的损失。

第三条 保险金额

（一）保险金额由投保人和保险人在投保时被保险机动车的实际价值内协商确定。

（二）本保险每次赔偿均实行20%的免赔率。

汽车自燃的原因涉及油路、电路、装载、停车以及违章作业等各方面。

1）漏油。严重的汽车自燃一般都是燃油系统出现了问题，燃油的泄漏可以说是引发严重汽车自燃的罪魁祸首。漏油点大多集中在管件接头处、橡胶管接触体外易摩擦处、固定部位与非固定部位的接合处等薄弱部位。

无论是行进还是停驶，汽车上都可能存在火源，如点火系统产生的高压电火花、蓄电池外部短路时产生的高温电弧、排气管排出的高温废气或喷出的积炭火星等，当泄漏的燃油遇到了电火花，就会造成起火。

2）漏电。汽车上的漏电分高压漏电和低压漏电两种类型。

① 高压漏电。发动机工作时，点火线圈自身温度很高，有可能使高压线绝缘层软化、老化和龟裂，进而导致高压漏电。另外，高压线脱落引起跳火也是高压漏电的一种表现形式。

由于高压漏电是对准某一特定部位持续进行的，必然引发漏电处的温度升高，进而引燃泄漏出来的燃油。

汽车在使用了5年或行驶了10万km以后，很容易出现高压线漏电现象，瞬间电压可以达到10000V以上，这足以引燃一定浓度的燃油蒸气。另外，如果点火系统存在因漏电而使个别气缸断火的现象，那么还容易造成进气系统回火，引发火灾。

在目前发生的汽车自燃事故中，长途客车一直占据多数，其原因是长途大客车一直都在高速运转，检修时间很少甚至没有，运行10万km左右后，事故率明显上升。

② 低压漏电。低压电路搭铁漏电是引发汽车自燃事故的另一主要原因。由于搭铁处会产生大的热能，如果与易燃物接触，就会导致起火。

低压电路搭铁漏电的主要原因：导线老化、过载或磨损；导线断路搭铁；触点式控制开关因触点烧结而发生熔焊，使导线长时间通电而过载；冬季天气干燥，橡胶件及塑料件因老化、硬化龟裂而造成短路；某些私家车用户对刚刚购置的汽车添加防盗器、换装高档音响、增加通信设备、开设电动天窗等，如果因为价格等原因未在专业的汽车维修店改装，未对整车电路布置进行分析及功率复核，难免导致个别电路用电负荷加大，长期工作后因热负荷过大而起火；在对整车电路进行维修或加接控制元件时，如果在导线易松动处未进行有效固定，就有可能使导线绝缘层磨损而造成短路。

低压线搭铁的常见故障：电缆线与车架、线夹之间由于振动摩擦产生"破皮"；尾灯、制动灯导线等由于汽车的振动摩擦产生"破皮"；灯座安装处由于振动、连接件的破损而使绝缘件松脱、损坏；起动开关由于触点烧结发生熔焊等。

3）接触电阻过大。电路接点不牢或开关接触电阻过大等，会使局部电阻加大，长时间通电发热。

局部电阻过大会产生热能，使导线接点发热引起可燃材料起火。造成这种情况的，大多是由于车辆在行驶中长时间振动或冷热变化，使电路接点松动而造成的。特别是，当蓄电池表面或接线柱有杂质、油污时，它们的长时间腐蚀会造成连接点松动、发热、起火。车辆在装饰时增加音响和通信设备、自动报警装置等，则由于乱接电源和增大负载或接点不实，都有可能引发火灾。

4）车载易燃物引发火灾。当车上装载的易燃物因泄漏、松动摩擦而起火时，导致汽车起火。

5）超载。汽车超载，从两个角度来说可能导致起火。

① 汽车部件高温自燃。汽车的相关部件因汽车超载而处于过度疲劳和过热状态，一旦超过疲劳极限，就有可能发生自燃。

制动器超负荷工作。制动系统是一种将动能转化为摩擦热能的机械系统，这种摩擦有助于汽车减速。制动系统的热量是通过固定在制动蹄片上的摩擦片与制动鼓或制动盘之间的摩擦产生的。这种聚集的热量不因汽车的行驶而消失或制动鼓的适当通风而散发，如果汽车超载行驶，则频繁的制动会使产生的热量增多。一旦液压油出现泄漏，聚集的热量就会将油液加热到燃点使其起火。

另外，长时间、高强度的制动，也会造成制动鼓过热，制动鼓随之将热量传导到附近的可燃物（轮胎或制动液），增加了自燃的可能性。

轮胎摩擦过热。轮胎摩擦过热有几种情况：一是气压不足，二是超载，三是气压不足与超载的综合效应。这些情况都会造成轮胎的侧壁弯曲。轮胎弯曲产生热量的速度要比机动车行驶中散发热量的速度快得多，其结果是侧壁的温度升高。将侧壁纤维与橡胶材料的黏结破坏，所形成的分离加剧了松散线绳与橡胶间的摩擦，从而产生了更多的热量。如果机动车停驶，失去了风的冷却作用，则聚积的热量会很快使侧壁的温度上升而造成自燃。

轮胎起火以在高速公路上行驶的车辆居多。理论上来说，任何机动车的轮胎都可能发生这种情况，而对于货车或拖挂车上的双轮胎来说，则危险性更大。当两个轮胎中有一个气压不足时，就会发生这种情况。原因是相邻的轮胎承受了双倍载荷而形成过载，故而导致了轮胎的摩擦过热。

② 超载货物摩擦自燃。货车在严重超载的情况下，在高速行驶时，车厢底部的货物会发生挤压、摩擦，从而产生高温，导致自燃起火。

6）停车位置不当。现代汽车一般都装有三元催化转化器。该装置因位于排气管上而温度很高，且在大多数乘用车上位置较低。如果停车时恰巧将其停在易燃物附近，则会引燃易燃物。

7）维修维护不当。在汽车维修维护的过程中，部分用户只注意修理工是否将汽油滤清器更新，而根本没有在意他们是否对油管进行必要的检查。实际上，橡胶油管在经过长时间较高温度的烘烤后，很容易因老化而漏油。

另外，市场上假冒的汽油滤清器、劣质的汽油软管及不符合安装标准的操作方法很多，这些不合格的零部件或不符合规范的操作方法，往往会留下汽车自燃的严重隐患。

8）车主的故意行为。个别车主出于某种目的，故意创造条件，使汽车起火燃烧。

（2）其他起火燃烧的原因　在汽车的火灾类型中，除自燃外，还有引燃、碰撞起火、爆炸和雷击等，后几种类型的产生原因相对简单一些。

1）引燃。引燃是指汽车被其自身以外的火源引发的燃烧。建筑物起火引燃、周边可燃物起火引燃、其他车辆起火引燃、被人为纵火烧毁等，都属于汽车被引燃的范畴。

2）碰撞起火。当汽车发生追尾或迎面撞击时，由于基本不具备起火的条件，一般情况下不会起火。只有当撞击后导致易燃物（如汽油）泄漏且与电源接触时，才会导致起火。如果一辆发动机前置的汽车发生了较为严重的正面碰撞，则散热器的后移有可能使油管破裂。由于此时发动机尚处于运转状态，一旦高压线因脱落而引起跳火，发生火灾的可能性就会很大。

当汽车因碰撞或其他原因导致翻滚倾覆时，极易发生燃油箱泄漏事件，一旦遇上电火花或摩擦产生的火花，就会起火。

3）爆炸。如果车内装载或搭载有易爆物品，或者被恐怖分子在车体上安装了爆炸物品，则爆炸物品自身的爆炸肯定会引起汽车的起火，甚至导致燃油箱爆炸，从而引发更为严重的燃烧。

4）雷击。在雷雨天气里，露天停放或行驶的汽车有可能遭遇雷击。由于雷击的电压非常高，完全可以将正在流着雨水的车体与地面之间构成回路，从而将汽车上的某些电气设备击穿（如车用计算机），严重者可以引起汽车起火。

二、火灾事故车的损失评估方法与步骤

1. 火灾对车辆损坏情况的分析

火灾对车辆损坏一般分为整体燃烧和局部燃烧。

（1）整体燃烧 整体燃烧（一般情况下损坏较严重）：发动机舱内电路、电器、发动机附件、仪表工作台、内饰件、座椅烧损，机件壳体烧熔变形，车体金属（钣金件）件脱炭（材质内部结构发生变化），表面漆层大面积烧损。

（2）局部燃烧 局部燃烧分为3种情况：

1）发动机舱着火造成发动机前部电路、发动机附件、部分电器、塑料件烧损。

2）车壳或驾驶室着火造成仪表工作台、部分电器、装饰件烧损。

3）货运车辆货箱内着火。

2. 火灾车辆的损失评估处理方法

对明显烧损的进行分类登记。

对机件应进行测试、分解检查，特别是转向、制动、传动部分的密封橡胶件。

对金属件（特别是车架，前、后桥，壳体类）考虑是否因燃烧而退火、变形。

对于因火灾而使被保险机动车遭受损害的，分解检查工作量很大，且检查、维修工期较长，一般很难在短时期内拿出准确估价单，只能是边检查边定损，反复进行。

3. 火灾汽车的损失评估

汽车起火燃烧以后，其损失评估的难度相对大些。

如果汽车的起火燃烧被及时扑灭了，则可能只会导致一些局部的损失，损失范围只是局限在起火部分的车体油漆、相关的导线及非金属管路、起火部分的汽车内饰。只要参照相关部件的市场价格，并考虑相应的工时费，即可确定出损失的金额。

如果汽车的起火燃烧持续了一段时间后才被扑灭，虽然没有对整车造成毁灭性的破坏，但也可能造成比较严重的损失。凡被火"光顾"过的车身的外壳、汽车轮胎、导线线束、相关管路、汽车内饰、仪器仪表、塑料制品、外露件的美化装饰等，可能都会报废，定损时按需更换件的市场价格和工时费用等确定损失金额。

如果起火燃烧程度严重，则外壳、汽车轮胎、导线线束、相关管路、汽车内饰、仪器仪表、塑料制品、外露件的美化装饰等肯定会被完全烧毁；部分零部件，如 ECU、传感器、铝合金铸造件等，可能会被烧化，失去任何使用价值。一些看似"坚固"的基础件，如发动机、变速器、离合器、车架、悬架、车轮轮毂、前桥和后桥等，在长时间的高温烘烤作用下，会因"退火"而失去应有的精度，无法继续使用，此时，汽车离完全报废的距离已经很近了。

三、某火灾事故案例分析

案例详情：一辆郑州产宇通牌大客车夜间停放时起火，扑救及时，相关照片见表13-2。

表13-2　相关照片

①外观

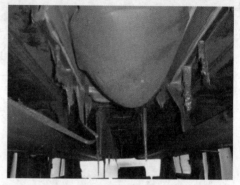

②内部1

③内部2

④内部3

⑤左前部电路板

本案例中，仪表台前线束、熔断器盒前座椅、部分内饰件烧坏，客车内饰没有多大损失，但是车内电路板严重烧毁，而且通电电胶皮呈颗粒状。由此可得结论：通电电路搭铁瞬时高温起火造成车辆自燃。

本案例估损时，通过对烧毁部件的检查、分类和登记，确定损失在 4.5 万元。

✳✳✳　单元三　汽车被盗抢的查勘与理赔　✳✳✳

随着汽车走进寻常百姓家，"有车族"也开始为汽车被盗等问题所困扰。保险行业的数据显示，两年以内的新车被盗风险较大，同时，一些防盗能力较低的车型也较容易被盗。

由于私家车数量激增，而配套设施、管理等工作发展相对迟缓，车主防范意识不足，盗抢机动车案件逐年增加。车窗玻璃被砸失财、行李舱遭撬盗、停放的车辆"不翼而飞"等案件屡有发生，尤其在岁末年初，机动车盗抢案更是高发。

从各财产保险公司的经营数据看，车辆盗抢险的整体投保率并不高，大概不到 25%。要降低汽车被盗抢风险，除了加强自身防盗安全意识外，机动车所有人和管理人有待提高投保意识，科学转嫁风险，这样即使车辆不幸被盗，也可通过保险理赔最大限度地减少经济损失。

汽车被盗给保险公司、车主造成巨大的经济损失和心理创伤。以一辆售价为 25.98 万元的广州本田新雅阁为例，如果失窃，则保险公司赔付车价的 80%，即 20.784 万元，其余 20% 的车价款及车辆购置税、上牌费、装饰费等则由车主承担，为 8 万~9 万元。

一、汽车盗抢险条款解读

目前国内各大保险公司都将原来附属于机动车损失保险的机动车全车盗抢附加险，作为主险"机动车全车盗抢保险"经营。其保险责任与责任免除在机动车损失保险的基础上有如下变动。

1. 保险责任

保险期间内，被保险机动车的下列损失和费用，保险人依照本保险合同的约定负责赔偿。

1）被保险机动车被盗窃、抢劫、抢夺，经出险当地县级以上公安刑侦部门立案证明，满 60 天未查明下落的全车损失。

2）被保险机动车全车被盗窃、抢劫、抢夺后，受到损坏或车上零部件、附属设备丢失需要修复的合理费用。

3）被保险机动车在被抢劫、抢夺过程中，受到损坏需要修复的合理费用。

作为投保人，在投保了汽车盗抢险后，为了防止爱车被盗，或一旦车辆被盗方便追回，应注意保存如下信息，会对交警和保险公司处理案件有很大的帮助：①制造厂家和汽车型号；②牌照号码、颜色；③发动机类型（包括各种改动信息）；④所有车钥匙的号码；⑤行驶证；⑥保险公司或保险代理人名字；⑦购车日期和地点；⑧相关财务公司的名称（如果是分期付款买车或租车）。

列出车上特殊标志，如肉眼看得见的凹痕或修理印记、特殊改动部分、独特车轮、特种喷漆等。被盗车辆越特别，警察找起来就会越容易。

在车的隐蔽处做一些特殊标记，一旦车辆被找到就很容易辨认出来。

2. 责任免除

下列情况下, 不论任何原因造成被保险机动车损失, 保险人均不负责赔偿。

1) 竞赛、测试、教练, 在营业性维修与养护场所修理、养护期间。

2) 利用被保险机动车从事违法活动。

3) 租赁机动车与承租人同时失踪。

4) 被保险机动车转让他人, 未向保险人办理批改手续。

5) 除另有约定外, 发生保险事故时被保险机动车无公安机关交通管理部门核发的行驶证或号牌, 或未按规定检验, 或检验不合格。

6) 被保险人索赔时, 未能提供机动车停驶手续或出险当地县级以上公安刑侦部门出具的盗抢立案证明。

7) 标准配置以外新增设备的损失。

8) 非全车遭盗窃, 仅车上零部件或附属设备被盗窃或损坏。

9) 被保险机动车被诈骗、扣押、收缴、没收、造成的全车和部分损失。

10) 被保险人因民事、经济纠纷而导致被保险机动车被抢劫或抢夺。

11) 被保险人及其家庭成员、被保险人允许的驾驶人的故意行为或违法行为造成的损失。

12) 被保险机动车被盗窃、抢劫、抢夺期间造成人身伤亡或本车以外的财产损失。

3. 保险金额及保险费

保险金额一般由投保人和保险人在投保时被保险机动车的实际价值内协商确定。保险合同中的实际价值是指新车购置价减去折旧金额后的价格。新车购置价是指在保险合同签订地购置与被保险机动车同类型新车的价格 (含车辆购置税)。

投保时的新车购置价根据投保时保险合同签订地同类型新车的市场销售价格 (含车辆购置税) 确定, 并在保险单中载明, 无同类型新车市场销售价格的, 由投保人与保险人协商确定。

4. 赔偿处理

一旦汽车被盗, 投保人或被保险人应在 24h 内向出险地公安部门报案, 并通知保险人。除保险合同另有约定外, 投保的机动车必须拥有国家规定的机动车管理部门核发的正式号牌。

未能提供出险地县级以上公安刑侦部门出具的盗抢立案证明的, 不予赔偿。

全车损失, 在保险金额内计算赔偿, 并实行 20% 的免赔率。车主未能提供机动车登记证书、机动车来历凭证、车辆购置税完税证明或免税证明的, 每缺 1 项, 增加 1% 的免赔率。

部分损失, 在保险金额内按实际修复费用计算赔偿。

保险人对其直接经济损失按保险金额赔偿。如果保险金额高于该车实际价值, 则以不超过出险时实际价值计算赔偿金额。

二、汽车盗抢案的理赔

无论是车主还是保险公司的查勘与理赔人员, 都应该熟知机动车全车盗抢保险的条款, 了解保险公司关于全车盗抢保险的理赔程序, 以便有针对性地去索赔、查勘和赔付。

1. 车主理赔流程

1）如果被盗抢的汽车在 60 天后未追回，应及时并如实向公安部门和保险公司告知丢车日期、时间、地点、车内财物、行驶里程数，并向保险公司说明是在汽车丢失多长时间后向公安部门报案的。

2）如果被盗抢的汽车在 2 个月后未追回，则保户即可向保险公司索赔。索赔时必须提供保险单、损失清单、有关费用单据、机动车登记证书、机动车来历凭证以及出险地县级以上公安部门出具的盗抢立案证明。

3）获赔后，若车辆找回，则保险公司可将车辆折旧给保户，并收回赔款。如果保户不愿收回原车，则车辆所有权归保险公司。

4）如果保户自公安机关出具被盗抢证明之日起，3 个月内不提交上述单证，则保险公司即视为保户自愿放弃权益。

2. 索赔时必带物件（2014 款《示范条款》第五十七条规定）

被保险人索赔时，须提供保险单、损失清单、有关费用单据、机动车登记证书、机动车来历凭证以及出险当地县级以上公安刑侦部门出具的盗抢立案证明。

三、汽车盗抢理赔案例分析

（1）案情简介　广东清远渔农黄先生（车主）驾"金杯"去广州办事，在加油站加完油正准备走，两男凑上前说："我们有些货，想麻烦师傅顺道拉去天平架，我们给你付运费"，没等厚道的黄先生反应过来，这两个人就上了车。当车行到市郊，一男子拔出尖刀，顶在黄先生腰间道"我们抢车"。另一男子将黄先生打出车外。黄先生赶紧报案、报险。

理赔人士听完黄先生的"案情陈述"，答复"按《示范条款》规定，我们不赔"。

（2）案例分析　车主擅自改变了车辆使用性质——"车主自用"变成"拉货牟利"。

（1）案情简介　王先生的桑塔纳 2000 轿车购买了 4000 多元的保险，包括机动车全车盗抢保险。停在自家楼下时，右侧两车轮被盗。王先生发现被盗后立即与保险公司联系，询问索赔程序。

（2）案例分析　保险公司答复"车轮丢失属汽车零部件被盗，不在理赔范围内"。王先生只好去派出所报案，并自费 1780 元购置新车轮。

只要全车被盗，不论大、小零部件的维修费用都可获赔；而若只是局部被盗，如车轮、发动机，甚至被偷得只剩下一个空壳、留下一个反光镜，也会以"非全车被盗窃"而"责任免除"不予理赔。

全车盗抢险只能对整车被盗给予赔偿，对于零部件或附属设备被盗，则是除外责任。车辆外设、倒车镜等部件被盗，保险公司和公安部门都很难做出界定，因此容易引发的道德风险很大。除零部件和附属设备，保险公司对放在车内的物品也不承保。

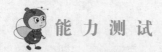 能力测试

一、名词解释

汽车静态进水、汽车动态进水、水淹高度、水淹时间、自燃、引燃、碰撞起火、整体燃烧、局部燃烧、汽车盗抢险

二、单选题

1. 汽车自燃多发生于（　　　）。

A. 发动机舱　　　　B. 驾驶室　　　　　C. 行李舱　　　　D. 底盘

2. 在对因火灾造成被保险机动车损失的查勘与定损处理中，应严格掌握（　　　）与除外责任的区分，研究、分析着火原因。

A. 保险责任　　　　B. 事故原因　　　　C. 事故特征　　　　D. 损失程度

3. 车辆浸水后，要把（　　　）拆下来，这样就可以避免车上的电器因进水而导致短路，造成更大的损失。

A. 蓄电池正极电缆　B. 蓄电池负极电缆　C. 电源开关　　　　D. 电控单元

4. 当汽车被水浸入时，驾驶人应马上（　　　），及时拨打保险公司的报案电话，或者同时拨打救援组织的电话，等待拖车救援。

A. 驶离水域　　　　B. 下车断电　　　　C. 熄火　　　　　D. 熄火后再次起动

5. 一旦汽车被盗，投保人或被保险人应在（　　　）h内向出险地公安部门报案，并通知保险人。

A. 24　　　　　　　B. 48　　　　　　　C. 36　　　　　　D. 12

三、思考题

1. 如果你是一名查勘与定损人员，碰到水淹车案件现场时你应怎么处理？

2. 水淹车辆一般按照什么样的方法与步骤进行评估？

3. 如果你是一名查勘与定损人员，碰到火灾车辆案件现场时你应怎么处理？

4. 火灾车辆一般按照什么样的方法与步骤进行评估？

5. 简述机动车全车盗抢保险的保险责任和除外责任。

模块七

汽车保险理赔实务

学习任务十四　事故车的理赔

知识目标：

1. 了解汽车保险理赔的含义、特点和基本原则。
2. 掌握汽车保险理赔的流程。
3. 了解汽车保险诈骗防范与处理的方法。
4. 了解保险事故纠纷处理的方法。

能力目标：

1. 能够绘制汽车保险理赔流程图。
2. 能够掌握我国汽车保险诈骗的认定标准。

✱✱✱　单元一　汽车保险理赔概述　✱✱✱

一、汽车保险理赔的含义和特点

（一）汽车保险理赔的含义

汽车保险理赔是指保险人在承保的被保险机动车发生保险事故，被保险人提出索赔要求以后，根据保险合同的规定，对事故的原因和损失情况进行调查并予以赔偿的行为和过程。

《保险法》第二十二条规定："保险事故发生后，按照保险合同请求保险人赔偿或者给付保险金时，投保人、被保险人或者受益人应当向保险人提供其所能提供的与确认保险事故的性质、原因、损失程度等有关的证明和资料。保险人按照合同的约定，认为有关的证明和资料不完整的，应当及时一次性通知投保人、被保险人或者受益人补充提供。"

《保险法》第二十三条规定："保险人收到被保险人或者受益人的赔偿或者给付保险金的请求后，应当及时作出核定；情形复杂的，应当在三十日内作出核定，但合同另有约定的除外。保险人应当将核定结果通知被保险人或者受益人；对属于保险责任的，在与被保险人或者受益人达成赔偿或者给付保险金的协议后十日内，履行赔偿或者给付保险金义务。保险合同对赔偿或者给付保险金的期限有约定的，保险人应当按照约定履行赔偿或者给付保险金义务。保险人未及时履行前款规定义务的，除支付保险金外，应当赔偿被保险人或者受益人因此受到的损失。任何单位和个人不得非法干预保险人履行赔偿或者给付保险金的义务，也不得限制被保险人或者受益人取得保险金的权利。"

汽车保险理赔是直接体现保险职能和履行保险责任的工作，是保险人执行保险合同，履行保险人义务，承担损失补偿责任的实施形式。因此，圆满地完成汽车保险理赔工作，对于维护被保险人的利益，加强汽车的经营与管理，提高保险企业的信誉和效益，具有非常重要的意义。

（二）汽车保险理赔的特点

汽车保险与其他保险相比，其理赔工作具有非常显著的特点。理赔工作人员必须对这些特点有清醒、系统的认识，了解和掌握这些特点是做好汽车理赔工作的前提和关键。

1. 被保险人的公众性及复杂性

汽车保险的被保险人既包括以政府机关、企业为主的法人，也包括众多的家庭和个人。一方面，这些被保险人数量众多、层次各异，加上文化、知识和修养的局限，对保险、交通事故处理、车辆修理等不甚了解。另一方面，由于利益的驱动，检验和理算人员在理赔过程中与其交流存在较大的障碍。

2. 损失率高而损失幅度较小

汽车保险的另一个特征是保险事故虽然损失金额一般不大，但事故发生的频率高。保险公司在经营过程中需要投入的精力和费用较大，有的事故金额不大，但是仍然涉及对被保险人的服务质量问题，保险公司同样应予以足够的重视。另一方面，从个案的角度看，赔偿的金额不大，但是积少成多也将对保险公司的经营产生重要影响。

3. 标的流动性大

由于汽车的功能特点，决定了其具有相当大的流动性。车辆发生事故的地点和时间不确定，要求保险公司必须拥有一个运作良好的服务体系来支持理赔服务，主体是一个全天候的报案受理机制和庞大而高效的检验网络。

4. 受制于修理厂的程度较大

修理厂在汽车保险的理赔中扮演着重要的角色，修理厂的修理工期、价格和质量均直接影响汽车保险的服务。因为大多数被保险人在发生事故后均认为有了保险，保险公司就必须负责将车辆修复，所以在车辆交给修理厂后就很少过问。一旦因车辆修理质量或工期，甚至价格等出现问题，均将保险公司和修理厂一并指责。而事实上，保险公司在保险合同项下承担的仅仅是经济补偿义务，对于事故车辆的修理以及相关的事宜并没有负责义务。

5. 道德风险普遍

汽车保险具有标的流动性强、户籍管理中存在缺陷、保险信息不对称等特点，同时由于汽车保险条款不完善、相关的法律环境不健全、汽车保险经营自身特点和管理中存在的一些问题和漏洞，给了不法之徒可乘之机，汽车保险欺诈案件时有发生，是道德风险的"重灾区"。

二、汽车保险理赔的基本原则

汽车损失保险理赔工作，是一项政策性高、原则性强、技术性要求复杂的重要工作，社会影响较大，因此在汽车损失保险的理赔中，必须遵守以下原则。

（一）坚持实事求是原则

当发生汽车保险事故后，保险人要树立为被保险人服务的指导思想，要急被保险人所急，千方百计避免损失扩大，尽量减轻因灾害事故造成的影响；及时安排事故车辆修复，并保证基本恢复车辆的原有技术性能，使其尽快投入生产运营；及时处理赔案，支付赔款，以保证企事业单位生产、经营的持续进行和人民生活的安定。

在现场查勘、事故车辆修复定损以及赔案处理方面，要坚持实事求是的原则，在尊重客观事实的基础上，具体问题作具体分析，既严格按条款办事，又结合实际情况进行适当灵活处理，使各方都比较满意。

（二）重合同、守信用原则

保险人在处理赔案时，必须加强法制观念，严格按保险合同办事，要按照赔偿标准及规定按质按量进行赔偿；不属于保险责任范围的损失，不滥赔，同时要向被保险人讲明道理，拒赔部分要讲事实、重证据。要依法办事，坚持重合同，守信用原则，只有这样才能树立保险的信誉，扩大保险的积极影响。

（三）主动、迅速、准确、合理的原则

"主动、迅速、准确、合理"是保险理赔人员在长期的工作实践中总结出的经验，是保险理赔工作优质服务的最基本要求。主动就是要求保险理赔人员对出险的案件，要积极、主动地进行调查、了解和勘查现场，掌握出险情况，进行事故分析和确定保险责任；迅速就是要求保险理赔人员查勘与定损处理迅速、不拖沓，迅速处理赔案，对赔案要核得准，赔款计算案卷缮制快，复核、审批快，使被保险人及时得到赔款；准确就是要求从查勘、定损乃至赔款的计算，都要做到准确无误，不错赔、不滥赔、不惜赔；合理就是要求在理赔工作过程中，要本着实事求是的精神，坚持按条款办事。在许多情况下，要结合具体案情准确定性，尤其是在对事故车辆进行定损过程中，要合理确定事故车辆的维修方案。

理赔工作的"八字"原则是辨证的统一体，不可偏废。如果片面追求速度，不深入调查了解，不对具体情况作具体分析，盲目给出结论，或者计算不准确，草率处理，则可能会发生错案，甚至引起法律诉讼纠纷。当然，如果只追求准确、合理，忽视速度，不讲工作效率，赔案久拖不决，则会造成极坏的社会影响，损害保险公司的形象。总的要求是从实际出发，为保户着想，既要讲速度，又要讲质量。

三、汽车保险理赔的流程

根据《机动车辆保险理赔管理指引》（2012）的规定，车险理赔一般应包括报案受理、调度、查勘、立案、定损（估损）、人身伤亡跟踪（调查）、报核价、核损、医疗审核、资料收集、理算、核赔、结销案、赔款支付、追偿及损余物资处理、客户回访、投诉处理以及特殊案件处理等环节。概括来说，汽车保险理赔工作的基本流程包括受理报案、现场查勘、责任审核、赔款理算和赔付结案等步骤。

（一）受理报案

1. 报案登记

接受报案人员在接到被保险人报案时，应询问报案人姓名、被保险人名称、保险单号码、保险险种、驾驶人情况、厂牌车型、牌照号码、出险时间、地点、原因、估计损失金额等要素并在报案记录上记录。

2. 查验保险情况

业务人员根据报案记录，查验承保情况，查验的内容主要包括：

1）投保的险种，以便初步判断事故是否属于保险责任。

2）保险金额，以便确定被保险人是否存在不足额投保。

3）保险期间，以便确定是否处于保险期限内。

4）保险费是否交付。

根据查验结果，对于满足保险合同条件的案件应登入"保险车辆报案登记簿"。对于已经实现数据集中处理的公司应进行保险单的抄单工作，提供给检验人员和理算人员作为工作的依据。

对于不符合保险合同条件的，如被保险人未及时地续保、被保险人没有安排相应的附加保障、被保险人没有按照约定交付保险费等，应将情况及时通知被保险人并进行必要的解释和采取相应的措施。

3. 安排检验

对属于保险责任范围内的事故，受理报案的人员应及时通知检验人员进行现场查勘。为了对检验工作进行有效的控制，通常要求检验人员在规定的时限内到达检验现场并向受理报案的业务人员报告。

对于在外地出险的事故，受理报案的业务人员应出具"代理查勘/检验的委托书"交给被保险人。同时，业务人员应通知保险人在事故当地的分支机构或者检验代理人并尽快向其提供保险单副本。通常情况下，保险人可以给予检验代理人相应的授权，如果授权仅是检验，或者是包括定损工作，则有时还可以授权检验代理人理赔。另外，保险人还应对授权进行金额方面的限制，如果超过一定金额，则保险人会根据情况派自己的检验人员到现场主持检验工作。

4. 审核立案

1）对于符合保险合同条件的案件，业务人员应进行立案登记。立案的目的是正式确立案件，统一编号并对其进行程序化管理。

2）对不符合保险合同条件的案件，如不在保险有效期、被保险人未按照约定交付保险费或明显不属于保险责任的报案，应在"出险通知书"和"机动车保险报案、立案登记簿"上签注"因××不予立案"，并向被保险人做出书面通知和必要的解释。

3）承保车辆在外地出险，接到出险地公司通知后，应将代查勘公司名称登录"机动车保险报案、立案登记簿"。

如果保险人接到报案后未及时进行查勘且未给予受理意见，造成财产损失无法确定的，则以被保险人提供的财产损毁照片、损失清单、事故证明和修理发票作为赔付理算依据。

（二）现场查勘

事故查勘人员对事故现场进行实地勘验和调查工作称为现场查勘，它包括实地勘验和现场调查两部分内容。实地勘验的内容有现场绘图、现场摄影照相、制作现场查勘笔录和车辆检验。现场调查可分为对当事人调查和对证人访问。

现场查勘的具体内容：对当事人进行调查，道路丈量，对现场进行勘测，对事故基本事实进行调查，收集各种痕迹物证、车辆、气候对事故的影响，是否存在违法行为和过错，造成事故的原因等。

（三）责任审核

责任审核是汽车保险理赔过程中一项非常重要的工作，是指根据现场查勘记录及查勘报告、事故认定书和事故损害赔偿调解书等证明文件，按照相关保险法律法规、汽车保险条款及有关解释的规定，全面分析事故的主、客观原因，以确定事故是否属于保险责任范围和赔偿范围。对于属于保险责任范围的，应进一步确定被保险人对事故承担责任的比例及向第三方追偿的问题，对于被保险人不履行义务造成的保险损失，可以部分或全部拒赔；而对于不属于保险责任的，应予以拒赔。

责任审核的内容包括审定保险责任、明确赔偿范围、核定施救费用、妥善处理疑难案件、第三者责任追偿处理、拒赔处理等。

保险人收到被保险人的赔偿请求后，应当及时做出核定；情形复杂的，应当在30日内做出核定。保险人应当将核定结果通知被保险人；对属于保险责任的，在与被保险人达成赔偿协议后10日内，履行赔偿义务。保险合同对赔偿期限另有约定的，保险人应当按照约定履行赔偿义务。保险人未及时履行赔款规定义务的，除支付赔款外，应当赔偿被保险人因此受到的损失。

保险人核定不属于保险责任的，应当自做出核定之日起3日内向被保险人发出"拒绝赔偿通知书"，并说明理由。

保险人自收到赔偿请求和有关证明、资料之日起60日内，对其赔偿数额不能确定的，应当根据已有证明和资料可以确定的数额先予以支付；保险人最终确定赔偿数额后，应当支付相应的差额。

（四）赔款理算

根据保险合同条款的约定，对属于保险责任范围内的车辆损失和费用及赔偿责任进行计算，核定最终应支付的保险赔偿金。

（五）赔付结案

1. 领取赔款

赔案按照分级权限审批后，业务人员根据赔案审批表中的审批金额签发"机动车辆保险领取赔款通知书"，通知被保险人领取赔款，同时通知财务部门支付赔款。在被保险人领取赔款的同时，业务人员在保险单正、副本上加盖"×年×月×日出险，赔款已付"的签章。保户领取赔款后，业务人员按赔案编号填写"机动车保险已决赔案登记簿"，同时在"机动车保险报案、立案登记簿"中注明赔案编号、赔案日期，作为续保时是否给予无赔款优待的依据。

2. 清分单、证

有关理赔单、证按下列要求进行清分：

1）清分给被保险人的单、证是赔款收据。

2）清分给财务部门的单、证是赔款收据、赔款计算书（或赔案审批表）。

3）存入赔案案卷的单、证是赔款收据、赔款计算书（或赔案审批表）以及其他全案单、证。

3. 理赔案卷制作

（1）编制损失计算书　理赔人员完成保险责任的确定和损失费用的审核后，应按理赔计算原则及方法，编制"汽车损失计算书"。

编制计算书时，应注意以下几个问题。

第一，有关证明和单证材料要齐全，如报案登记表、出险通知书、查勘理赔工作报告、原始单据、第三者人身伤亡的医疗费单据、赔偿第三者的收款收据、施救费用清单和单据、查勘费用单据、汽车修理项目清单和费用单据、公安机关交通管理部门出具的责任裁定材料、现场照片以及修车协议书（车辆估损单）等有关材料。如果保户原始单证入账无法提供，则可使用加盖财务公章的抄件或复印件，并注明原始凭证入账日期和会计凭证编号。

第二，汽车损失计算书是支付赔款的正式凭证，各栏要根据保险单、查勘理赔工作报告及有关证明单证详细核对并填写，项目要齐全，计算要准确，数字、字迹要清晰，不可有任何涂改。损失计算要列明计算公式，要有经办人员盖章。

（2）赔案综合报告书　赔案综合报告书是对一个赔案整个处理过程简明扼要的文字表述，要求文字表达准确、简练，内容要全面。任何人（包括赔案复核人和审核人）看了赔案综合报告后，能够对保险标的的承保情况、事故发生情况、保险责任确定以及损失费用核定情况有所了解，并能清楚整个赔案处理是否准确合理。

赔案综合报告书包含的要素如下：

1）保险标的承保情况。保险标的的承保情况包括被保险单位或被保险人、车辆损失保险投保金额、车辆重置价、第三者责任保险限额、附加险投保情况和保险有效期限等。

2）事故情况。事故情况包括事故发生时间、地点、事故类型（碰撞、倾覆或其他自然灾害），交通事故处理机关经查勘事故现场后分析认定事故责任情况以及损害赔偿调解，经济损失分担情况（包括承担比例及损失赔偿费用）。

3）保险责任确定情况。保险责任确定情况包括保险公司查勘与定损人员现场查勘调查情况以及依据保险条款对是否属于保险责任的确定。

4）损失费用核定情况。损失费用核定情况应分项表述，如车辆损失费用核定情况、施救费用核定情况、第三者损失费用核定情况（人、车、物）、附加险损失费用核定情况。在分项表述时，应重点表述核减、剔除费用的原因及依据。

5）赔款分项计算情况及总赔款数。赔案综合报告书一般情况下要求全用文字表述，但考虑到理赔内勤的工作量以及综合报告应简单明了，对一些基本通用情况，如保险标的的承保情况及事故处理情况中的事故发生时间、地点、事故类型等，可采用表格形式，其他要素则采用文字表述形式。

（3）赔案材料的整理与装订　汽车保险理赔案卷内的理赔材料，一般排列顺序如下：

1）赔案审批单。

2）赔案综合报告书及赔款计算书。

3）出险通知书。

4）汽车保险单抄件。

5）保险车辆出险查勘记录（现场查勘报告）。

6）事故认定书、事故调解书或判决书及其他出险证明文件。

7）被保险机动车损失估价单（含附加车上责任保险损失估价单）。

8）第三者责任损失估价单（车、物）。

9）事故损失照片（含事故现场照片、车辆损失照片、物资损坏照片）。

10）损失技术鉴定书或伤残鉴定书（含病历、诊断证明）。

11）有关原始单据（要求分类排列）。

① 车辆修复原始发票及修理厂修理清单。

② 车辆施救票据。

③ 物资损坏修复费用票据。

④ 人员受伤医疗票据。

⑤ 其他赔偿费用票据。

要剔除不合理的费用单据，且应另行粘贴，以便退还给被保险人。

12）赔款收据。

13）权益转让书。

14）其他有关证明、材料。

案卷装订时，原始单据、照片一律要求贴在粘贴单上，要排列整齐有序。各种材料每页应在其右上角空白处依序编号。案卷目录应能反映出案卷内各种材料的数量（特别是原始票据数量），做到编排有序、目录清楚。案卷装订应按各保险公司有关档案装订的规定进行，案卷装订要整齐牢固、美观大方。

4. 理赔案卷的管理

理赔案卷应做到一案一档，防止一档多案。理赔案卷在入档之前，理赔内勤人员要认真进行"理赔档案保管登记簿"登记。

登记的主要内容有归档日期、案卷序号、赔案编号、被保险人姓名等。登记簿要指定内勤人员专人管理，便于查找和调阅案卷。

案卷管理是一项长期、细致的工作，应指定专人负责管理。通常当案卷整理、装订完毕并分类编号登记后，按类号装盒归档，有序陈放，并按业务档案的管理规定进行妥善管理。

汽车保险理赔流程如图 14-1 所示。

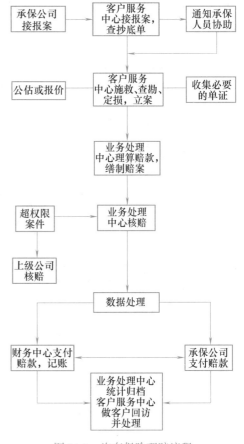

图 14-1　汽车保险理赔流程

✦✦✦　单元二　汽车保险诈骗的防范与处理　✦✦✦

保险诈骗已经成为现代社会一个很严重的问题，从全球的角度来看，保险诈骗已经严重影响到保险业的健康发展，并逐步成为一个严重的社会问题。在一些保险业发达的国家，保险诈骗损失已经成为一个巨大的"黑洞"。据有关资料显示，在美国，保险业每年因保险诈骗的损失就高达 200 多亿美元，占保险赔款支出的 10% ~ 20%；澳大利亚的保险诈骗损失甚至已经超过了保险赔款的 20%。

与世界各国保险业发展的规律一样，我国在保险业迅速发展的同时，保险诈骗也逐步成为社会犯罪领域中的一种新趋势。目前，我国保险诈骗主要集中在汽车保险和人身保险两个领域，其中在汽车保险领域表现得尤为突出。

一、汽车保险诈骗的认定

保险诈骗行为是指投保人、被保险人或者受益人以非法占有保险赔款为目的，采取各种欺诈手段，骗取保险人赔款的违法犯罪行为。作为保险领域出现的违法犯罪现象，其社会危害性已构成了对金融保险秩序的破坏，国家从立法上明确界定了保险诈骗的法律性质，为打击和惩处这类违法犯罪行为提供了法律武器。《保险法》第二十七条列举了3种保险诈骗行为，第一百七十四条规定：进行保险诈骗活动，尚不构成犯罪的，依法给予行政处罚。《中华人民共和国刑法》（以下简称《刑法》）对保险诈骗罪做了明确规定。因此，保险诈骗行为具有违法与犯罪两种性质，同时受到两个基本法的约束，《保险法》对违法行为做了明确的处罚规定，《刑法》则对构成犯罪的保险诈骗行为制定了量刑标准。

根据《刑法》的规定，**保险诈骗罪是指以非法获取保险金为目的，违反保险法规，采用虚构保险标的、保险事故或者制造保险事故等方法，向保险公司骗取保险金，数额较大的行为。**其法律特征：第一，行为人在主观上有违法犯罪的故意，即有诈骗、非法获取保险赔款的目的；第二，主体的特殊性，即实施诈骗行为的人必须是保险合同的投保人、被保险人或受益人；第三，行为人在客观上必须实施了利用保险合同进行诈骗的行为；第四，行为的结果侵害了受法律保护的金融保险秩序。

【知识窗 14-1】

保险诈骗罪的法律规定

《刑法》第 198 条规定了保险诈骗罪。有下列情形之一，进行保险诈骗活动，数额较大的，处五年以下有期徒刑或者拘役，并处一万元以上十万元以下罚金；数额巨大或者有其他严重情节的，处五年以上十年以下有期徒刑，并处二万元以上二十万元以下罚金；数额特别巨大或者有其他特别严重情节的，处十年以上有期徒刑，并处二万元以上二十万元以下罚金或者没收财产：

（一）投保人故意虚构保险标的，骗取保险金的。

（二）投保人、被保险人或者受益人对发生的保险事故编造虚假的原因或者夸大损失的程度，骗取保险金的。

（三）投保人、被保险人或者受益人编造未曾发生的保险事故，骗取保险金的。

（四）投保人、被保险人故意造成财产损失的保险事故，骗取保险金的。

（五）投保人、受益人故意造成被保险人死亡、伤残或者疾病，骗取保险金的。

有前款第四项、第五项所列行为，同时构成其他犯罪的，依照数罪并罚的规定处罚。

单位犯第一款罪的，对单位判处罚金，并对其直接负责的主管人员和其他直接责任人员，处五年以下有期徒刑或者拘役；数额巨大或者有其他严重情节的，处五年以上十年以下有期徒刑；数额特别巨大或者有其他特别严重情节的，处十年以上有期徒刑。

保险事故的鉴定人、证明人、财产评估人故意提供虚假的证明文件，为他人诈骗提供条件的，以保险诈骗的共犯论处。

二、汽车保险诈骗的防范与处理

（一）保险诈骗的成因

1. 从社会环境和诈骗心理分析

由于社会公众对保险业认识的局限性，造成较多人从投资回报和利益角度来看待保险，导致不少人的保险意识有偏差，认为投保得不到赔偿就是"吃亏"，这也是一些不法分子铤而走险、实施诈骗的内心起因之一。

2. 从保险业管理现状分析

保险人自身制度不严、有章不循，是造成保险诈骗案件屡屡发生的一个重要原因。具体表现在：一是承保、核保把关不严，重业务开拓而轻制度管理，重数量扩张而轻质量效益，是近年来保险业发展过程中的一个倾向性问题；二是现场查勘不到位，许多案件特别是车险案的第一现场到达率低，现场查勘、调查不及时，第一手资料匮乏，容易使诈骗者在事件性质、受损程度和证据等方面做手脚、钻空子；三是一些保险人员素质不高，责任心不强，法制观念淡薄，工作粗枝大叶，敷衍了事，不按章办事，对一些本该识破的骗局未能及时发现，有的甚至与诈骗者勾结，共同实施诈骗。

3. 从法律实施的环境分析

激烈的同业竞争和社会法律环境不完善，也在很大程度上助长了保险诈骗之风的蔓延。《保险法》与新《刑法》出台之前，对保险诈骗行为的法律性质没有明确界定，在实际工作中遇到此类情况，保险人也只是追回被骗款了事，很少对诈骗者依法诉讼。

（二）保险诈骗案的防范与处理

1）应当从根本上建立健全保险公司内部的各种规章制度。从内部管理角度而言，严格照章办事，落实各项制度规定，是有效地预防保险诈骗案件发生的重要措施。

照章办事主要有四方面：

一是严格承保审核制度。

二是严格理赔审核制度，要把好三关：第一关，坚持双人查勘定损，全面、准确地收集证据，为案件的定性提供依据；第二关，坚持赔案复核制度，认真审核证据材料，及时发现疑点，提出问题；第三关，坚持领导审批制度，严把理赔质量关。

三是坚持机动车索赔登记通报制度。据统计，机动车险的诈骗案件占整个财险诈骗案总数的90%左右。因此，防范机动车险诈骗行为是反诈骗工作的重点：第一，要实行计算机联网管理，将机动车索赔情况进行登记，在系统内定期通报，避免一处出险多处索赔的诈骗案件发生；第二，实行汽车零部件报价制度，控制修理成本费用，挤干赔款水分，有效遏制夸大损失的诈骗行为。

四是坚持保险赔案公布与举报人员奖励制度；向公司内部和社会公开保险赔案，增强理赔透明度，便于内部监督和社会监督等措施的落实；向社会公布举报电话，设立举报箱，重奖举报有功人员，鼓励举报骗赔行为。

2）应当加强对车险核保和核赔工作的管理，尤其是应加强规范验标承保和现场查勘工作。同时，应强化对代理人的管理，防止出现承保和理赔上的漏洞。

3）应借鉴国外同行经验逐步建立和加强同业之间的信息共享制度，加强同业之间的交流和沟通，针对保险诈骗的现状，研究和制定对策。

4）应逐步建立投保人的信用风险评估和审核制度，引入科学、先进的测评手段，加强对道德风险的防范。

5）应注意在理赔过程中加强与车辆管理部门、交通事故处理部门等的交流与合作，定期进行必要的事故核对工作。因为目前机动车险诈骗案件主要是以虚构保险利益和虚构保险事故的方式，采用这种方式必然要利用保险公司与交通事故处理部门和车辆管理部门之间的信息沟通障碍。

6）应加强与公检法部门的合作，共同加大对保险诈骗犯罪的打击力度。《刑法》为打击保险诈骗犯罪提供了强有力的立法保障，应充分利用法律武器遏制保险诈骗活动。

7）应加大保险知识的普及和宣传力度，通过各种渠道，加强保险知识宣传，尤其是通过保险诈骗案例宣传我国法律对保险诈骗行为的定罪、量刑规定。选择较典型的案例在新闻媒体上曝光，使人们懂得，骗赔就是诈骗，就属于违法犯罪行为，对情节严重者要追究刑事责任；让广大保户明确自己的权利义务，自觉履行保险合同，既依法维护自己的合法权益，又不侵犯保险人和其他被保险人的合法利益。

8）在加强对保险诈骗防范和打击的过程中，特别应当注意运用法律手段，保险诈骗案件不断增多的原因是多方面的，但惩处不严、打击不力应该说是一个重要原因。对构成诈骗犯罪的当事人依法诉讼，不但追究其经济赔偿责任，还要追究其刑事责任，才能起到惩一儆百、震慑不法分子的作用，从而有效地预防和减少保险诈骗案件的发生。

【案例14-1】汽车修理厂保险诈骗案

黄某原是南汇区一家汽车修理厂（个人独资企业）的老板，在为车辆索赔保险金时，黄某发现，可利用维修车主留下来的保险单、身份证和驾驶证等证件，再次编造交通事故向保险公司索赔。2012年7月~2013年10月，黄某采取编造未曾发生的交通事故、故意制造交通事故造成损失等手法，单独或伙同他人利用被保险人、投保人身份先后8次骗取天安保险公司保险金合计人民币9万余元。2012年6月~2013年4月，黄某采取编造未曾发生的交通事故等手法，先后9次冒用其他被保险人名义骗取天安保险股份有限公司保险金合计人民币10万余元。最后法院判决：黄某行为构成保险诈骗罪及诈骗罪。以保险诈骗罪判处黄某有期徒刑6年，罚金人民币3万元；犯诈骗罪判处有期徒刑4年6个月，罚金人民币1万元。

资料来源：东方早报

✳✳✳ 单元三 汽车保险事故的纠纷处理 ✳✳✳

按照惯例，对保险业务中发生的争议，可采用协商和解、仲裁和司法诉讼3种方式来处理。

一、协商

协商是指合同双方在自愿、互谅、实事求是的基础上，对出现的争议直接沟通，友好磋商，消除纠纷，求大同存小异，对所争议问题达成一致意见，自行解决争议的办法。协商解决争议不但可以节约时间、节约费用，更重要的是可以在协商过程中增进彼此的了解，强化双方互相信任，有利于圆满解决纠纷，并继续执行合同。

二、仲裁

仲裁是指由仲裁机构的仲裁员对当事人双方发生的争执、纠纷进行居中调解，并做出裁决。仲裁做出的裁决，由国家规定的合同管理机关制作仲裁决定书。申请仲裁必须以双方自愿基础上达成的仲裁协议为前提。仲裁协议可以是订立保险合同时列明的仲裁条款，也可以是在争议发生前、发生时、发生后达成的仲裁协议。

仲裁机构主要是指依法设立的仲裁委员会，是独立于国家行政机关的民间团体，而且不受级别管辖和地域管辖。仲裁委员会由争议双方当事人协议选定，不受级别管辖和地域管辖的限制。**仲裁裁决具有法律效力，当事人必须执行。仲裁实行"一裁终局"的制度，即裁决做出之日即发生法律效力，一方不履行仲裁裁决的，另一方当事人可以根据民事诉讼的有关规定向法院申请执行仲裁裁决。**当事人就同一纠纷不得向同一仲裁委员会或其他仲裁委员会再次申请，也不得向法院提起诉讼，仲裁委员会和法院也不予受理，除非申请撤销原仲裁裁决。

三、诉讼

诉讼是指保险合同当事人的任何一方按法律程序，通过法院对另一方当事人提出权益主张，由人民法院依法定程序解决争议，进行裁决的一种方式。这是解决争议最激烈的方式。

在我国，保险合同纠纷案属于民事诉讼法范畴。与仲裁发生不同，法院在受理案件时，实行级别管辖和地域管辖、专属管辖和选择管辖相结合的方式。《中华人民共和国民事诉讼法》第二十四条规定："因保险合同纠纷提起的诉讼，由被告住所地或者保险标的物所在地人民法院管辖。"最高人民法院《关于适用＜中华人民共和国民事诉讼法＞若干问题的意见》中规定："因保险合同纠纷提起的诉讼，如果保险标的物是运输工具或者运输中的货物，由被告住所地或者运输工具登记注册地、运输目的地、保险事故发生地的人民法院管辖。"所以，保险合同双方当事人只能选择有权受理的法院起诉。

我国现行保险合同纠纷诉讼案件与其他诉讼案一样，实行的是两审终审制，即当事人不服一审法院判决的，可以在法定的上诉期内向高一级人民法院上诉申请再审。第二审判决为最终判决，一经终审判决，立即发生法律效力，当事人必须执行，否则法院有权强制执行。

能　力　测　试

一、单选题

1. 下列对于汽车保险理赔流程排列正确的是（　　　　）。

A. 受理报案、责任审核、现场查勘、赔款理算、赔付结案

B. 受理报案、现场查勘、责任审核、赔款理算、赔付结案

C. 受理报案、现场查勘、赔款理算、责任审核、赔付结案

D. 现场查勘、受理报案、责任审核、赔款理算、赔付结案

2. （　　　）是在保险合同履行过程中，最激烈的争议处理方式。

A. 协商　　　　　　B. 仲裁　　　　　　C. 诉讼　　　　　　D. 调解

二、多选题

1. 汽车保险理赔的基本原则包括（　　　　）。

A. 坚持实事求是原则　　　　　　　　B. 重合同、守信用原则

C. 按需赔偿原则　　　　　　　　　　D. 主动、迅速、准确、合理的原则

2. 保险事故的纠纷处理途径包括（　　　　）。

A. 协商　　　　　　B. 仲裁　　　　　　C. 行政复议　　　D. 诉讼

三、简答题

1. 汽车损失保险理赔中应当注意些什么？

2. 简述机动车损失保险现场查勘的内容。

3. 概述机动车损失保险理赔的流程。

4. 怎样做好保险诈骗的防范工作？

参 考 文 献

[1] Michael Crandell. 事故汽车修理评估 [M]. 许洪国，等译. 北京：高等教育出版社，2003.

[2] 顾建国. 汽车钣金维修技师培训教材 [M]. 北京：人民交通出版社，2003.

[3] 王永盛. 车险理赔查勘与定损 [M]. 3 版. 北京：机械工业出版社，2007.

[4] James E. Duffy, Robert Scharff. 汽车车身维修技术 [M]. 吴友生，编译. 北京：高等教育出版社，2006.

[5] 张汉斌. 汽车零配件及大型客车理赔知识与实务 [M]. 北京：机械工业出版社，2008.

[6] 金加龙. 机动车辆保险与理赔 [M]. 北京：电子工业出版社，2012.

[7] 骆孟波. 汽车保险事故查勘 [M]. 北京：中国铁道出版社，2011.